VOYAGE EN GAULE ROMAINE

絵で旅する ローマ帝国時代のガリア 古代の建築・文化・暮らし

［著　者］ジェラール・クーロン／ジャン＝クロード・ゴルヴァン
［訳　者］瀧本みわ／長谷川敬

マール社

オランジュ〈アラウシオ〉

編集者より

　古代遺跡の栄光ある過去の姿を復元することは、考古学者や遺跡探訪者の目的であり、夢である。考古学の誕生以来、常に古代の再現は試みられてきた。古典主義の絵画は古代の装飾を再現したし、ペプラム*¹は、古代史の重要な出来事を描いている。そして今日では、古代都市を復元するという挑戦に、情報科学も活用できるようになった。ジャン＝クロード・ゴルヴァンの復元図は、彼の建築の知識、考古学者としての実績、そして画家としての才能が集積したものだ。本書の発端は、20年以上前に彼が取り組んだ水彩による数枚の復元図にある。以来、年を経るごとに増える水彩画の数々は、紙挟みから溢れ、ついにそれらをまとめて出版する時が来たのだ。本書はまた、ゴルヴァンと、遺跡発掘の当事者である考古学者たちとの共同作業の成果でもある。彼らの長年の対話は、建造物に新たに上階やペディメント*、屋根を加え、神殿やフォルムを再現し、都市あるいは遺構を現在に再構築することを可能にした。

　このようにして作られた復元図の貢献は大きい。考古学者は、遺跡のかつての姿を見ることができるのである。復元図は、幾度にもわたる試作を経た最終案であることがほとんどで、研究者たちは、各自の専門的な視点から仕上がってきた図を再度分析し、修正を提案した。このやりとりによって、他の新たな復元図ができあがることもあった。水彩画は、一枚一枚、知識の集積物として描かれ、研究の進展とともに修正も加えられた。このアプローチでは、まるで、絵や統計図、個々の遺物のデッサン、建造物の図面などに、過去の遺産が簡略化されてしまったかのように感じ、細部まで再現するのは不可能なのではないかと不満を述べる読者もいるかもしれない。

　だが、そもそも都市の理想的な復元は存在しない。なぜなら、ある建物が建設中である一方で、他は改修中であったり、廃墟化していたりするといったことが、いつの時代でも起きているからだ。都市は絶えず変化しており、ある都市の全貌を一つの眺望として描くには、数世紀の期間から各時代の重要な建造物を切り取り、再構成する必要がある。復元図は、考古学を知るための最も有効な手段の一つであり、長文の解説よりも理解しやすく、絵を一目見るだけで遺跡の全体を把握することができる。また、現存する非常にわずかな遺構を手がかりに、異なる時代や、変貌する都市の姿を私たちに提示し、想像する機会を与えてくれる。そして、時を超えた散策へと私たちを駆り立てるのだ。困難な発掘調査ほど、こうした想像力が必要である。

　もし、ローマ時代の都市が同一の原理に基づいて建設され、ある型を模範とした建造物のみで構成されていたとするならば、都市によって生じている外観の違いは驚くべきものである。都市の変遷、歴史、地理的状況は、ローマ帝国全土にさまざまな都市景観を生んだ。数々の遺跡の発掘調査に関わってきたジェラール・クーロンは、厳選した復元図を紹介しながら、ローマ時代のガリアにおける大都市から集落、壮大な建造物から先住民族の伝統的建築、大農場から職人の工房まで案内してくれる。2人の著者は、歴史を描写する新たなタイムマシンを発明し、私たちを旅へ誘う。本書を読んだ後、私たちはもはや、ガリアの遺跡をそれまでと同じように見ることはないだろう。こうして、フランスに散在するローマ遺跡は、私たちを驚嘆させ、再び生を得るのである。

フレデリック・ロンチョ

---

*¹ ソード＆サンダル映画とも言われる。1950年代後半〜60年代前半にかけて多く作られた映画ジャンルで、剣闘士など、歴史的なテーマを題材にしたイタリア映画を主に指す。

◀◀（p.2-3）オランジュの街

はじめに

前52年のアレシアで、カエサル率いるローマ軍は、アルウェルニ族の若き統率者ウェルキンゲトリクスを降伏させた。その翌年、カエサルは「長髪のガリア*」全土を征服した。ギリシアの著述家プルタルコスは、ガリア戦争でローマ軍は「800の都市を制圧し、300の部族を服従させ、敵を100万人殺し、またもう100万人を捕虜とした」（プルタルコス『英雄伝』「カエサル」15）と記している。

その後、皇帝アウグストゥスは、二度にわたってガリアの行政分割を行った。前27年から前25年までナルボンヌに滞在した彼は、前121年からローマの支配下にあったアルプス以北の古い属州を編成した。この属州は、ナルボネンシスと呼ばれ、元老院管轄の属州として、属州総督が統治権をもった。そして、リヨンに滞在中の前16年〜前13年には、新しい行政区分として、アクイタニア、ケルティカ（ルグドネンシス）、ベルギカという三つの皇帝属州を設け、皇帝一族の側近が、アウグストゥスの代理としてガリア属州の総督に任命された。

ガリアのローマ帝国への編成は、道路網の整備、不動産と人口調査、そして前12年にローマとアウグストゥスに捧げられたリヨンの祭壇の竣工によって完成した。

ローマ支配に対して執拗に抵抗したにも関わらず、併合後のガリア人は、深く忠実に帝国に帰属した。この統合は、長きにわたる平穏と繁栄をもたらした。前50年〜後235年の危機に至るまで、3世紀近くも続いた「ローマの平和」の間、大きな戦争は起きなかった。たしかに、21年にガリア人名士はローマの支配に対する怨恨を蜂起という形で表明したし（サクロウィルの反乱）、68年から70年のローマ内戦は、ランスの会議がローマへの忠誠を誓うまで、帝国全体を揺り動かしたと言えよう。しかし、こうした反乱は「ローマの平和」を失墜させるほどではなかった。そして、悲しきかな、私たちの「歴史」の中で、これほど長い間平和が続いた時代は他にないのである…。

また、ガリアの文明は、開花するローマの文明と同化し、文化の境界がなくなったことで、非常に早い時期から、征服者と被征服者の区別はなくなった。この幸運とも言える融和は、ローマ文明の輝きの下で生じたが、ガリア人の伝統は残存した。ガリアは、ローマ帝国の一部となっても、ローマの様式を盲従的には模倣しなかったのである。そしてそれゆえに、他の属州では見られないような、ガリア独自の様式が生み出された。本書では、そうしたガリアの特性を発見してもらいたい。

また、本書は、時空間を超えた旅への誘いである。時代は、カエサルの征服から476年の西ローマ帝国の崩壊まで、地域は、ガリアの範囲であったフランス、ベルギー、ルクセンブルクのみならず、スイス、ドイツ、オランダの一部までを案内する。実り豊かな旅を実現するため、各項目には、古い文献や旅行記、小説の抜粋を、著名な作家から無名の人のものまで紹介する。こうした記述の抜粋は、考古学的アプローチを補完し、新たな視座を提供する。

ジャン＝クロード・ゴルヴァンの水彩画は素晴らしく、都市や集落、そして風景を、各分野の専門家による最新の研究に基づいて緻密に再現している。また、モザイク、浮彫彫刻や絵画に描かれた場面に着想を得て、職人の仕事風景などの日常生活を示すイラストも加えている。

あなたがまだ見たことのないローマ期のガリアを紹介すること、それが本書の目論見である。デカルトの言葉を借りるならこう言えよう。「他の時代のものを保存すること、それは、すなわち旅することである」と。

ジェラール・クーロン

第三版に向けて

本書が出版されて10年が経ち、その間にも、考古学の研究は進展している。そのため、この第三版は、近年の発掘成果を新たに反映させた。アミアンの劇場、ミュルヴィエル＝レ＝モンペリエの新たな発掘現場、そしてフレジュスの都市が形成される初期段階での海岸線の跡などが顕著な例である。多くの復元図は—これもまた最終的なものではないが—考古学者の最新研究に基づいて、改めて描き直された。こうした新たな復元図は、活発な研究の成果を示している。しかしそれと同時に、考古学調査が進展するたびに、またそれを反映してこれらの復元図の不確実な点が提起されるということが繰り返される。

そのため、本書に収録された復元図の数点は、現在、議論の対象となっている。メス（p.32-33）、そしてとりわけグラン（p.88-89）の復元図は、修正する必要がある。この二つの遺跡に関しては、新たな復元図が発表される予定であるが、本書に収録された図版もまた、絶えず変化する研究調査の一過程の証拠として重要である。巻末の参考文献も更新し、最新文献を掲載して、可能な限り現時点の研究状況を反映している。これもまた、「歴史の発掘者」*² による近年の調査の成果である。

ジェラール・クーロン

*² Henri-Paul Eydouxによって出版された書籍のタイトル。
Terrassiers de l'Histoire、1966年（未邦訳）

目次

編集前記	4
はじめに	5
第三版に向けて	5
ローマ時代のガリア	9
主要都市地図	9

都市と集落 10
都市の格子状プラン	10
火災の危険	15
都市人口	27
准都市	30

市壁 42
市壁で囲まれた都市	42
帝政末期の市壁	45

フォルム 49
配置	49
三部構成のフォルム	51

都市の住居 59
イタリア式住居	59
豪奢な住宅	59
邸宅の装飾	62
最も質素な住居	62

水道と都市における水 65
きれいな水を求めて	65
水の利用	65
ニームとリヨンの水道	66
井戸、貯水槽、ポンプ、導管	68

浴場 70
浴場の乱立	70
同化の道具	74
浴場でのしきたり	76
さまざまな平面プラン	76

円形闘技場 78
円形闘技場の発展史	78
窪み構造と架構式構造	78
アルルの円形闘技場	80
円形闘技場の見世物	80
見世物の楽しみ	82
剣闘士の種類	84

戦車競技場 92
戦車競技場とは	92
あまり伝播しなかった建造物	92
アルルの戦車競技場	92
白熱する競技	93

劇場と見世物 100
劇場の構造	100
オランジュの劇場	100
価値ある投資	102
ガロ=ローマン式の劇場	105
見世物と無名の役者たち	106

職人の世界 108
籠細工職人	108
革職人	110
木工	112

石切り場 116
切り出し作業	116
石塊の輸送	117
石切り場から利用まで：アルゲントマグスの例	120

粘土の手工芸品：土器 122
アンフォラの製造	122
テッラ・シギラタ	122
白土製の小像	123
オイルランプ	126
建材用の素焼き瓦	126

農場	**128**
ガリアにおけるウィッラとは	128
ウィッラのプラン	128
豪華な装飾	134
余暇の庭園	135
農業用施設	135

水車と製粉業者	**138**
古文献における水力製粉機	138
バルブガルの製粉場	138
アヴァンシュの小型水力製粉機	140

ワインとブドウ畑	**142**
ガリアのブドウ畑の始まり	142
ブドウ栽培とワイン製造の技術	144
ガリアの銘醸ワイン	145

凱旋門と記念門	**146**
記念碑、顕彰碑、墓碑	146
ナルボネンシスの門	146
「長髪のガリア」の門	149

街道、橋梁、水路	**152**
路面の多様性	152
ガリアの街道網	154
マイル標石	154
陸上交通、諸設備、諸業務	157
橋梁	163
河川航行	163

海港	**164**
マルセイユとナルボンヌ	164
アルルとボルドー	165

神殿と聖域	**176**
古典的な神殿	176
ファヌム、あるいはケルト伝統の神殿	176
ミトラエウム	185

死	**191**
埋葬の習慣	191
土葬	192
葬礼会食と献酒	194
墓碑	194

用語集	196
日本語版参考文献	197
参考文献	198
索引	200
訳者あとがき	207

凡例

・西暦の表記は、紀元前は「前〇〇年」、紀元後は「〇〇年」と表記した。ただし、紀元前と紀元後を併記する場合は、「前」と「後」のどちらも表記した。
・現在の地名と古代名を併記する際は、〈 〉で囲むか、現代の地名に「現」と付した。
例：パリ〈ルテティア〉、ルテティア（現パリ）
・複数地域にまたがる土地は、−でつないで表記した。
例：ブリースブリュック−ラインハイム
・単位は以下のように表記した。ミリメートル：㎜、センチメートル：㎝、メートル：m、キロメートル：㎞、平方メートル：㎡、立方メートル：㎥、ヘクタール：ha、トン：t、リットル：ℓ
・巻末の用語集に解説を掲載した言葉は、本文中、見開きの初出に＊を付した。
・図版のキャプションについては、図版が見開きをまたいでキャプションの前のページにある場合は◀◀、次のページにある場合は▶▶と表記して図版の位置を示した。
・引用文における出典箇所の表記は、原著に倣った。
・引用文において、［ ］で囲まれた部分は、その文の訳者による補足である。また、［…］は中略を意味する。
・原著の参考文献は「参考文献（番号）」、日本語版の参考文献は「文献（番号）」と表記して、巻末の文献リストに対応する数字を記した。

＊ローマ時代のガリア、主要都市地図、用語集、日本語版参考文献、訳者あとがきは、日本語版において付記したものである。

▲ ローマ期ガリアの主要な遺跡

ローマ時代のガリア

　本書で取り上げられるローマ時代のガリアは、ピレネー山脈、ライン川、そしてアルプス山脈によって囲まれた広大な地域のことを指しており、現代で言えばフランス（コルシカ島を除く）、ベルギー、ルクセンブルクに加え、オランダ南部、ドイツ南西部、スイス西部を含んだ地域に相当する。地理的特徴としては、ピレネー山脈やアルプス山脈といった周縁部や中南部の中央山地を除けば、基本的に平野やなだらかな丘陵地がその大部分を占め、そこをローヌ、ロワール、ガロンヌ、セーヌ、ライン等の大河川とその支流が網の目のように流れていた。

　このガリアにローマ人が本格的に進出したのが前121年であり、現在の南仏地域に属州（後の属州ナルボネンシス）を設置した。この時代、ガリアの大部分にはケルト系ガリア人が部族に分かれて暮らしており、現在のマルセイユには、小アジアのイオニア地方にある都市国家ポカイア（フォカイア）から来たギリシャ人が前600年頃に建設した植民市マッサリアが栄えていた。

　前50年代になると、軍功を渇望していたユリウス・カエサルが、ガリア諸部族間の争いに介入する形でガリア内陸部に侵攻して各地の部族を服属させ、最終的にガリア全土をローマの支配下に置いた。しかし志半ばでカエサルが暗殺されたため、ガリアの統治機構が整備されたのは初代皇帝アウグストゥスの時代であった。こうして、カエサルによって征服された地域には、新たにルグドネンシス、アクイタニア、ベルギカの三属州が設置されたのである。

　その後のガリアは、穀物や高級土器、ワイン、毛織物といった産品を育む豊かな地方として栄えることとなる。

主要都市地図

都市と集落

都市の格子状プラン

ローマ帝国の都市はたいていの場合、碁盤の目状に街路が配置される、直交型プラン*に基づいていた。街路は直角に交わり、街区(インスラ*。碁盤の目状のブロック一つを指す)が都市を構成していた。このような格子状のプランは、ローマ期ガリアにおいて多くの都市に見られる。すべての都市がこれほど規則正しく幾何学的に計画されていたわけではないが、直交型プランという原則から逸脱するのは異例のことだった。そして、直交型から発展させたプランが少ないのは、表面的にしかローマ化が進展していなかったためだと長年考えられてきた。しかし、その後このような考え方は大幅に見直されることとなる。そのきっかけは、1960年以降のフランス諸都市の中心部での大規模な工事だった。この工事とともに、都市における大規模な発掘調査も行われるようになったため、地層から遺構の年代を判定する層位学などによって、その都市についてのさまざまなデータが蓄積され、新たな事実が浮かび上がってきたのである。

たしかに、オランジュ、トリーア、オータン、アヴァンシュといった都市は、こうした幾何学的な街路レイアウトを基調としていた。しかし、直交型という規制のあるプランによって形成されていても、街区にはさまざまな形状があった。トリーアでは、碁盤の目は一辺約100mの正方形をしているが、アヴァンシュでは、75×110mの長方形をしていた。主軸となる形が複数存在する都市もあった。リモージュでは、市街地はおよそ90のブロックに分けられており、

一部の街区はジャコバン広場の浴場が占める街区(73×85m)と同じ大きさである一方、ほぼ正方形で一辺78mから85mほどの街区も存在していた。そして、フォルム(広場。p.49)の大きさに合わせて整備された街区は、一辺およそ100mの正方形を成していた。

アミアンの街では、二つのプランが立て続けに導入された。最初の格子状プランはソンム川に沿う形でおよそ30haにわたって適用され、106×128mの長方形ブロックから成っていた。市街地の拡大を受け、二つ目の格子状プランを導入する必要が生じたが、実際のところこの新たなプランは、最初のプランを南側に拡大延長したものに過ぎなかった。二つ目のプランでは、街区は一辺162mの正方形を成していた。この両プランの中間地帯に相当するフォルム一帯の地区が、両プランをつなぐ役目を果たしており、街路の向きは維持されていた。

ヴィエンヌ、ニーム、ヴェゾン=ラ=ロメーヌのうち、ヴェゾン=ラ=ロメーヌにおいては1世紀末に格子状プランの導入が度々試みられたが、それを除けばこうした重要都市は、規則正しい市街プランには従わなかった。属州ナルボネンシスの中心地に位置するこれらの都市に対して、ローマ化が不十分であったという理由を持ち出すのは無理があるし、ローマ期ガリアの都市計画者たちは、決して典型的な都市プランを厳守するように強制されていたわけではない。ローマ期以前の居住区域の構成や、格子状プランを採用するのには不向きな地形や自然の障害物、

NÎMES   ニームのディアナ神殿:公共図書館?

▶ 右に示した復元図では、トンネル・ヴォールト*で覆われた細長い部屋の様子が見てとれる。奥の中央には、長方形プランの空間(エクセドラ*)が手前に張り出す形で据えられており、一体の彫像が収められている。側面の壁にはコリント式*の柱頭を備えた円柱が並び、長方形の壁龕(へきがん)が穿たれていた。壁龕の上方に付いたペディメント*(破風)は、三角形のものと半円形のものが交互に並んでいる。画面右側に見える木製の二枚の開き扉は、壁龕に収められている物を保護している。部屋の中では、2人の人物が、当時の本とも言えるパピルスの巻物(ウォルミナ)を手にしている。部屋の中央にいる人物のように、当時はたいていの場合、立った状態で声に出して本を読んでいた。手前の右側では、別の人物が座った状態で巻物をテーブルの上で広げている。

側面の壁に設けられた長方形の壁龕には、箱(カプサエ)に収められた巻物が収納されており、一般的にはそれぞれの箱に同一著者の作品がまとめて入れられていた。壁龕には棚が設えられている場合もあり、同じく写本の巻物がしまわれていた。巻物には、それぞれを識別するために、著者名や作品名を書き込んだ台形型のラベル(ティトゥルス)が貼られていた。

この図書館の利用者は、100年頃建設されたアテナイのパンタイノス図書館の利用者のように、書籍を一切盗まないと誓いを立てなければならなかったのだろうか? それは分かっていないが、いずれにしてもこうした閲覧・調査室は文字文化の保存と普及に一役買っていた。公共図書館は、ギリシア、小アジア、アフリカ、そしてローマにおいてその存在が知られているが、西方の属州でははるかに稀だったため、ニームにあるいわゆるディアナ神殿は、ガリアにおける唯一の事例かもしれない。

しかしながら、この復元図の信憑性については、信用に乏しいと認めざるを得ない。たしかに、長方形プランの壁龕や部屋の軸線上に位置するエクセドラの存在、加えて空気を循環させるために隙間を設けた二重の側壁は、巻物の保存に適しているし、壁龕の設けられた壁も、図書館だと主張する根拠にはなる。しかし、それでも泉やニンフの洞が近くに存在するという事実からは、図書館としては意外な印象を受けてしまうのである。

いずれにしても、ディアナ神殿はニームで最も保存状態の良い記念碑的建造物の一つであり、間違いなく最も暗示に富んだ建造物の一つでもある。中世には修道院として使用されており、その本当の機能についてはいろいろと議論されているが、いまだに謎に満ちた建物のままである。

AUTUN　オータン：2世紀の〈アウグストドゥヌム〉

◀◀ アルー川のほとりに位置し、ロワール川、ローヌ川、そしてソーヌ川それぞれの流域が一点に収斂（しゅうれん）する地点に立つアウグストドゥヌムの街（現オータン）は、前1世紀末のアウグストゥス帝治世下に建設された。ブヴレ山に築かれたハエドゥイ族のかつての都ビブラクテからは東方に約20km離れており、何もないところに一から建てられたのである。ローマの古くからの同盟者であるハエドゥイ族は、カエサルによる征服以降かなりの特権を与えられていたが、その内の一つが市壁を建設することであった。市壁は約6kmの長さで、およそ50の塔と、アルー門、サン=タンドレ門、ローマ門、そしてサン=タンドシュ門という四つの門を備えており、およそ200haの土地を囲っていた。

　この街には見世物用の主要な施設としては劇場と円形闘技場があるが、一方でその機能が推測の域を出ない建造物も複数存在する。市壁の外側にはいわゆるヤヌス神殿（ローマ神話の神、ヤヌスを祀った神殿）が立っているが、現在目にしているのは壮麗な神殿の神室の部分である。また、航空機からの探査によって、この聖域のすぐそばに二つ目の劇場が発見された。

　オータンからブールジュや、オセール、ラングル、そしてリヨンに向かう街道に沿う形で複数の墓地が見つかっている。その内、リヨンに向かう街道沿いのシャン=デ=ズュルヌ（フランス語で「骨壺野原」という意味）と呼ばれる墓地では、「クアールのピラミッド」という呼び名で知られる大きな墳墓がそそり立っていた。

　地域の学校であるスコラエ・メニアナエは、1世紀には存在していたことが確認されている。ローマの歴史家タキトゥスがガリアの最も高貴な子息たちだと明言する、ローマ期ガリアの地方名士の子弟がギリシア語とラテン語を学びにやって来るこの学校は、主要な高等教育機関の地位を築き上げた。そして、3世紀の終わりには、アポロン神殿とカピトリウム*の間にある主要街区*（インスラ）の一つに位置していた。教授陣は、修辞学と法学に基づいた教育を行っており、学生は柱廊に描かれたローマ帝国の地図を活用しながら、地理や歴史も学んでいた。

　269年、オータンの街はガリア皇帝ウィクトリヌスの軍によって包囲され略奪されたが、その際の破壊行為は主張されているほど徹底的なものだったのだろうか？ これには疑う余地がある。いずれにせよ、4世紀初め、コンスタンティウス・クロルス帝はオータンの街に入り、財源と人手を提供した上で街の再建工事に取り掛かった。かの有名な高等教育機関スコラエ・メニアナエも修築された。修築は、まず有能な教授陣が着任したことによって、さらに修辞学教師でかつての帝国高位高官であるエウメニウスが施設の修復のために60万セステルティウスを気前よく提供したことによって実現した。ただ、果たしてこの気前の良さが成功を博したかどうかは分からない。というのも、312年にコンスタンティヌス帝が街を訪れた際に、スコラエ・メニアナエには一切言及していないからである…。

現在も目にすることができる建造物：
　1. 劇場　2. 市壁と塔　3. サン・タンドレ門　4. アルー門　5. ヤヌス神殿　6. アポロン神殿
現在は目にすることができない建造物：
　7. 円形闘技場　8. 劇場　9. フォルム（広場）

※ 一度発掘した後また地中に埋めなおす等、現存していても実際に見ることができない遺構もあるため、復元図の解説では「現在も目にすることができる／現在は目にすることができない」という表記をしている。

ジュブランとコルスルをそれぞれ訪れた2人の偉大な作家

1836年、ノルマンディーとブルターニュを愛人ジュリエット・ドルエとともに旅行した際、ヴィクトル・ユーゴーは定期的に妻アデルに手紙を書いている。6月22日、フジェールから送った手紙で、ユーゴーは彼女にローマ期ガリアの街ジュブラン（マイエンヌ県）での発見を詳細に語っている。

マイエンヌを発った後ジュブランに滞在したが、この街にはカエサルの陣営があり、世界で最も美しい娘さんに案内されながらそこをあちこち歩き回った。ちなみにその娘さんは私にみずみずしいバラと古めかしいレンガをくれたのだが、ペチコートのことをあまり気にする風でもなく軽々と柵を飛び越えていたよ。それから、彼女は私にローマ時代の神殿やその時代の多くの遺物、そして彼女自身の容姿をたくさん見せてくれた。別れ際、彼女に1エキュを渡したところ、彼女は私にキスを求めたんだ。ごめんごめん、まるでその彼女みたいに無邪気に君にこの話を語ってしまったね。それじゃあ、私がモテることを君に証明するためにカエサルの陣営で拾った大理石のかけらを君に持って帰るよ。私は大馬鹿者だね。

ヴィクトル・ユーゴー『ブルターニュ・ノルマンディー紀行』
1834～1836年

同じ年、フランスの史跡監督官であったプロスペル・メリメはコルスル（コート＝デュ＝ノール県）を訪れた。今日では、コリオソリテス族の首邑コルスルはおよそ130haに及ぶ市街地を持ち、浴場や神殿、そして郊外には大規模な聖域も有した街であったことが、発掘調査によって確認されている。しかし、メリメの時代、学界では依然としてコルスルにあるローマ遺跡が本当にローマ期のものなのか、そして本当に重要な史跡なのかについて議論が行われていた。

ブルターニュではローマ遺跡は稀有である。数年前のことだが、ディナンの街から2リュー（約8km）の距離にある村コルスルの地主であるコヌレ氏が、畑を深く耕させていたところ、かなりの量の古代の遺物や、端が曲がった大型の瓦、土器の破片、メダル、そして聞くところでは大規模な基礎構造まで発見した。現在では、これらの発見があった穴はほぼすべてが埋め戻され、私が見ることのできたものと言えば、果樹園のそこかしこに散らばる無数の割れた瓦がほぼすべてであった。さらに、見せてもらった基礎構造は、それがローマ時代のものと信じるのには無理があった。ローマ時代のレンガの破片と小型の切石が無数にあって、それらがどこにでもあるような切石と乱雑に入り混じっていることを除けば、その石の積み方には一切の規則性はなく、現代の積み方と区別されるような要素はまったく存在しなかった。おそらく、その壁は古代の建物の残骸を利用してそこに建てられたのであろう。

もっとも、ローマ時代の施設がこの土地に存在していたことは確かである。ただ、コルスルという名前との類似性に依拠までして、詳細な情報がないままここをコリオソリテス族の首邑と同定するためには、その施設の重要性はいまだ十分には証明されていないのである。

プロスペル・メリメ『フランス西部紀行ノート』1836年

またはすでに道筋がしっかりと定着している幹線道路の存在といった要素が、そのような不規則なプラン*が生まれた背景にある。しかし、クリスチャン・グディノーの指摘によれば、「状況が許せば、それぞれの街の個性はありつつも格子状プランが好まれた」ようである。

火災の危険

時として街区（インスラ）の再整備は、街の一部を焼き尽くす火災のような惨事に見舞われた後に行われた。実際に、木材、荒壁土、編み垣のような軽量の建材は、住居ブロック内の家屋の建設に広く用いられていたが、結局のところ消火手段があまりに貧弱だったこともあり、炎の格好の餌食となった。

こうした火災の原因は何だろうか？ 一部の火災は、政治的混乱や敵の侵攻によってもたらされたが、おそらく大半の火災は過失が原因だろう。例えば6世紀、トゥールのグレゴリウスは、ルテティア（現パリ）で起こった火災が偶発的に発生した状況を伝えている。彼の話はローマ期ガリアよりも後の時代の出来事を語っているが、この報告と似たようなことがもっと前の時代にも起きていただろう。「夜が明けるころ市民の1人が明りをつけて、倉庫の中へ入って行った。そして油と必要な他の品々をもって出てきたが、明りを油入れの所におき忘れた。［…］この明りから家に火がつき、焼けおちてしまったが、さらに他の家々もその火によって焼けはじめた」（『フランク史』VIII, XXXIII、兼岩正夫・臺幸夫訳、文献1）。

［⇒ p.22］

ギリシア人地理学者ストラボンが見たリヨンの街

リヨンの街は、ソーヌ川とローヌ川の合流点に位置する丘の麓に築かれ、ローマ人が住んでいる。ここは、ナルボンヌを除けばガリアの全都市の中で最も人口の多い街である。人々にとってこの街は倉庫の役目を果たしており、ローマの属州総督はここで銀貨や金貨を作る。すべてのガリア人が共同でカエサル・アウグストゥスに捧げた聖域が、二つの河川の合流点で、市街地の手前に位置するところに設置された。そこには見事な祭壇が置かれていたが、その祭壇には60に上る部族の名とそのそれぞれの部族を象徴する人物像が刻まれており、さらに、もう一つより大きな祭壇も置かれていた。この都市は、ローヌ川とドゥー川に挟まれた地域に暮らすセグシアウィ族を率いる立場にある。

ストラボン『地理誌』IV, III, 2

アミアン〈サマロブリウァ〉

現在は目にすることができない建造物：
1. フォルム（広場）　2. バシリカ（公会堂）　3. 大広場（市場?）　4. 神殿　5. 円形闘技場　6. 大浴場　7. 墓地と墳墓

AMIENS　アミアン：2世紀の〈サマロブリウァ〉

◂◂　サマロブリウァという古代名が登場したのは、カエサルの『ガリア戦記』が最初であった。前54年、カエサルはこの地に軍団の冬営地を設け、さらにここにガリア会議を招集した。その後、街は発展していくことになるが、それにあたってはアグリッパが街道網を整備したことが重要なきっかけとなったように思われる。したがって、アウグストゥス帝がブリテン島への新たな侵攻に備えるために、ガリア北部に滞在した時期である前27年に都市の核を築くという決定がなされた、と考えるのはもっともなことである。

街路は4.5mから6mの幅があり、板で作られた排水溝が両脇に備えられていた。また、街路の厚さは時におよそ5mにも達する、桁外れなものだった。これは何度も路盤を充填したせいでもあるが、街や街区*（インスラ）の長い歴史の中で、沿道の家屋が壊されては新たに地面を嵩上げした上で家屋を建てるということが繰り返され、この地面の上昇に街路も対応していったことが一番の原因である。サマロブリウァには、三つの公共建築があったことが確認されている。そのうちの一つであるボーヴェ通りの浴場は、敷地面積が1haで、冷水と温水の二つのプールを備えていた。そして残る二つが最も重要な建築物、フォルムと円形闘技場である。この二つは市街地中心部を支配するかのように420mにわたって広がっていた。フォルムの方は、ネロ帝とウェスパシアヌス帝の治世に整備されたが、列柱と店舗に囲まれたところには神殿と、おそらくバシリカ*も立っていた。さらに、フォルムは定期市や普段の市場に使用された広場と接続していた。この広大なフォルムに隣接して円形闘技場が立っていたが、この街のど真ん中という立地は、ガリアや西方属州においても他に類を見ない例となっている。

市街地における水の供給は、主として個人所有の井戸が担っていたようである。一部の街区では井戸の密度が驚くほど高く、時には1haの範囲で100個ほどの井戸を数えることもあった。

サマロブリウァは2世紀時点で1万5,000人から2万人ほどの人口に達していたと考えられる。街はさまざまな機能を果たしており、行政面での役割は副次的なものにとどまったが、地域の交流の拠点であり、商業的には恵まれた地位を占めた。織物業に関して言えば、文字史料（大プリニウスとディオクレティアヌス帝の「最高価格令」）では、サマロブリウァは帝国中に名を馳せた織物製品の中心地とされているのに対し、考古学調査の結果はいくつかの秤が確認されたのみという乏しさで、大きな相違がある。サマロブリウァは属州ブリタンニアに向かうルート上の重要な中継点であったことから、4世紀初めのコンスタンティヌス帝の治世には、主要な守備隊駐屯都市となった。その戦略的役割や軍事面での活発な活動は、367年にウァレンティニアヌス1世がこの街に滞在し、そこで息子グラティアヌスを正帝と宣告させたことからもはっきりと伺える。

最後に著名なエピソードに触れておこう。街に駐屯する守備隊の一兵士であったトゥールのマルティヌスが、アミアンの門前で1人の貧者（イエス・キリストが顕現した姿と言われている）に自分の外套を二つに割って片方を与えたという出来事は、おそらく334年頃だと考えられる。

JUBLAINS　ジュブラン：1世紀末の〈ノウィオドゥヌム〉

▶▶　古代都市ノウィオドゥスムを表したこの復元図は、市街地の南側を手前にして描いたので、主要建築物のうちの二つである複合的防衛施設と劇場を、より詳細に表現することができた。

街は、おそらく前1世紀末に、エヴロン川流域から40mほど標高の高い台地上に創建された。格子状プラン*の街路で区画され、面積は23haに及ぶが、他の多くの街と比べれば慎ましやかな広さであった。中心部の周りには、都市周縁部が広がり、そこには住宅や職人の工房で占められたエリアの痕跡が、よりまばらに点在している。

ギリシア人学者プトレマイオスに言及され、ポイティンガー図*にも描かれているノウィオドゥヌムは、主にエヴルーやヴュー、コルスル、ル・マン、アンジェといった都市とを結ぶ10本の街道が合流する陸路の結節点であった。市街地の通りは石で舗装され、道幅は4mから5.3mの間でばらつきがあった。市街は、南北に走る軸線に沿って整備されており、神殿、フォルム、浴場、そして劇場といった諸施設は、二本の大通りに挟まれた位置に建てられた。聖域は、街路が格子状に整備されていた地区の北端に位置し、一辺80mの方形をした囲壁の中にあった。聖域には入口が3カ所、柱廊が二つあり、柱廊は囲壁の内側と外側にそれぞれ巡らされていた。基壇の上に築かれた長方形の神殿本体は、おそらく古典的な周柱式のもの、つまり四面を柱廊で囲まれたタイプであった。水との深い関わりを示唆している付属施設については、長い間泉の聖域と考えられてきたが、最近の研究によって、天然の水の流れがない場所において雨水を集めるという機能しかなかったことが明らかとなった。フォルムについてはよく分かっていないが、列柱と店舗に囲まれた長方形の広場だった可能性が高い。浴場は、現在では教会の地下に保存されているが、かつては一つの街区のほぼ全域を占め、地下水路によって水が供給されていた。劇場は、聖域と対称を成すように市街の南端に配置され、最終的に大きく弧を描く馬蹄形の形状になった。

格子状の市街地から外れたところには複合的な要塞施設が立っているが、この要塞こそがジュブランの名声を高めた遺跡である。1837年以降、プロスペル・メリメはその類まれな重要性を強調していた。「それがどの年代のものであろうと、ジュブランの城塞は我が国にあるローマの要塞の中で最高の保存状態、より正確に言えば最も破壊されていない城塞であり、この点からすれば比類のない記念碑に当たるのだ」。この要塞は三つの要素で構成されている。まず、中央に位置するのは長方形の建物で、中庭があって角々には塔を備えている。次に、この建物を守る一辺およそ60mの土塁がある。そして三つ目がその外側を取り巻く城壁で、小型の切石とレンガで築かれ、複数の塔が配されており、二つの門と三つの通用口が開けられていた。この複合的要塞は、数段階を経て建設された。まず、中央の建物が2世紀末に建てられ、土塁が290年の直後、最後に城壁がそれから数年後に建てられた。おそらく、この要塞は防備の施された公共の穀倉であり、現物徴収された税を集め、軍隊の補給に欠かせない食糧を貯蔵しておく機能を有していたと見られる。

現在も目にすることができる建造物：
1.複合的要塞施設　2.劇場　3.街外れの聖域　4.浴場
現在は目にすることができない建造物：
5.フォルム（広場）　6.墓地

19

ジュブラン〈ノウィオドゥヌム〉

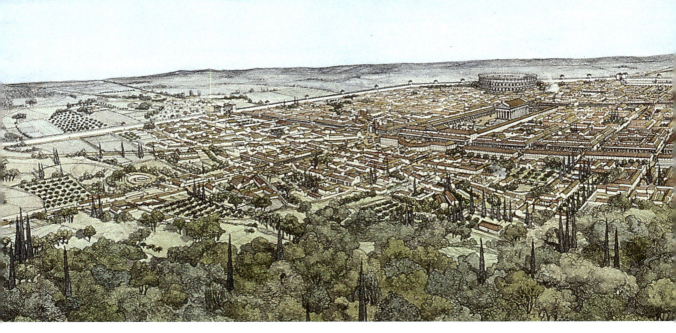

　また、火災の犠牲者は、以下に引用するリヨンで亡くなった英雄的なトレウェリ族のように、時に悲嘆の対象となることもあった。「冥府の神々に、そしてルキウス・セクンドゥス・オクタウィウスに関する永久なる記憶のために。彼は、[…]この上なく悲惨な死を迎えてこの世を去った。彼は半裸で火災から逃れたが、自らの命を無視して炎から何かを守ろうと努めその場に残り、倒れてきた壁に押しつぶされた。そして、彼に結び付けられていた魂を自然へと返し、その肉体を始原に返した」(『ラテン碑文集成（Corpus Inscriptionum Latinarum）』XIII, 2027）。

　こうした火災は、複数の火災が生じない日は一日としてないという都ローマと同じくらい頻繁に発生していたのだろうか？ ローマ期ガリアの都市住民は、毎晩防火のための水桶を用意していた富裕なローマ人リキニウスのように（ユウェナリス『諷刺詩集』XIV, 305-306）対処していたのだろうか？

　史料が存在しないためこの疑問に答えることはできないが、いずれにせよ、『ローマ皇帝群像』(III, IX, 2) は、150年頃、アントニヌス・ピウス帝の治世下にナルボンヌで大規模な火災が発生したことを伝えている。非常に多くの建物が破壊され、皇帝が私費で浴場とその柱廊、さらにバシリカ*とその装飾も修復させたのである。

　考古学による発掘調査では、ローマ期ガリアの都市においていくつもの火災の痕跡が明らかとなっており、とりわけリモージュ、ルーアン、サン＝ベルトラン＝ドゥ＝コマンジュ、そしてアルルが挙げられる。1977年、アルルの郊外で富裕層の邸宅に施された舗床（ほしょう）モザイク*が発見されたが、そこには激しい火災が原因の黒ずんだ跡が残っていた。また、この火災による灰のおかげで、木

ボルドーの喧騒

　4世紀、詩人のアウソニウスはボルドー〈ブルディガラ〉の喧騒を生き生きとしてイメージ豊かに粗描した。アウソニウスは、修辞学教師で詩人の同僚アクシウス・パウルスを、田舎に住む自分のもとに来るよう誘ったが、その際パウルスにボルドーの街の人混みとその居心地の悪さを語っている。この風刺はローマの喧騒について書いたユウェナリスの有名な一文（『諷刺詩集』III, 232-267）から着想を得ているように思えるものの、ガリア屈指の都市の一つにおける活気や熱狂を伝える唯一の文字による証言であることには変わりない。

　群衆や辻角での吐き気を催すような乱闘騒ぎにまったく嫌気がさしつつ、我々は路地裏の熱狂した様を眺めています。ほら、あまりにも多くの群衆が広場に詰め込まれているので、もはや広場はその名声を失っています。もう立錐（りっすい）の余地もないのですから。怒号の声が入り混じって共鳴するのです。「止まれ！」、「打て！」、「引け！」、「よこせ！」、「気を付けろ！」。

　泥まみれの豚が逃げ回り、狂犬が牙をむいてあなたに襲い掛かり、牛は積み過ぎの荷車を前にしり込みをする。住まいの中で最も奥まった片隅に逃げ込んでも無駄です。叫び声は壁を通り越して聞こえてきますから。これらすべて、静穏を好む我々の感情を逆なでするようなこれらのことすべてのせいで、田舎での隠居生活による甘美な余暇や、まじめな気晴らしがもつ魅力を再び見つけるために、我々は街を離れざるを得ないのです。田園でこそ、人は完全に自由に自分の時間を使えるのであり、誰かに頼る必要もなく、そして何をするでもなく気ままに過ごしたり、またあるいは何か好きなことをしたりもできるのです。

アウソニウス『書簡集』VI, 17-34

NÎMES　ニーム：〈コロニア・アウグスタ・ネマウスス〉の全景

▲ 帝政前期、マーニュ塔(p.43)の上から眺めたニームの街はどのような眺めだったのだろうか？ その疑問に答えようとするのが、この全景図である。

　ニームの市壁の中で最も高く、最も強力なマーニュ塔の天辺から眺めてまず初めに気付くのは、市街地の面積が、市壁に囲まれた空間の全域を満たすには程遠い広さしかないということである。塔が所々に配置された市壁は、東側と南側においてはっきりと視認できるが、その長さは6kmに及び、およそ220haもの面積を囲っていた。奥の方には、1世紀末に建設された円形闘技場の堂々とした巨体が目に付く。そのすぐ近く、南側(図版右側)には、小さく戦車競技場が描かれている。ただ、戦車競技場の存在はいまだかつて一度も確認されていないため、これはあくまでも仮説に基づくものである。円形闘技場の手前には、フォルムが広がっていて、そこにはメゾン・カレ(p.183)がそびえている。この神殿は、古代世界全体で見ても最も均整がとれた、かつ最も保存状態の良い神殿の一つである。手前には、カヴァリエ山の山腹を掘り込んで作られた劇場が見える。この劇場は1854年に発掘が行われたが、現在その遺構はまったく残っていない。この観劇施設は、アウグステウム(p.183)と呼ばれる広大な建築複合体の一部を成しており、泉の近辺の遺構すべてがこの複合体に属している。この一群の建物は、皇帝アウグストゥスとその家族を崇拝する祭儀に捧げられた皇帝家の聖域であり、泉の池や、ニンフの洞(ニンファエウム)、祭壇、図書館であった可能性があるディアナ神殿(p.11)、そして劇場を集めたものであった。これらの施設は三列からなる柱廊で結ばれ、それによって複合体が全体として一体感を持つようになっていた。

　〈コロニア・アウグスタ・ネマウスス〉という名前が示すように、ニームはアウグストゥス帝の治世下に創設された。おそらく、アクティウムの戦いでクレオパトラ率いるエジプト艦隊とアントニウス軍に勝利したオクタウィアヌス指揮下の元兵士たちのために設置されたものだろう。裏面にヤシの木に鎖で繋がれたワニが描かれた、この植民市で作成された貨幣の存在がこのことをほのめかしている。いずれにせよ、ニームはラテン市民権を享受しており、ガリアで指折りの美しい都市であった。ウォルカエ・アレコミキ族の首邑でもあったニームは、ギリシア人地理学者ストラボンによれば、市民の数の多さではナルボンヌに勝っていたようである。

製の長椅子の炭化した残骸がいまだに存在している。

　しかし、層位学的な観測によってきわめて正確な情報が得られたのはアミアンである。ほぼすべての街区*(インスラ)が火災の被害を受けており、中には居住地として使用されていた300年の間に2回、3回、果ては4回も激しい火災にあった街区も存在した。こうした災害の痕跡は、考古学では一目瞭然で、灰、赤みがかったレンガ、半分ほどが焼失した梁、屋根組みの残骸、熱で変形した貨幣や金属製品などが出土している。また、別の痕跡として、火災の後に意図的に均されてできた瓦礫の層がある。1mから2mの厚さがあるこの層は、新たな地表面の土台となり、この上に家屋や公共建築物が再建されることになる。これらをすべて観察した結果から、アミアンでは2回の非常に大きな火災があったことが判明した。最初はドミティアヌス帝の治世下である80年から95年の時期に、2回目はマルクス・アウレリウス帝の治世下である160年から180年の間に発生したと考えられる。

23

パリ〈ルテティア〉

現在も目にすることができる建造物：1. 円形闘技場　2. クリュニー浴場（北浴場）
現在は目にすることができない建造物：3. フォルム（広場）　4. 劇場　5. コレージュ・ド・フランス浴場　6. 南浴場
7. シテ島を囲む帝政末期の市壁　8. 皇帝宮殿　9. バシリカ（公会堂）

PARIS　パリ：4世紀の〈ルテティア〉

◀◀「セクアナス川（現セーヌ川）の河岸に住むパリシ族は、この川に浮かぶ島を占有している。彼らの街はルコトキア（ルテティア）である」。前1世紀、ギリシア人地理学者のストラボンはこのように述べている。

2世紀、ローマ期ガリアのパリの街は、主にセーヌ川の左岸に広がっており、サント＝ジュヌヴィエーヴの丘や、ベルヴィル、モンマルトルのそれぞれの斜面、そして後にシテ島を形成することになるいくつかの小島もその一部だった。格子状の街路網によって街区*は区切られ、街区によって公共空間や住宅区域が定められていた。この街路網は、南北の主要軸（現在のサン＝ジャック通りに当たる）を中心に形成されているが、主に東部や西部の一部の街路は、土地の起伏やガリア以前の時代からあった通りに合わせるように、碁盤の目状の街路網を逸脱し、斜めの道筋をとっている。

この時代、およそ1万人の住民を有していたパリは、いくつもの記念碑的な建築物に彩られていた。160×100mのフォルムは、バシリカ*とおそらくは神殿、さらに列柱、地下回廊や店舗も有していた。観劇施設には舞台付き円形闘技場*¹と劇場がある。そして、公共浴場が南と東（コレージュ・ド・フランス浴場）と北（クリュニー浴場）にそれぞれ位置していた。

セーヌ川上の航行と河川輸送は、ナウタ（河川水運業者）たちが結成した有力な組合の統制下に置かれていた。ナウタたちとは、ナウタエ・パリシアキ（パリシ族の河川水運業者たち）のことであり、ルテティアの生活において重要な役割を果たしていた。今日も有名な、ティベリウス帝に捧げた記念碑である「河川水運業者の柱」は、彼らが帝政初期に建立した。

ルテティアが徐々にパリへと変わっていくのは4世紀のことである。305年から308年の時期に設置されたマイル標石（p.154）の表面には、キウィタス*・パリシオルム（「パリシ族の都市」）という名称で街の名前が記されていたが、この呼称は当初はルテティアという呼称と共存するものの、時代が下って中世初期の間にはこちらの名称が完全に定着することになる。

*¹ この円形闘技場は19世紀に再発見され、ヴィクトル・ユーゴーが名誉総裁となった協会の保存活動によって守られた。今日ではアレーヌ・ド・リュテスと呼ばれ、公園として公開されている。

▲ パリ〈ルテティア〉の中心部。セーヌ川沿いには沼地が広がっている。川中には小島が点在し、川幅は現代と比べてかなり広いが、木製の橋が架けられていた。市街地の主要な軸線（現在のサン＝ジャック通り、サン＝ミシェル大通り、サン＝ジェルマン大通り）に沿う形で、クリュニー浴場、劇場、そしてフォルムという壮麗な公共建築物が立っていた。

都市人口

　古代のある都市の人口を推測するというのは、危うい行為である。確固たる史料が無い中で、量的なデータを得るということは、かつてはまったく妄想の世界の話であった。ここで、アルゲントマグスというガリア中部にあるビトゥリゲス族のつましい集落を例にとってみよう。この集落はおよそ70haにわたって広がる。劇場、円形闘技場、浴場、聖域、壮麗な噴水などが建てられており、人目を引く壮麗な外観だった。1887年、地元のある碩学（せきがく）はこの集落の人口を「7万人から8万人」と見込んだ。戦間期には、ベリー地方のある女性作家が、抒情詩の見事な高揚場面の終盤で、「10万人以上の人口を擁する」街と言及している。

　現在の推測では、アルゲントマグスの人口はずっと控えめだがより適切であろう数字となっており、人口圧力が最も高かったと思われる1世紀末と2世紀において、3,000人から4,000人に近い値だったと考えられている。一方、ガリアの首都ルグドゥヌム（現リヨン）に対しては大きく差のある数字が提示されている。ジェルマン・ド・モントゾンはその人口を40万人と推測したが、カミーユ・ジュリアンは20万人、アマブル・オダンはおよそ4万人、そしてより最近では、クリスチャン・グディノーが2万人から最大でも3万人と推測している。

　そうすると、ローマ期ガリアの都市の人口を推測するためにはどのような基準に基づけばよいのだろうか？　碑文の統計的な数、墓地の規模、水道の供給能力、そして特に観劇・観戦施設の収容能力、または中世都市人口との比較、といった基準が次から次へと用いられた。しかし、これらの手段はある程度巧妙ではあるものの、実際はすべて、現在の解明レベルではどうしても避けられない知識不足を何とかして覆い隠そうというその場しのぎにしか過ぎないということは、認めなければならない。

　今から20年ほど前、クリスチャン・グディノーは『フランス都市史』（参考文献48）の中で、3世紀中頃を対象に35の基準を組み合わせることで都市の「数量的カテゴリー分け」を試みた。この試みの推進者である彼によれば、「この試みがいかに恣意的に（または滑稽に）見えうるとしても、データを蓄積した上で、碑文学や法学を利用して考古学的遺構の比重を増減できるという利点がある」。この都市人口ランキングリストの上位に入ったのは、上から順に、リヨン、ナルボンヌ、ニーム、トリーア、そしてヴィエンヌである。続いて、アルル、ボルドー、オータン、ランス、ヴェゾン＝ラ＝ロメーヌ、サント、アヴァンシュ、ベジエ、オランジュ、フレジュス、

かつてパリがルテティアと呼ばれていた頃

　ユリアヌス2世、通称背教者ユリアヌスは、ルテティアの街にとりわけ愛着を抱いていた。彼が360年に指揮下の兵士達と民衆によって皇帝と宣言されたのはまさにこの街での出来事だった。

　私はその年の冬を我が親愛なるルテティアで過ごすこととなった。この名称は、ケルト人がパリシ族の小村に与えたものだ。ルテティアは、川の中央に浮かぶ小島である。市壁がぐるっと島全体を取り巻き、木の橋が島と川の両岸を結んでいる。川は時として水量が減ったかと思えば、今度は水量が増して川幅が広くなるが、大抵は冬も夏も水位は変わらない。川はそれを望む者に、目にも喉にもたいそう心地よいきわめて澄んだ水を与えてくれる。住民は島に住まうが故に、川から水を得なければならない。島は冬も温暖であり、［…］素晴らしいブドウの木も育つ。さらに、冬には外套のように藁で覆うことでイチジクもすでに生産されている。

　　　　　　　　　　　フラウィウス・クラウディウス・ユリアヌス『ミソポゴン（髭（ひげ）嫌い）』340d-341b

Périgueux   ペリグー：2世紀末の〈ウェスンナ〉

◀◀ ペトロコリ族のキウィタス*の首邑であるウェスンナ（現ペリグー）は、イル川が作り出す大きな湾曲部の中の右岸に広がっていた。街の始まりは、アウグストゥス帝によって属州アクイタニアのキウィタスが編成された際に、ローマ人に創設されたことだと思われる。ウェスンナは、オッピドゥム*（この場合ラ・キュラードにあったオッピドゥム）が、アウグストゥス期になって近隣の平野部に創設された都市に取って代わられるという事例の典型的な街である。ウェスンナの市街地面積は60haで、市街プラン*には二種類の格子状プランが同居していた。一つは南北（図版では左下から右上）に伸びる碁盤の目型のプランで、市街中心部の公共建築群と格子が一致している。もう一つは、一つ目とは向きが異なる、市街西部（図版では左上）にある格子であり、こちらの方がおそらく古いプランだと考えられる。

　フォルムは街の中心に位置し、バシリカ*によって区切られた二つの広場が隣り合わせに並んでいた。図版にも描かれているが、フォルムの西側（図版では左上）に位置する広場には、皇帝礼拝に捧げられた神殿が立っていた可能性がある。フォルムの北側には聖域があり、広い境内（141×122m）を囲む壁によって外界と区切られていた。この聖域で現存するのは円形プランの神殿の神室のみである。これが有名なヴェゾンヌの塔（p.179）で、高さは24.5mある。その他に目を引く建物としては、円形闘技場―台地上にある自然に形成された浅い窪みを利用して、窪みの南西側斜面に建てられており、古代の市街地の北端に位置していた―、帝政末期の市壁とその市門であるマルス門とノルマン門[*1]、ゴドフル浴場とそこに水を供給していたグランフォン水道、そして市街中心部にある広大な都市型邸宅のウィッラ・ポンペイア（またはブーケ通りの家）、そしてカンニアックの家を挙げておこう。墓地は2カ所、市街地の北東と北西にそれぞれ存在していたことが確認されている。

[*1] この二つの門の名称は通称である。これらは帝政末期に建てられた城砦の門であるため、復元図には描かれていない。また、マルス門は私有地内にあるため見学はできない。

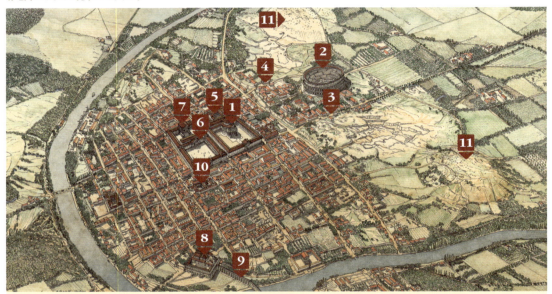

現在も目にすることができる建造物：
  1. ヴェゾンヌの塔（神室のみ）　2. 円形闘技場　3. マルス門　4. ノルマン門　5. ウィッラ・ポンペイア
現在は目にすることができない建造物：
  6. フォルム（広場）　7. 神殿　8. ゴドフル浴場　9. グランフォン水道　10. カンニアックの家　11. 墓地

エクス＝アン＝プロヴァンス、メス、そしてトゥールーズである。そのずっと後に、ポワティエ、リモージュ、そしてパリが続く。したがって、キウィタスの首邑の大半の人口は5,000から6,000の水準を超えることはなく、一方、准都市の大部分については、5,000人の水準以下にあった可能性が高い。

准都市

　1980年に、先ほども引用した『フランス都市史』（参考文献48）の第1巻で考古学用語として登場した「准都市」という表現は、その後多くの人々によって使用されるようになった。これは、語義が曖昧なために研究者たちが自由に使用できたからである。さまざまな実状や、複雑な機能、そして集落としての地位も多様であるという事実が、この都合の良い言葉の裏には隠されてしまっているのである。散在居住地に対置される集住居住地を表す用語として、この言葉は1986年にミシェル・マンジャンによって定義され、以後研究者一同によって受け入れられた。この定義は、「農場や単独のウィッラ（p.128）と、キウィタスの首邑の中間に位置付けられる確認済みのすべての考古学遺跡で、つまり農村や地

BLIESBRUCK-REINHEIM　ブリースブリュックーラインハイム：3世紀初めの都市

▲ ブリースブリュックーラインハイムにあった准都市の様子を描いた風景図。メディオマトリキ族のキウィタス内にあるこの小都市の遺構は、ブリース川の左岸に位置し、現在で言うとフランスのモーゼル県ブリースブリュックと、ドイツのザールラント州ラインハイムとの国境地帯に広がっている。

街の中心は古代の街道を軸として形成されており、その道筋は現在の県道にも利用されている。工房地区が2カ所、東側と西側で発見されており、東部の地区では、短辺側が通りに面する長方形プランをした建物八つが見つかっている。3世紀末に破壊されたこれらの建築物を際立たせているのは、地下倉庫、中庭、店舗、床下暖房（ヒュポカウストゥム）といった設備である。西側では、90×40mの浴場施設と二つ目の工房地区が発掘されており、こちらの工房地区では14の建物が発見されている。また、そこでは鉄や青銅といった冶金業が活発に行われていた痕跡や、パン製造、食糧の加熱調理、そして商いに関わる証拠も確認されている。

味な宿場町から、まるでキウィタスの首邑と見紛うような景観の集落までが含まれる」というものである。

准都市は、型式学的には、ミシェル・マンジャンとフランシス・タッソーが古代アクイタニアに関して提案した分類に倣って、集落を五つの型式に分類することができる。まずはじめに容易に区別することができるのは、市街面積、壮麗な景観、そして手工業・商業・行政の各分野における機能から、厳密な意味で都市とみなし得るような集落である。このグループには、アルゲントマグス、タルモン近郊のバルザン（シャラント＝マリティム県）、そしてルゼ（ロワール＝アトランティック県）が含まれる。二つ目のカテゴリは、大規模な公共建築物をもたない集落をまとめた分類で、大型の村と小村が該当する。こうした准都市は、しばしば特定の主要産業に特化しており、例えばポワティエとサントを結ぶ主要街道沿いの宿場町であるラウラヌム（ドゥー＝セーヴル県の現ロム）や、ルズー（ピュイ＝ドゥ＝ドーム県）、ラ・グローフザンク（アヴェロン県）、モンタン（タルン県）といった土器製造拠点が挙げられる。三つ目のカテゴリーは、主に宗教的機能を帯びた集落（ヴィエンヌ県のサンクセやオワーズ県のシャンプリユー）と、クルーズ県のエヴォー＝レ＝バンやアクイス＝ボルモニス（アリエ県の現ブルボン＝ラルシャンボー）のような湯治場が含まれる。

続いて四つ目のカテゴリーは、ポイティンガー図*やアントニヌス旅程表*によって知られる宿駅が挙げられる。例え　［⇒ p.41］

メス〈ディウォドゥルム〉

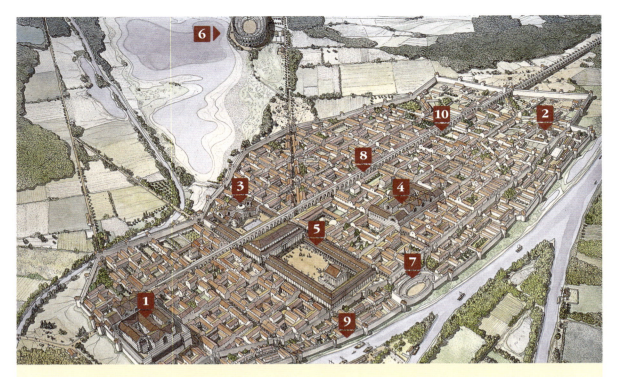

現在も目にすることができる建造物：
1. 博物館大浴場。通称サント＝クロワまたは北浴場　2. サン＝ピエール＝オ＝ノネンの浴場？
現在は目にすることができない建造物：
3. サン＝ジャック浴場　4. ポンスレ通りの浴場　5. フォルム（広場）　6. 円形闘技場　7. 小型円形闘技場　8. 市街地におけるゴルズの水道橋　9. 市壁　10. 通称司教館の地下回廊

METZ　メス：4世紀末の〈ディウォドゥルム〉

◀◀　ローマ期以前のオッピドゥム*がまず築かれたのは、モーゼル川とセユ川の合流点を見下ろすサント＝クロワの丘の上だった。このガリア期の集住地は市壁によって守られており、おそらくメディオマトリキ族の首邑であったと考えられる。また、高所に位置していたため、河川交通と陸上交通の両方を監視することができた。ローマによる征服後は、このオッピドゥムが都市化に際して最初の中核となり、後の時代に大きく拡大することとなる。市街地の拡大はアウグストゥス帝期から始まっていたが、長い間推察されてきたように、市街地全体を碁盤の目状に覆う直交型プラン*のみに沿っていたわけではなかった。実際の格子状プランは、その場所の地形に適応すべく複数の異なる方向軸に沿って形成されており、少なくとも三つの方向軸が確認されている。例えば、ローマ期以前にオッピドゥムだった街の南部では南―西／北―東という方向軸があるのに対し、北部ではトリーア方面の街道に沿って形成されている。

ディウォドゥルムは、都市としての活力を急速に得たようである。なぜなら、1世紀中頃以降、市街地はおよそ60haに及び、帝政前期の間ほとんど越えられることのなかった市街地境界にすでに到達していたからである。その上、碑文史料によれば、街はそれぞれウィクス*と呼ばれる地区に分けられており、「平和のウィクス」や「名誉のウィクス」といった名前で呼ばれていた。フォルムの位置は依然特定されていないが、「メゾン・カレ」という名前で知られていた22.5×17.5mの大型の建物の規模から推測するに、1780年頃に破壊されたこの建物はバシリカ*であった可能性がある。神殿は、少なくとも四つあったことが推定されており、そのうちの一つはおそらくサント＝クロワの丘上でユピテル、ユノ、ミネルヴァの三神に捧げられていたカピトリウム*だと考えられる。一方、円形闘技場は2カ所存在していたことが確認されている。大型の円形闘技場の方は、サブロン地区にあり、現在のメスの中央駅の位置にあった。平らな土地に建てられたこの施設は、中空構造で、長さ148m、幅124mの大きさを誇っていた。この大きさは、ガリアの円形闘技場では最大級のものの一つであり、アルルやニームのそれをはるかに凌ぐ規模であった。二つ目の円形闘技場はより小規模で、帝政末期に建設され、末期に築かれた市壁に取り込まれる形となっていた。公共浴場は3カ所が知られている。まず1932年に発見された北の大浴場で、その遺構の上にはクール・ドール考古学博物館の翼棟が立っている。そして、残る二つがサン＝ジャック浴場とポンスレ通りの浴場である。街の水は、ゴルズの水道橋によって引かれ、供給されていた。

最後に、近年の複数の考古学的発見によって、近い将来ジャン＝クロード・ゴルヴァンがディウォドゥルムの新たな復元図を示すことになるだろうと述べておきたい。研究とはそのようなものである。

現在も目にすることができる建造物:
1. 市壁（遺構はわずかにしかないが、塔が1基残っている）
現在は目にすることができない建造物:
2. フォルム（広場）　3. 総督官邸　4. カピトリウム　5. 浴場　6. 倉庫

COLOGNE　ケルン（ドイツ）：〈コロニア・クラウディア・アラ・アグリッピネンシウム〉

▶▶　ケルンの創設は、ゲルマニアのローマ化、つまり国境地帯のローマ化を示唆する事例の一つとなっている。前53年、カエサルはこの地方を占有していたガリア・ベルギカの部族であるエブロネス族を撃破し、代わりに同盟部族であるウビ族を住まわせた。その後、この地方はアグリッパによる土地測量の対象となった。測量を行った格子状の痕跡は現在でも見つけることができる。都市の核となったのは、ウビ族に割り当てられたオッピドゥムとその近くにあったローマ正規兵の駐屯地である。その100年後、50年にケルンは、この街で生まれ、クラウディウス帝の妻となっていた小アグリッピナの勧めによって植民市（コロニア）の地位に昇格した。そして、新たに植民市となったケルンは、コロニア・クラウディア・アラ・アグリッピネンシウムと名乗ることとなったのである。

　低地地方に位置する属州ゲルマニアの州都ケルンには、目を引くようなローマ期の建物は残存していない。70年頃に築かれた市壁は、長さ4kmで、21基の塔と9基の門を備え、およそ97haの面積を囲っていた。市街地は格子状プランに基づいて整備され、そのプランの中心には、直径135mの半円形をした地下回廊の上に築かれたフォルムが位置していた。そのフォルムには、リヨンの祭壇と同じような、女神ローマとアウグストゥスに捧げられたゲルマニアの祭壇（アラ・ウビオルム）が設置されていた。ライン川のほとりに建てられた総督官邸（プラエトリウム）は、後に属州総督の座所となった。ユピテル、ユノ、ミネルウァの三神に捧げられたカピトリウムや、市壁外に建てられた円形闘技場など、その他の公共建築物も街を彩っていた。また、69年にウィテッリウスが皇帝に宣言されたのは、このライン川沿いにある有力な商業中心地でのことだった。さらに時代が下り、259年から270年までの「ガリア帝国」の時代には、皇帝がケルンに居を構えた。

ケルン〈コロニア・クラウディア・アラ・アグリッピネンシウム〉

トリーア〈コロニア・アウグスタ・トレウェロルム〉

現在も目にすることができる建造物：
1. モーゼル川にかかる橋　2. ポルタ・ニグラ（黒門）　3. 皇帝浴場　4. 円形闘技場　5. アウラ・パラティナ（バシリカ。コンスタンティヌス1世の玉座の間）　6. 聖バルバラ浴場　7. コンスタンティヌス1世の時代の2連バシリカ（大聖堂の壁の中にはローマ時代の市壁の一部を見ることができる）

現在は目にすることができない建造物：
8. フォルム（広場）　9. 戦車競技場　10. 聖イルミナの倉庫群　11. アルトバハタルの宗教施設群　12. アム＝ヘレンブリュンヒェンの神殿

TRÈVES　トリーア（ドイツ）：〈コロニア・アウグスタ・トレウェロルム〉

◀◀　4世紀、アウソニウスはトリーアの街を褒め称えた。「陛下の御坐す都市、そこはライン川のほとり、深い平和の懐に抱かれ、平安の内にまどろむ。この都市は帝国の活力を育み、彩り、そして鼓舞するのだ。その分厚い市壁は丘の向こう側まで延びている。街の足元には大きく穏やかなモーゼル川が流れ、ありとあらゆる地方から運ばれた遠方の商品を街にもたらす（『著名都市番付』VI）」。トリーアは、経済的・宗教的な中心地であり、造幣所の所在地でもあり、そして何より皇帝の宮廷の所在地であった。街はこの時代に全盛期を迎え、400年頃までは多くの皇帝がここに滞在した。

主要街道が交差する地点に位置するトリーアは、44年、クラウディウス帝の治世下にローマの植民市となり、コロニア・アウグスタ・トレウェロルムという名称を得た。この時期に、碁盤状の都市プラン*が整備され、モーゼル川に最初の橋が架けられた。広大なフォルムが建設されたが、通例のごとく東西と南北の基幹道路（カルドとデクマヌス*）の交差点ではなく、西側に街区*一つぶんずれたところに設置された。その後、歴代の皇帝たちはトリーアの街をとりわけ燦然と輝く都市にするべく尽力した。たいそう壮麗な公共建築物が建設された結果、中世の建築家は自身が設計した建築物にそれらを取り込まざるを得なくなった。

有名なポルタ・ニグラ（黒門）は、帝国中を見ても最良の保存状態である。この門は、2世紀末に市街地の北側の入り口に築かれたもので、市壁の中でも最も見応えのある遺構となっている。ちなみに、その市壁は282haの面積を囲んでいるが、これはガリアでも断然一位の市街地面積となっている。また、2世紀には、聖バルバラ浴場と円形闘技場も建設されている。しかし、トリーアの大きな特徴であり、この街を帝国レベルで見ても卓越した地位へと押し上げたのは、皇帝コンスタンティヌス1世の時代の建築物である。それを裏付けるのが、巨大な皇帝浴場や、ローマのラテラノ宮殿にある救世主バシリカ*に匹敵する2連のバシリカ、そして特に古代ローマの最も驚異的な建築物の一つであるアウラ・パラティナである。このアウラ・パラティナは、巨大な皇帝宮殿の中の玉座の間に過ぎなかった。

▲ ジュアール=ポンシャルトラン（イヴリーヌ県）にあった准都市、〈ディオドゥルム〉。航空写真と考古学による発掘調査で、この古代の小都市の様子が少しずつ明らかにされてきている。

ば、カンティリア（アリエ県の現シャンテル）、コルテラテ（ジロンド県の現コントル）、そしてカラサ（ピレネー=アトランティック県の現ガリス）が該当する。そして最後のカテゴリーは、耕作を営む農民の共同体を含む集住居住地という分類で、田園地帯の集落または村落が該当する。例としては、エジャン（バ=ラン県）にあるワセルワルドの小集落が挙げられる。

しかし、この類型論は、魅力的だとしても、実際に研究対象となった地域に適用できることはあまりない。そして、研究者は遺跡に関する情報量の程度に応じて、准都市を三つのカテゴリーに類別せざるを得ないことが多い。確信を欠いた状態ながらも、この分類法により「確実である」、「かなり可能性が高い」、「可能性はあるが史料が乏しい」と区分するのである。こうした分類は、結局のところデータ収集の状態にあまりにも依存しているため、研究の進展を強く促す要素にはなるものの、その他の役にはあまり立たないのである。　■

市壁

市壁で囲まれた都市

「神君（カエサル）の息子で、執政官を11回務め、護民官職権を八度更新した最高司令官カエサル・アウグストゥスが、植民市（コロニア）にその市門と市壁を贈与する。」

これは、ニームにあるアウグストゥス門の上部の石材に刻まれている碑文であり、現在でも容易に解読することができる。前16年から前15年にかけて設置されたこの奉納碑文は、工事の年代（おそらくは工事開始の年代）を明示しており、市壁をもつ権利の付与は皇帝の恩恵によるものだということをはっきりと示している。また、この碑文からは、皇帝がこの巨大建設事業に対して財政的な支援を与えたことも考えられる。

「巨大」というのは大袈裟な言葉ではない。なぜなら、ニームの市壁は全長6kmに及び、220ha（!）もの広大な敷地を囲っていたのである。その幕壁（カーテンウォールとも言う。塔と塔を結ぶ壁）は、入念に加工された小型の切石によって築かれ、厚さは一貫して2.1mを保っていた。幕壁は、街の南西と北東にあるいくつかの丘の頂上を線で結ぶように築かれ、特にカヴァリエ山の斜面を這い上がるように延びていた。カヴァリエ山の頂上には、防御用の塔の一つであるマーニュ塔が今も残っている。一方、市壁の南側の区間は平地にあり、より直線的な経路を取っていて、石積みには大型の石材も用いられていた。推測では、およそ80の塔が点々と市壁に沿って並んでいたと見られる。半円形の平面プラン*の塔は、直線部分が幕壁に張り付いた形で設置されており、円形プランの塔は、市壁の外側部分から外に向けて完全に飛び出した形で置かれていた。そして、長方形プラン*の塔は、幕壁の直線部分にめり込む形で置かれた。また、長方形プランの塔の一部は、外側に突き出た短辺部分が丸みを帯びたプランとなっていた。この長い市壁に開けられた市門のうち、二つの門が良い保存状態で残っている。一つは、本章冒頭で奉納碑文に触れた、ドミティア街道上のアウグストゥス門で、もう一つがフランス門である。

こうした市壁が実際にどれほど防備的機能を果たしたかを疑問視する人もいるだろうが、市壁がとりわけ名誉と名声を表すものとしての役割を担っていたことは否定できない。さらに、既述したマーニュ塔は、厳然とした権力の象徴として、市壁の中でも究極的なものであった。多角形の平面プランが特徴的なこの塔は、市壁が通る経路中の最高峰、そしてそのまた頂上に屹立していた。つまり、皇帝アウグストゥスの恩恵（エヴェルジェティスム*）から生まれたニームの市壁は、この地方の新たな支配者であるローマ人の絶対的な権力を認めさせ、誇示するという意味を帯びていたのである。

アウグストゥスの治世下というローマ時代のごく初期の段階で、ニームと同様に市壁に囲まれていた都市は他にも複数存在した。アルル、ヴィエンヌ、フレジュス、オータン、オランジュでは、市壁の一部の区間が現残している。1世紀の間にアヴァンシュも市壁を備えるようになり、続いて2世紀にはトゥールーズとトングル、さらに2世紀末または3世紀初めにはトリーアが続いた。その他の都市も、市壁が存在した可能性がある。しかし、帝政前期に市壁を有した都市を一覧にしてみると、合計数は非常に少ない。今から20年ほど前に、クリチャン・グディノーは『フランス都市史』（参考文献48）において、その数を最大でも18としている。

したがって、ガリアでは市壁を備えた都市は例外的な存在であり、市壁をもたない「開放都市」の方が普通だった。開放都市は、ガリアにおける「ローマの平和（パクス・ロマーナ）」の生き生きとした象徴として存在していたのである。

それでは、帝政前期の市壁に関する説明の締めくくりとして、

ル・マンの市壁に対するメリメの考察

ル・マンの古い市壁は、今でもその遺構を街中の家の中や中庭で見ることができるが、起源がローマ時代であるという説については、私は多くの疑問を感じている。壁の石積みは、均整の取れた小さな石材からできており、かなり濃い褐色をした大型レンガの層と代わる代わる積まれていた。壁のあちらこちらに大雑把な図柄の長い帯状の紋様を見て取ることができるが、それらは黒色の石とレンガからできており、モザイク画のように壁の化粧仕上げ面に嵌め込まれていた。今日では、この化粧仕上げ面がかなりボロボロの状態なのでその様子を正確に描写することは困難なように思える。壁の中心部分は乱石積みでできていて、かなり厚い。多色彩の石材による象眼を除けば、ル・マンの市壁の石積みと最も似ているのは、カルカソンヌの市壁で最も古い部分の石積みである。石と石の層の間の漆喰の厚さや、石とレンガをともに使うところが同じなのだ。そして、おそらく現存する唯一の塔であるル・マンの市壁の塔がほぼ円錐形であり、カルカソンヌの市壁の塔と共通している。私の知る限り、ローマ人の軍事設備で、そのような特徴をもつ例は皆無である。それでももしル・マンの市壁がローマ時代のものであると言うなら、4世紀または3世紀以前まで遡ることは間違いなく無いだろう。なぜなら、石積みの中にレンガを挿入する手法は、3〜4世紀に生まれたものだからである。ところで、この時期のローマの防壁のほぼすべては、基礎の部分が大型の切石や建築物の残骸で造られているのが特徴だが、そうした特徴はここではまったく見られない。ル・マンの市壁がより後の時代に建設され、その時期にはまだローマ人の技術が生き残っていたものの大きく変化していた、ということは有り得るだろう。6世紀から9世紀にかけて、フランク人とブルトン人はル・マンの街の領有を巡ってしのぎを削っていた。現在では残骸しか目にすることのできないこの市壁の建設が行われたのは、おそらく美術史上非常に不明瞭なことが多いこの時代であったのだろう。

プロスペル・メリメ『フランス西部紀行ノート』1836年

▲ ニームのマーニュ塔。高さは32.5mで、八角形プランの塔である。
カヴァリエ山の頂上にそびえ立っており、アウグストゥス期の市壁が備える塔の中でも最強のものだった。

▲ アルゲントラテ（現ストラスブール）。ローマ時代の全期間を通じて、顕著な軍事都市であった。右側にある軍団駐屯地は、463年間で破壊と再建を9回(!)繰り返した。近年行われた発掘調査によって、駐屯地の全体的な構造が明らかになり、兵士たちの日常生活に関しても多くのことが解明された。

観察結果を二つ示しておきたい。第一に、市壁が取り囲む領域の広さについては、時に驚くべき、桁外れとも言える面積となることもあったが、それはその都市の人口規模とは釣り合わないものだった。そして、「しばしば異常に大きな宝石箱」というクリスチャン・グディノーの表現は、とりわけヴィエンヌとオータンの街に当てはまるだろう。というのも、市壁内面積はそれぞれ250haと200haに及んだからである。そもそも、市壁によって囲まれた空間のすべてが居住エリアとなることは決してなかった。それに対して、驚くべきことに、開放都市は何の拘束も無く自由に拡大することができる状況にありながら、しばしばその市街地面積は市壁で囲まれた都市より小規模にとどまる場合があった。例えば、ボルドーは125ha、ヴェゾン＝ラ＝ロメーヌは75ha、パリ

は50haといった状況である。

　次に、帝政前期の市壁は、何度も栄枯盛衰を経たにもかかわらず、4世紀になっても引き続き一部の都市の周囲にそびえていた点に注意したい。例えば、355年から357年にかけてガリア北東部を駆け巡っていた歴史家アンミアヌス・マルケッリヌスは、オータンの長さ6km、高さ13m、およそ50の塔を備えた市壁に対してやはり感嘆せずにはいられなかったという記録がある。彼は、この市壁が有する古よりの威光にもちろん言及しているが、続けて、「古の街オータンの市壁、それは今でも広大な土地を囲っていい

るが、経年劣化のために弱々しい状態にあり、蛮族の襲撃を繰り返し受けていた」と述べている。

帝政末期の市壁

　一部の街は引き続き古い市壁によって守られていた一方、帝政末期には市壁建設の第二のラッシュが到来した。帝政末期の市壁は、その巨大さと、古代の市壁残存部が中世の市壁に取り込まれることが比較的頻繁であった点が、研究者の関心を惹き続けてきた。近年、いくつかの市壁では精緻な調査が行われ、

長年受け入れられてきた図式が再検討されるきっかけとなった。これまでの認識では、帝政末期の市壁は、3世紀中頃の最初の蛮族侵入によって混乱状態が生じた後、270年から300年にかけて帝国全土を対象とした広範囲の対抗措置として、早急に建設された、とされてきた。いくつかの史料が、この主張を裏付けるために恣意的に解釈されたが、そうした史料の一つにヒスパニアの司祭で聖アウグスティヌスの弟子であるオロシウスによる記述がある。「大都市の瓦礫の只中で、哀れな住民たちの集団がそこかしこにいるが、彼らこそが過ぎ去りし災禍の証人であり、彼らだけがかつての名声を今も我々に証してくれるのだ」。

また、別の史料もよく引き合いに出された。それが『ローマ皇帝群像』(プロブスの生涯、XIII, 5-8)の短い一節である。「これらのことを行なってから、プロブスは大軍と共にガリアへ向かった。ガリアの全土は、ポストゥムスが殺された後、混乱し、[…]ゲルマン人に占領されていたからである。プロブスは、その地で大きな戦闘を成功裏に行い、ガリアの六〇の最も高名な都市を蛮族から取り戻した。また、ゲルマン人が、その価値以上に、自慢の種としていたすべての戦利品をも取り戻した。ゲルマン人は、ライン川の岸辺だけでなく、全ガリアを平然と歩きまわっていた

so、プロブスは、ローマ人の地を占領していた四〇万に及ぶ[蛮族の]兵士たちを殺害し、生き残った者たちをニゲル川とアルバの向こうに追い払った」(井上文則訳、文献2)。

この主張に基づけば、性急に築かれた帝政末期の市壁は、3世紀末という時代に生じた政治的混乱と暴力の大々的な表れということになる。不安なムードは、たしかに最初の蛮族侵入から生じていたが、それだけではなくバガウダエの蜂起(283年〜)も原因だった。蜂起に加わった農民や反乱兵士たちによって、ガリアは戦火と流血の場と化したのである…。しかし、これらの史料にどれほどの信頼を置けるだろうか。とりわけ、キリスト教の復興をより効果的に称えるために、異教の都市の退廃を手厳しく批判していたオロシウスの記述に!

いずれにせよ、迫りくる危険から逃れる目的で急いで市壁を建設したというこれらの主張は、なかなか信じ難いと言える。比較的落ち着いた雰囲気の中で石工や左官たちが仕事に取り組んでいたということを納得するためには、ボーヴェやとりわけル・マンにおけるように、建築水準の高さや建築に対する美意識といったものを観察しさえすればよいのだ。その上、ル・マンでは職人たちは化粧仕上げを用いており、最高の美的効果をもたらす多彩色の装飾を入念に施す手間すらもかけたのである。

こうした帝政末期の市壁を際立たせている特徴が二つある。まず、末期の市壁は、帝政前期にかつて住宅が建っていた土地の面積からすると、ほぼ必ずと言ってよいほど、より狭い範囲しか囲っていなかった(メスとマインツは例外である)。こうした市壁内の面積の縮小は、おそらく急激な人口減少に対応したものではなく(ここで再び3世紀末に対する過剰な危機論が登場する)、都市の要所のみに絞った防衛に対応していたというのがより確かな背景だろう。次に、末期のこうした市壁の建設に際しては、たいていの場合、再利用された石材が主に基礎部分に使われた。再利用のためにあまりに多くの市壁の基礎部分が解体されたので、ディジョンやサントのように大層見事な石碑や浮彫、そして建築部材は博物館に収蔵されることとなった。再利用された石材の大半は、公共建築物や町はずれの集団墓地から取ってきたものだったが、そうした建築物の解体は、都市の完全な破壊や建築資材の欠乏を意味するわけではなかった。それは古代特有のプロセスであって、以前の建物の残存部分は、後に続く建物の構造に取り込まれることもしばしばあった。

ある程度それと分かる形で残存している末期の市壁の遺構が、現代の都市景観にもその足跡を残しているわけだが、そうした末期の市壁の特徴を明らかにすべく、最後にトゥール、ブールジュ、アミアンの各市壁を取り上げてみたい。

トゥールの、市壁に囲まれた台形型のカストゥルム*(城砦)は、ロワール川と円形闘技場との間の一画を占めており、長さ1,245mにわたって延び、8ha強の区域を守っていた。南側では、市壁は弧を描くように出っ張っていたが、そこは防御施設として円形闘技場を組み込んだ箇所に相当する。市壁の基礎部分は、再利用された大型の切石で構築されており、壁体上部は、小型の切石を積み、その石積みのところどころに補強のために瓦の層が挿入されていた。壁体の幅は4.3mから4.5mで、高さはおよ

市壁の長さと囲っている面積（帝政前期）

アヴァンシュ	5.5 km	150 ha
アルル	1.6 km	40 ha
ヴィエンヌ	7.2 km	250 ha
オータン	6 km	35 ha
オランジュ	3.5 km	70 ha
トゥールーズ	3 km	90 ha
トリーア	6.4 km	285 ha
トングル	4.5 km	136 ha
ニーム	6 km	220 ha
フレジュス	3.7 km	35 ha

カストゥルムの面積（帝政末期）

アミアン：20 ha	ナント：18 ha
エヴルー：9.5 ha	バーゼル：5 ha
オルレアン：30 ha	バイヨンヌ：10 ha
ガプ：2 ha	パリ：8 ha
グルノーブル：8 ha	ブールジュ：40 ha
サント：16 ha	ボーヴェ：10 ha
サンス：25 ha	ボルドー：32 ha
サンリス：7 ha	ポワティエ：50 ha
シャロン＝シュル＝ソーヌ：15 ha	マインツ：120 ha
ジュネーヴ：5 ha	メス：70 ha
ソワソン：12 ha	ランス：35 ha
ダクス：3.5 ha	ルーアン：18 ha
ディジョン：10 ha	レンヌ：10 ha
トゥール：8 ha	ル・マン：9 ha

TOULOUSE　　トゥールーズ:〈トロサ〉とその市壁

▲ 帝政初期にあたる1世紀前半、トロサ(現トゥールーズ)は市壁を備えることとなる。市壁の長さはおよそ3kmで、ガロンヌ川右岸に円弧を描くように延びていた。そうして市壁に囲まれた敷地の面積は、90haに及んだ。壁の厚さは2.4m、基礎部分は砕石を積んでそれを両側から石灰岩の小型切石による化粧仕上げ面で挟む形で築かれており、壁体上部はレンガで構築されている。高さは約6mに達し、円形プラン*の塔がおよそ50基備えられていた。市壁内の交通の主要軸は、市壁に設けられた主要な門の位置に影響されて定まったものであり、とりわけ現在のカピトル広場にあった門の影響が強かった。その門は、前に突き出た形の塔2基によって両脇を挟まれ、門の前面には主要通路と二つの歩行者用通路が開いていた。

トロサは、ガロンヌ川のほとりで、なおかつ、中央山地とピレネー山脈それぞれの支脈の間を通る回廊地帯であるロラゲ地方の北側出口に位置するという卓越した地勢と地の利を享受していた。しかし、トロサの立地で重要なのは、ギリシア人地理学者ストラボンが強調しているように、トロサが地中海と大西洋を分かつ地峡の最も狭まった地点に位置していたということである。建築用石材を供給する石切り場がトロサの周囲に無かったことから、地元産粘土で製造したレンガを大量に使用したことが、街の特徴の一つとなった。このレンガは、1世紀から大規模な工房が作り、供給していた。街は菱形の平面プランをしており、街区(インスラ)*は格子状をしていたが、不規則な形状の箇所も多く存在した。フォルムは、街で最も標高の高い地点に置かれ、二列から成る列柱と、記念門、文学作品の証言を信用するのであればカピトリヌスの三神(ユピテル、ユノ、ミネルウァ)に捧げられたカピトリウム*、そしておそらくバシリカ*から構成されていた。劇場と円形闘技場では、トロサ住民のための見世物が提供されていた。劇場は、ガロンヌ川にほど近く、その舞台と階段状客席の前方席部分が19世紀に発見されたが、その後建物で再び覆われてしまった。円形闘技場(93×77m)は、ガロンヌ川左岸の現サン=ミシェル・ドゥ・トゥシュ=ピュルパン地区で発見された。公共浴場と少なくとも二つの別の神殿が、こうした壮麗な施設群に付け加わる。神殿の一つはアポロンに捧げられており、古代の作家ではストラボンとオロシウスの2人がこの神殿について言及している。個人の邸宅に関しては、依然としてよく分かっていない点が多いが、中庭庭園、モザイク装飾、壁画、そして大理石の化粧板を備えた豪華な邸宅が複数存在していたのは確かである。

そ12mに達した。市壁には塔が25基設けられ、現在でもそのうち10の塔が残っている、もしくは部分的に残存しているが、これらの塔は、幕壁の外側に突き出る形で設置されていた。そして、市壁には主要門が二つ開けられており、さらにその他に二つまたは四つの隠し門があった。

ブールジュの市壁は、46〜49基の塔を備えていた。建設に当たっては、まず深さが少なくとも3mあり、幅も広い溝が掘られた。その底の部分には、再利用された大型の切石からなる7層の基

礎が置かれた。壁体をより安定した状態で据えるために、最下層の2層は、0.8m突き出る形でフーチング（壁を支える基礎の拡がり部分）を形成していた。壁体の方は、現在でも3.2mの高さまで残っており、その構造は小型の石材とレンガによる補強層で次のように構成されていた。小型の切石からなる17の層の次にはレンガから成る2層、さらに13の小型切石の層と、二つのレンガの層、といった具合である。各層は、その下の層と比べてわずかに後方に引っ込んだ形で設置されており、その結果、現存の市壁上端部は、下端部と比べると0.5mも後退している。全体的な印象は、この市壁は大急ぎで築かれたわけではなく、複数年にわたる工事を必要とした、というものであり、市壁自体が大変手の込んだ建築作業を裏付ける証拠となっている。

アミアンの市壁は、約20haの面積を囲っているが、市壁の無かった2世紀の時点で市街地はおよそ160haに及んでおり、帝政末期に街が縮小した好例である。カストルム*は、幅300〜400m、長さ700mの細長く伸びた形をしており、北側はアヴル川に沿い、南側は円形闘技場とフォルムに寄りかかる形となっていた。必要とあらば、ここアミアンでも市壁の基礎部分を観察するとよいだろう。そうすれば、市壁が急場しのぎで建てられたわけではないことが明らかになるからだ。泥炭土壌の場所では、土中に打ち込まれた杭の上に基礎が据えられており、より丈夫な

地質の場所では、白亜土を0.3mの厚さに敷き詰めてそれを押し固めたものを基礎としていた。トゥールやブールジュのように、厳密な意味での基礎には、再利用された石材が用いられていた。例えば、コーニス*や、柱頭、円柱といったものである。石積みの中からは埋もれていた二枚の貨幣が見つかったが、その内の1枚は277〜278年の間に製造されたものであり、プロブスの肖像が型押しされている。一方、市壁の基礎によって塞がれた井戸の中からも数枚の貨幣が発見されたが、その中で最も時代の新しいものは3世紀中頃の製造であった。しかし、この時代は貨幣が不足していた時期なので、これらの貨幣は長年にわたって流通していた可能性がある。そのため、実際のところアミアンの市壁は、335年から340年にかけての時期にようやく建設されたとみてよかろう。

さて、建設年代に関する話題を続けよう。トゥールの市壁は、370年から380年の間の時期に建設された。このトゥールの市壁の年代と、アミアン、サント（325〜340年）それぞれの市壁建設年代を比較すると、帝政末期の市壁建設というものが270年から370年までの100年間を通じて段階的に行われていたことが分かる。そして、それらの大半が4世紀のうちに築かれたとするのが自然である。　■

市壁に入った亀裂

ミシェル・ペラモールの小説『黒門』では、西ローマ帝国が最後の痙攣に苦しむ様が描かれている。舞台は、476年秋のトリーア。市壁と黒門は、街を脅かす「蛮族」の群れに対して難攻不落の障害となって立ちはだかっているかのようだった。しかし、年老いた医師エウドクスは、恐れを抱いていた。それは、強力な市壁に亀裂が走っていることに気付いていたので尚更だったのである。エウドクスは、そのことについて軍団副官プロブスに自分の考えを打ち明けた。

プロブスは私に約束をした。黒門近くの市壁に走る亀裂を修復するために、マルス軍団の兵士たちのうちから石工を何人か派遣してくれるというものだ。一週間前、石工たちはやって来た。みすぼらしい身なりをした4人の男たちで、彼らは私のような兵士、つまりロムルスの優男のような体つきだった。彼らは、急ぐ様子もなくだらだらと山側の黒門から外側に出て、手をベルトのところに突っ込みながら長々と市壁に入ったこの亀裂を検分した。それから、4人の中で最も腕利きだと思われ、強いトリーア訛りがあるラテン語を話す者が私に言った。「ご心配なさんな。ダメになったのは化粧仕上げ面だけさ。明日足場を組みにまた来て、3日か4日以内には亀裂は見えなくなるさ」。翌日、石工たちはいくらかの板材と棒を運んできた。それから口笛を吹きながら足場用の穴をいくつか掘り、草むらに腰かけて飯を喰いながら酒を1本空け、それから帰っていった。彼らの姿を目にすることはこれっきり二度となった。

それは見事な亀裂だ。1ブラース（両手を広げた長さに相当）の幅の裂け目には、見事な神像の胴体（トルソ）がやや斜めに置かれ

不安定な状態にあるのが見える。まるで、ちょっと一息つくために神像が肩を動かしただけで市壁の化粧仕上げ面が崩壊してしまうかのようだ。あの神像は、砕石が雑駁に詰められたあんな場所に押し込められ、いったい何をしているのか？ あれは、回収された他の多少なりとも高尚な石材とともに、今から300年前、最初の北方出身の皇帝たちの時代に築かれた古の神殿の廃墟の中から持ってこられたに違いない。私としては、市壁のこの部分の壁面がいったいマルスの庇護下にあるのか、はたまたメルクリウスの庇護下にあるのか、それを知るために神像の頭部を見つけられればと思う。

あの石工の言うことは正しかった。この亀裂は危険なものではなかった。しかし、攻撃を受けた場合にその亀裂が攻め手の注意を引き、破壊工作を思い付かせる恐れがあった。敵がトリーアを攻囲に来れば、私や他の幾人かの私のような変人たちにとって避難場所となる黒門は真っ先に包囲される可能性があるだろう。日中は、この亀裂を見ると私は不快な気分になり、夜は、時として眠りの妨げとなる。亀裂は油断のならないものに道を開けているのだ。無力、恐怖、時、これらは小型切石やレンガ、コンクリートの隙間に、まるでペストの瘴気のごとくじわりと染み込み、まるでシロアリのごとく梁を蝕みながら私が安住の地を見つけた囲壁都市の中に巣くい、街路や広場を駆け巡り、街全体に蔓延する。こうした古めかしい恐怖、それが幾晩か私の周りでうごめき、私の中に入り込み、そして私のこめかみを涙で濡らすのを感じるのだ。

ミシェル・ペラモール『黒門　ローマ最後の日』1986年

フォルム

ヴァンドゥーヴル（アンドル県）で発見された欠損のある碑文によれば、ビトゥリゲス族の領域（現在のベリー地方）にあったこの小規模な准都市には、フォルムと他のさまざまな公共建築物があった。ガリアの奥地にあるこのちっぽけな町と同様に、ローマ期ガリアの多くの都市が、公共の広場の存在を自慢に思っていた。

配置

帝政前期、フォルムとは柱廊に囲まれた長方形の大きな広場であった。ローマ人建築家ウィトルウィウスは、「フォルムの幅を確保するために、長辺の方を三分割し、そのうちの二つの部分を使ってフォルムとすべきだ」（『建築書』V, I）と述べている。フォルムには、バシリカ*（公会堂）、クリア（集会所）、神殿、そして店舗など複数の建築が集められており、各建築は広場と有機的に結び付けられていた。こうした諸施設が併存していることで、この公的な広場には、司法、政治、行政、宗教、そして副次的ながらも社会、経済といったさまざまな役割が与えられた。広場には彫像や顕彰・記念碑文が飾られており、これらの存在によって、広場は共同体の集団的記憶にとって象徴的な場にもなったのである。このように、フォルムはまさに都市の心臓が鼓動を打っている場所だった。そのため、街の幾何学的中心、つまりカルドとデクマヌス*という二つの主要街路が交わるところにフォルムは位置しているのである。もっとも、これはまったく理論的に理想とされる立地であり、アミアンやアルル、ヴァランスのように、フォルムが中心からずれた位置に設けられたところも多い。

フォルムのイメージが浮かんできたところで、次は配置について理解を深めるために、フォルムに含まれるいくつかの建造物の用途について明示しておくのが良いだろう。広場は柱廊に囲まれていて、その柱廊の奥には店舗が並んでいた。そこには、常設のさまざまな店が入っており、文法教師が経営する学校や、金融家の仕事場、そして小売商の陳列棚などがあった。バシリカは、長方形プラン*の大型の建物で、法廷でもあり、商品取引所でもあり、市場でもあり、事案を処理したり、裁判に関する問題を解決したりするための屋内スペースを提供した。クリアは、階段状になっていて、街の都市参事会、つまり都市の元老院が集会を行ったり審議を行ったりする場所であった。ウィトルウィウスは、クリアを街の威信を示す重要な要素とみなしており、彼によれば、クリアの広さはその都市の重要性に対応したものでなければならなかった。また、ウィトルウィウスは、都市参事会員たちが語る弁論の質が損なわれることのないよう、この小さな建物における音響の重要性についても強調している。

ガリアではしばしば、フォルムは三部構成の図式に沿って整備されていた。長方形の広場とそれを囲む列柱廊のうち、片方の短辺側は神殿が中心となり、もう片方の短辺側はバシリカが中心で、そこにクリアが組み込まれることもあった。フール（ロワール県）で採用された平面プランはまさにこのタイプのもので、記念碑的な意味合いをもつ大々的な複合施設として、皇帝ティベリウスの治世下（14〜37年）から街の中心に建設が始められた。考古学者たちが、模範となるような素晴らしい調査を行い、当時の姿を復元したところによれば、フールのフォルムは幅76m、長さ173mという大きな長方形をしていた。ヴァンサン・ギシャールとポール・ヴァレットは、バシリカとクリアが建っているフォルム東側について、以下のように描写している。バシリカは、「かなりの広さ（69×23m）がある細長い建物であり、内部の周歩廊を巡らせた身廊は一列14本の円柱が並行して二列並んでいた。身廊と同じ幅をもつ二つの長方形のエクセドラ*が、それぞれ長方形プランの短辺側に取付けられている。これらのエクセドラの正確な用途を知る証拠はないものの、他のバシリカとの比較から、法廷として使用されていたという仮説を提示できる。身廊を取り囲むように配置された中2階に上がるためには、二つある階段のどちらかを使う必要があり、階段室は、バシリカの東壁に開口

フォルムとバシリカ

ギリシア人はフォルムをゆったりした二層の柱廊で方形につくり、多数の円柱と石または大理石のエピステューリウム*1で飾り、上方に木組みで遊歩廊をつくる。イータリアの諸都市ではギリシアのと同じやり方で造らるべきではない。その理由は、フォルムで剣闘士の競技が催される慣習が先祖代々伝えられているからである。

それで、演技の場を囲んでなるべく広い柱間が配置され、まわりの柱廊内には両替屋の店が設けられ、上の床には露台が設けられる。これらは実用に対しても国庫収入*2に対しても正しく配置されるであろう。

フォルムの規模は、実際に使って狭すぎないように、人が少な過ぎてフォルムが虚ろに見えることのないように、人数に応じてつくられることが肝要である。幅は、長さが三部分に分かたれた場合、二部分がそれに与えられるように限られる。こうして、その形は長方形になり、見世物の演出に役立つ配置となる。[…]

フォルムに付設されるバシリカの場所はできるだけ暖かいところに定められるのが適当である。そうすれば、冬を通じて天候に悩まされることなくその中へ商人たちが集まることができる。その幅は長さの三分の一より小さくなく二分の一より大きくないように定められる。ただし、土地の状況が妨げとなってシュムメトリア*3を他に変更せざるをえない場合を除く。

ウィトルウィウス『建築書』V, I, 1-4（森田慶一訳、文献3）

*1 アーキトレーヴのこと（用語集参照）。／ *2 柱廊内にある店舗は、賃貸料を払っていた。／ *3 部分や全体の美しく感じられる比率。ウィトルウィウスいわく、「シュムメトリアとは、建物の肢体そのものより生ずる工合よき一致であり、個々の部分から全体の姿にいたるまでが一定の部分に照応することである」。

▲ 2世紀のナルボンヌ（詳細はp.52）

部があった。この二つの階段室に挟まれる位置にある階段は、先の二つに比べるとはるかに壮大で、クリアに通じていた。クリアは、およそ150㎡の大きな部屋で、そこには側壁にもたれかかる形で階段状の座席が数段並んでいたはずである」（『古代のフール：10年間にわたる考古学調査の総括』、参考文献45）。バシリカ*の主要入口は、二つの長辺側に柱廊を配した広場（64×32m）に面している。それぞれの側の柱廊の背後には、すべて似通った形状の店舗スペースが15カ所配置されていた。このフォルムの第三の領域である聖域との間は、高い壁によって仕切られていた。長辺71m、短辺46mのこの宗教的空間は、三辺が柱廊によって囲まれていた。神殿は、ニームのメゾン・カレの神殿（p.183）に匹敵する規模であったが、神殿本体を支えるボディ

ウム*（基壇）の基礎部分しか発見されていない。

三部構成のフォルム

　フールのように、三部構成でなおかつ軸線上に並ぶ構成のフォルムは、サン＝ベルトラン＝ドゥ＝コマンジュ、パリ、バヴェ、トリーア、アミアン、ニヨン、ローザンヌ、アウクスト…といった都市で見られるように、数多くの事例がある。この壮大な複合施設の一角を占める中央広場は、皇帝や地方名士の彫像によって飾られて いた。例えばサン＝ベルトラン＝ドゥ＝コマンジュでは、南側の柱廊からいくつかの彫像台座と、アグリッピナの彫像頭部、トガ（ローマ市民の服）姿の人物像、そして甲冑姿の皇帝の巨大な像が見つかっている。クリアに関しては、アウクストのものが最も特異な存在である。ここのクリアは、バシリカに付設された張り出し状のものであり、馬蹄状の半円を描いた形をしていた。その直径は16mに達し、都市景観の中でもひときわ人目を引く塔のようであった。

51

NARBONNE　ナルボンヌ：2世紀の〈ナルボ〉

◀◀ ガリア南部の属州ガリア・トランサルピナの州都であるコロニア・ナルボ・マルティウス（現ナルボンヌ）は、アウグストゥス帝の勧めにより属州に自身の名前を与え、それ以降、ガリア・トランサルピナはナルボネンシスと呼ばれるようになった。このことに対する感謝の印として、ナルボンヌはアウグストゥスのために初めは祭壇を、次いで神殿を建立した。クラウディウス、トラヤヌス、ハドリアヌス、またアントニヌス・ピウスなど、皇帝たちは次から次へとナルボンヌに名誉を授けていった。

　ナルボンヌ〈ナルボ・マルティウス〉の街は、オード川の両岸に広がっており、左岸では規則正しい格子状プラン*に則って整備された。そうした格子状に区切られた街区*（インスラ*）は、各辺100mの長さだった。右岸にも街が形成されていたが、こちらの街路のプランは確認されていない。2世紀の絶頂期には、ナルボンヌはおよそ3万5,000人の住民を抱え、市街地は約100haにわたって広がっていた。

　二つの主要街路（カルドとデクマヌス*）が交差する場所にはフォルムがあったが、ハドリアヌス帝の時代に、より北側へと移動することとなった。ナルボンヌ市街の外観は、その政治的・経済的重要性を反映するかのように壮麗だったが、今日ではほとんど跡形もなくなっている。5世紀中頃、シドニウス・アポッリナリスはナルボンヌの魅力を次のように褒め称えている。「栄えあれ、ナルボンヌ。活力漲り、街中でも郊外でも見目麗しく、城壁、店舗、城門、フォルム、劇場、聖域、カピトリウム*、取引所、倉庫、市場…を備えた街よ」。伝承によればカピトリウムとされている神殿については、基礎部分と、さして重要でもないいくつかの遺構しか残されていない。劇場に至っては、まだその場所も特定されていない。円形闘技場は、平面図が1838年に描き起こされたが、遺構はもはや目にすることはできない。ナルボンヌのすべての公共建築物の中では、地下回廊が最も保存状態が良く、断然見ごたえがある。この地下回廊は、1世紀末に建設されたもので、おそらくその地上部分にあった市場に付属した倉庫だったと考えられている。回廊は、中央の廊下部分と、それを挟むように両側に並ぶ狭い小部屋から成っており、廊下と小部屋は狭い間口によって通じていたが、扉のような設備は無かった。天井はトンネル・ヴォールト*で、本来は平坦な土地を囲むようにU字型（38×49m）をしていたはずである。

　1975年、クロ・ドゥ・ラ・ロンバルドでは豪奢な邸宅跡が複数発見され、発掘調査が行われた。そしてその結果、大変見事な壁画を収集することができた。中でも最も素晴らしいのは、柱廊付きの家から見つかったもので、アポロンの胸像、そして等身大で表された2人の人物（ゲニウスと有翼のウィクトリア）が描かれた壁画である。この壁画は、円柱で支えられた小建築物の中で発見された。

　ローマ期ガリアではこの三部構成が優勢だったが、その他のプラン*も利用された。ただ、発掘の不備が原因で断言するのが難しい場合もあることは留意すべきである。しかし、ペリグーのフォルムは明らかにこの三部構成とは異なっていて、バシリカ*が中央に位置し、公共広場部分と聖域部分とを隔てていた。また、グラヌム（現サン゠レミ゠ドゥ゠プロヴァンス）では、二対の神殿が立つ聖域が公共広場と直角に交わる位置にあった。そして、ヴィエンヌとアルルの大規模なプランは、皇帝たちが整備したローマの諸フォルム、とりわけアウグストゥスのフォルムの影響が感じられる。このような大規模な記念碑的建築群は、属州規模で執り行われた皇帝礼拝における公的祭儀のための空間として機能していたため、属州州都でのみ見られるものだった。

　アルル、バヴェ、リヨン、パリ、ランス、フールが主な例として挙げられる、ガリアの建築様式の一つとして、地上からは見えない地下の回廊部分の上にフォルムを整備するというものがある。まず、パリ〈ルテティア〉の例を取り上げてみよう。ルテティアの公共広場は、2mほどかさ上げされた柱廊によって三辺が囲まれており、柱廊は地下の構造を支えとしていた。広場の三辺を囲む柱廊は、地下構造のU字型平面プランとも完全に一致している。幅およそ12m、高さ6mのこの広大な地下回廊は、列柱によって二つの空間に分けられており、列柱は梁と根太（ねだ）からなる天井部分を支えていた。そして、広場側に面して開けられた採光換気窓のおかげで、わずかばかりの光が差し込むようになっていた。こうした地下回廊は、その上に乗っている壮麗な柱廊を高い位置に押し上げることによって、柱廊の存在を強く印象付ける効果があった。そしてそれだけではなく、フォルム造成のためには地面の傾斜を人工的に整備する必要のあった棚状の土地を、しっかりと安定させる役割も果たしていた。

　アルルの地下回廊は、巨大でとりわけ印象的な存在である。約90mの長い回廊が二つ延びており、さらに第三の回廊（長さ61m）が二つの回廊それぞれと直角に交わる形で両回廊を結んでいるのである。ここでもどっしりとした列柱によって回廊は二つの空間に分けられており、天井はヴォールト*で、高さは4.4m、幅は8.5mであった。バヴェの地下回廊は、小型の切石を積み、所々に高さをそろえるためにレンガの層を挟む工法で建設されているが、こちらも100mほどの長さにわたって延びている。一方、残念ながらひどく損傷してはいるものの、最も長い地下回廊はリヨンのヴェルブ・アンカルネ地区で発見されたものである（300mと120m）。また、唯一フールの地下回廊だけが単身廊タイプのものであると見られている。こうした地下回廊の用途については、これまで多くの論考が取り上げており、議論が盛んに行われてきた。穀物貯蔵用の場所とみなすものもあれば、一般的な倉庫とするもの、さらには猛暑の日のために通行人用の日除け付き回廊(!)とする見方もある。この地下回廊には、多くの役割があったと考えるのが、より理にかなっているように思われる。いずれにせよ、地下回廊の構造はフォルムと密接に関係したものであり、フォルムを高い位置に押し上げることによって、神殿や柱廊の記念碑的性格をはっきりと明らかにしていたのである。■

▲ リヨン〈ルグドゥヌム〉の旧フォルムの様子。手前には、初代ローマ皇帝アウグストゥスの彫像が立つ。

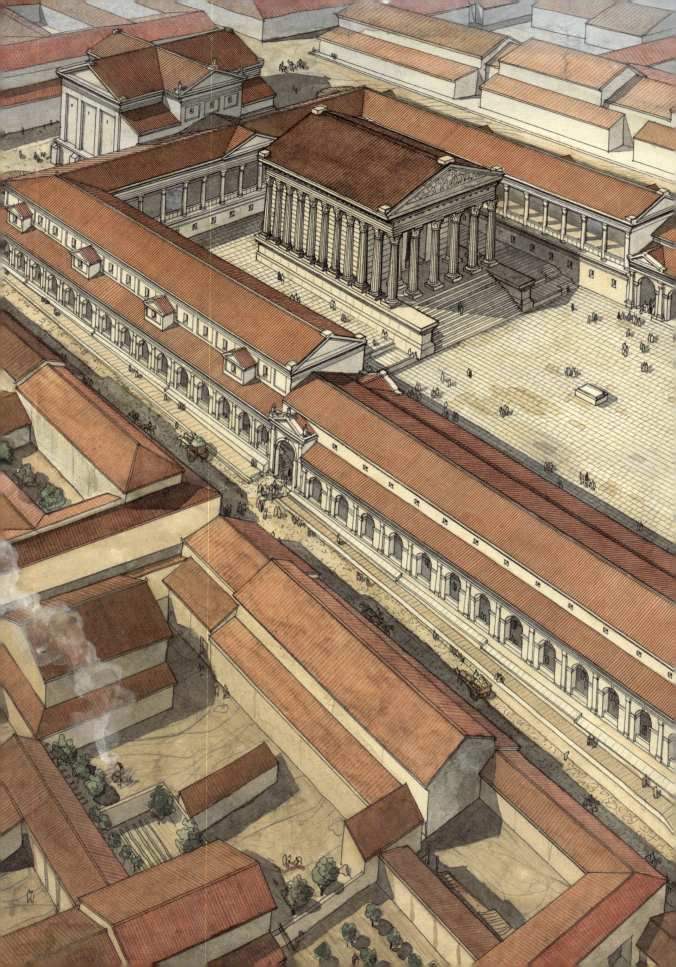

BAVAY　バヴェ：〈バガクム〉のフォルム

◀◀ バヴェのフォルムの立体的な外観と建築郡の復元図。属州ベルギカのネルウィ族の首邑であったバガクムは、ローマ期ガリアの全期間を通じて小都市に甘んじていたが、街の中心である記念碑的なフォルムとそこに集中的に配置された主要公共建築物群は、並外れたものだった。フォルムは、ほぼその全体（240×110m）にわたって開けた空間となっており、3haという広さは、ガリアとその他における属州の中では最大級のものだった。

　街の慎ましい規模からすると桁外れとも言えるこの空間は、ガリアで進んで採用された建築様式であり、パリやフール（ロワール県）、アウクスト（スイス）、サン＝ベルトラン＝ドゥ＝コマンジュ（オート＝ガロンヌ県）といった街のフォルムに連なるものである。これらの街が採用したいわゆる三部構成のフォルム（p.51）は、三つの主要部分から成っていた。まず一つ目は、広大な中央広場で、長辺に相当する側には柱廊と店舗が並ぶ。この復元図では、その規模が完全に再現されている。図版の右側には、中央広場の軸線と直交する形で、短辺全体にわたって立ち塞がるかのようにバシリカ*（公会堂）が立っている。このバシリカは、内部が三つの廊に分かれており、ネルウィ族の市民の集会や裁判が行われた。94×38mという驚くべき規模のため、なんとバヴェのバシリカはローマ世界において最大規模のものの一つであった！ 左側に目を移すと、広場の先にはわずかにかさ上げされた、より規模の小さい別の広場が続いている。ここには神殿が立っていたが、基礎部分以外は発見されていない。この神殿は、おそらくローマの公的祭儀のために用いられたと考えられるが、度々行われたフォルムの再整備のうち最後の数回のいずれかの際に神殿部分は更地にされ、基礎部分はフォルムの他の部分と同じように舗装が施された。

　神殿の復元を試みたこの図では、この小さな広場の背後に突き出た形の建築物も見える。これは、神殿だった可能性がある建築物で、先ほど述べた、西側広場の中央にあった破壊されてしまった神殿の後を継ぐ存在だったのかもしれない。この復元図で表すことができなかったのが、半分地中に埋まった回廊、すなわち地下回廊で、上述の西側広場を囲む三辺の柱廊の地下に延びていた。回廊は白色または青色の石材とレンガを用いて入念に建てられており、湿気を遮るための坑道も備えつけられている。天井はヴォールト*で、光は採光換気窓を通じて取り入れていた。こうした地下回廊は今日、バヴェを訪問した際の最も見ごたえのある見どころの一つとなっている。

ARLES　アルル：〈アレラテ〉のフォルム

▶ バヴェと同様、アルルの壮麗な中心部にも広々とした広場があり、台座代わりとなる地下回廊の真上に位置していた。U字型をしたこの地下回廊（90×61m）は、もともとは傾斜していた土地に整備されたので、建設には膨大な作業を必要とした。巨大な基礎に支えられた広場は、東西方向に延び、列柱と店舗によって周囲を取り囲まれている。建設年代は前30年から前20年頃にかけてであり、フォルムには神殿とおそらくバシリカも存在したと考えられるが、正確な位置については憶測の域を出ない。

　そして、ティベリウスの治世下（14～37年）になると、このフォルムの西側（図版右上）に凸型の新たなフォルムが付け加えられる。このフォルムはおそらく両端部分にそれぞれ半円形のエクセドラ*を備えていたと見られる。存在が確認できている、そして現存するのは南側のエクセドラだけだが、ここに示した復元図では、左右対称を強く意識して両方のエクセドラを復元した。フォルム中央には神殿がそびえ立っていたが、おそらく皇帝礼拝に捧げられていたと考えられている。このことは、古代末期に建造された城壁の中に再利用されていた建築石材からも示唆されている。

　4世紀末から5世紀初めの頃、公共の、そして公的な空間としてのフォルムは放棄され、寄生するように現れた住居の格好の建設場所となった。一方地下回廊は、徐々に分割され、個人所有の地下倉庫へと転用されていった。

フォルムでさえもまた恋愛にふさわしい場所である…

　法 廷でさえもまた［誰がそんなことを信じられようか］愛にふさわしい場所である。雄弁が飛び交う法廷でも、しばしば愛の炎が燃え上がったものだ。ウェヌスを祀った大理石の神殿の下で、（ニンフの）アッピアス像が噴水を空中に勢いよく放っているところ、そのあたりで、弁護人がしばしば恋心にとらえられるのである。他人に警戒するよう指示していた人間が、自分には指示も下せぬ始末なのだ。そこでは弁の立つ男もしばしば言うべきことばを失い、新たな事態が起こって、みずからの弁護に努めねばならなくなる。かような男を、隣にある神殿の中から、ウェヌスが晒っておられる。なにせ、つい先頃まで子分のための弁護役だった男が、今度は弁護してもらう子分になりたいというのだから。

オウィディウス『恋愛指南』I（沓掛良彦訳、文献4）

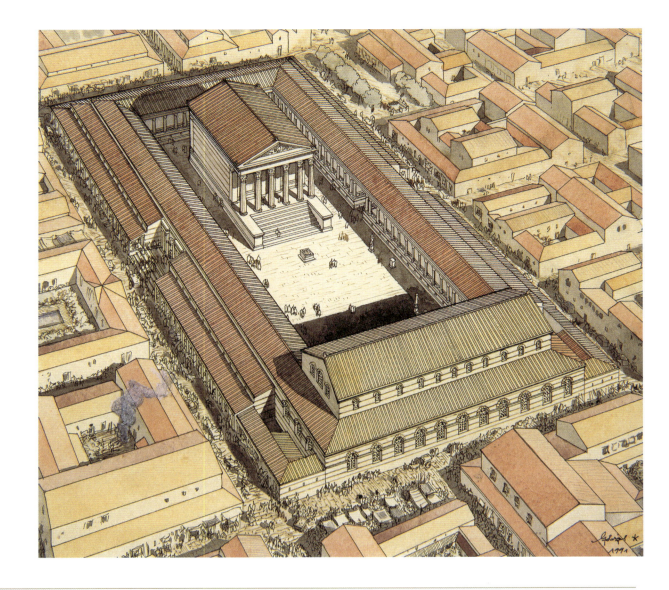

PARIS　パリ：〈ルテティア〉のフォルム

▲ 近代以降に遺跡の上に建築物が建てられてしまい、非常にわずかな遺構しか残されていない。そのため、この復元図は仮説による不確かなものである。

　フォルムは、長さ180m、幅100mであり、サント=ジュヌヴィエーヴの丘の西側に建設された。これは現在のサン=ミッシェル大通りとサン=ジャック通りを結ぶスフロ通りの軸線上に位置する。フォルムには、長さ118m、幅43mの広場があり、北、西、南側の三辺にコの字を形成するように地下回廊が設けられた。地下回廊の上には、地面から2mほどかさ上げした高い位置に列柱廊が建造され、広場を囲んでいる。地下回廊の幅は約十数m、高さは6mで、二列の支柱列の上に張られた梁と根太によって天井が造られていた。そして、広場に面した開口部からは、わずかな光が回廊内に射し込んでいた。地下回廊に底上げされたことで高さが加わった列柱廊には記念碑的な価値が与えられた。また、地下回廊は、丘の斜面にフォルムを建造するために不可欠であった人工的な高台として機能したため、基盤が安定した。コの字形の列柱廊は、長さ18m、幅12mの高い基礎部分の上に建てられた神殿を取り囲んでいたと考えられる。建築構造が似ている他の都市のフォルムを参照するならば、東面には、中央広場からアクセスできるバシリカ*が備えられていたはずである。

　フォルムの外に目を向けると、列柱廊の三辺には庇のある回廊が備わり、フォルムを囲む歩道に面して、商店が軒を連ねていた。ルテティアのフォルムは、ほぼ閉じられた空間となっており、向かい合わせに設けられた二つの入口のみが内部への通行を可能にしていた。

都市の住居

2世紀半ばにガリアを周遊した旅人を想像してみよう。旅人は、サン＝ロマン＝アン＝ガル、ヴェゾン＝ラ＝ロメーヌ、アレシア、そしてルーアンに赴いた。彼は、都市によって住居の雰囲気が明らかに違うことにすぐ気づいただろう。最初の二つの都市では、宮殿のように豪華で広大な敷地の邸宅を目にしたが、残る2都市では、ほとんどの住居は大きさ、外観、内部の装飾がより簡素なものであったはずだ。このような対比に注目していると、対極的な両者の間に位置する住居様式のことを忘れがちだが、まさにこの中間の様式と言えるガロ＝ローマン*式の存在を見落としてはならない。

イタリア式住居

住居様式の差異を説明するには、所有者の富裕レベルを示すことで十分なのだろうか。たしかに、地形の凹凸による制約と都市の発達は、特に人口の過密化と地価の法外な高騰が起きた際には、小さな住居が多いことの根拠にはなる。しかし、住居の様式に影響した要因は、人々のローマ化が決定的なものとして挙げられるであろう。上流階級の人々の望みを反映して——それは間違いなくある種のスノビズム（上流気取り）によるものだが——実際に、彼らの理想としたイタリア式住居を代表するアトリウム式とペリスティリウム式が圧倒的な人気を博するようになった。こうした点が起因して、本章冒頭の旅人が感じたような、植民市の住居と都市圏の住居、そしてローマの影響をあまり受けなかった小都市の住居との間に差異が生まれたのである。

帝政初期、イタリアやローマ市の都市型住宅（ドムス）は、ペリスティリウムを中心に構成された。ペリスティリウムとは、庇のある列柱廊に周囲を囲まれた空間である。ペリスティリウムと共に、伝統的な住宅の中心となっていたもう一つの空間はアトリウムで、屋根の中央部に天窓（コンプルウィウム）があり、そこから入った雨水を貯水盤（インプルウィウム）に蓄えていた。アトリウムに

は、家長が先祖や家族、そして住居の守り神であるラレスの神々を祀った小さな祠（ララリウム）が設置された。基本的に、アトリウムの周囲にはいくつもの部屋が設けられていた。アトリウムの奥には、応接間（タブリヌム）と食堂（トリクリニウム）が、ペリスティリウムに面して配された。そして、ペリスティリウムには、くつろいで過ごす余暇の空間として、中庭が設けられ、水盤、噴水や彫像が置かれた。住居に施された装飾に関しては、フレスコ画や舗床モザイク*、家具やその他の調度品、小さな彫像などが、洗練された趣味を示している。外部への開口部が非常に少ないため、一つの閉じた世界となった住居は、次第に快適さが追求されるようになり、部屋すべてが、アトリウムと、住居にとって特に大事な空間であるペリスティリウムに向けて開かれるように配置された。

豪奢な住宅

ヴェゾン＝ラ＝ロメーヌの遺跡の範囲は約60haに及ぶが、都市の構造は非常にゆるやかで、厳密なものではなかった。公共建造物や住宅は、庭園や列柱廊の配された広い土地を挟みながら、不規則に散らばっていた。広大で豪華な上流階級たちの邸宅は、2世紀以上にわたって幾度もの改修が加えられており、それは都市の誇りでもあった。「メッシの家」、「銀の彫像の家」、「イルカの家」がその好例である。それぞれの邸宅は3,000㎡の敷地を有しており、その規模はイタリアのポンペイで最も大きな家「ファウナの家」と同じであり、著名な「ウェッティの家」でさえも、1,200㎡をわずかに超えた広さに過ぎなかった。

「イルカの家」の名称は、童子アモル（キューピッド）を乗せたイルカの大理石製小彫像に由来している。多くの設備が備わった、2世紀末のこの豪華な住居を訪問してみよう。まず、コロンヌ通りに面した部分には、いくつかの店舗が並んでいる。通りから入口へ向かって数段上がると、中央に水盤のあるアトリウムへと入る。アトリウムの北側には、いくつもの便座が並ぶ細長い空間

食堂（トリクリニウム）において

夕食を意味するケナは、食堂の寝椅子の上で振舞われた。ヴィエンヌやヴェゾン＝ラ＝ロメーヌの大邸宅の主人たちが、ラテン語詩人マルティアリスが描く家主ゾイルスのように振舞わなかったことを願うばかりだ。

彼（ゾイルス）は、薄緑色の衣服を着て、寝椅子いっぱいに横たわる。左右の客を肘で乱暴に押しのけ、緋色の掛布と絹のクッションの上に寝転ぶ。彼の側には稚児が立ち、赤い羽や乳香樹の楊枝を差し出す。彼が暑いと感じる時には、彼の背後で共寝する女が緑色の扇子で心地よい風を送り、少年奴隷はギンバイカの枝で蝿を払いのける。按摩女が、軽快な手つきでその掌を体に這わせ、小慣れた手が彼の四肢全体を愛撫する。彼が指をならすとその合図で去勢された男が出てきて、酒を飲み続ける主人の溜まった尿の始末をする。そしてゾイルスは、彼の足元に集まる使用人たちに向かって振り返り、雌犬たちがガチョウの臓物を舐める中、運動競技者たちにイノシシの睾丸を分け与え、気に入った少年には、キジバトの尻の肉を与えた。そして、私たち会食客には、リグリアの岩場で作られたワインや、マルセイユ（マッシリア）の燻蒸ワインを飲ませるくせに、自分は、オピニウスの年に作られたネクタル（神酒）を、水晶の酒盃や東方の陶器壺に注ぎ、道化者たちに乾杯した。

マルティアリス『エピグランマタ』III, 5-25

▲ サン=ロマン=アン=ガル（ローヌ県）、「海の神々の家」の夏の食堂

のトイレがあり、その奥の北東の角には、50mほどの奥行きをもつ浴場が備えられている。浴場には、快適に過ごすために脱衣所、温浴室、微浴室がそろっていた。邸宅の東面には、小さな方形の水盤と列柱廊、中庭を備えるペリスティリウムを囲むように、応接室や豪華な部屋が配されている。階段の跡が多く残されていることからも、邸宅には上階があり、そこに使用人達が住んでいたと考えられる。南面には、ペリスティリウムの中庭よりも大きな庭園があり、住居の側に面して列柱廊とエクセドラ*付きの細長い水盤が設けられている。この邸宅の熟考された空間演出には、非常に感銘を受ける。遠近感の巧みな利用は、視覚的な探求に基づいており、個々の部屋から列柱廊へ向かっては、水辺のゆらめき、床面の装飾、庭園の木立といった、素晴らしい眺めが広がる。

ヴィエンヌの都市は、アウグストゥスがコロニア・ユリア・アウグスタ・フロレンティア・ウィエンネンシウムと名付けたとおり、アウグストゥスの栄光を示す植民市であり、ローヌ川の両岸に広がっている。ローヌ川右岸に位置する現サン=ロマン=アン=ガルの遺跡は、ヴィエンヌの郊外住宅地の一部である。サン=ロマン=

60

▲ サン＝ロマン＝アン＝ガル（ローヌ県）、「海の神々の家」の玄関間

アン＝ガルでは、ガリアで最も大きな都市の一つであるヴィエンヌの、道路、工房、公共建造物や広大な邸宅など、並外れた規模の都会らしい建築群を見ることができる。

ここで最も広く豪奢な邸宅は、玄関口の舗床モザイク*に表された主題を由来として、「海の神々の家」の名で親しまれている。2世紀末に建てられたこの大邸宅は、2,500㎡の広さをもち、道路からポーチへ向かって三段上がり邸宅内に入ると、中央に円形の水盤が配された広い玄関間がある。この玄関間は、屋根に天窓がないためアトリウムではないが、いずれにせよ広い応接間として機能している。邸宅内には、複数の部屋が備わっており、応接間に最も近い場所には便所が設置されている。その奥に広がるペリスティリウムには、コの字型と長方形の二つの水盤を配した中庭がある。邸宅内を歩み進めると、広い空間を横切る。これは食堂であり、玄関間と同じ軸線上に位置していた。その先には、大きな噴水と、列柱廊に囲まれた庭園のある屋外空間へと出る。この区画には、床下暖房が設備された部屋が確認されることからも、浴室であったと考えられる。そのまま進むと、最後に列柱廊がある広さ900㎡の大庭園へたどり着く。この庭園は、邸宅の3分の1面積を占めていた。大庭園の中央には、エクセドラ*を配した二つの小さなパヴィリオンがあり、おそらくは夏の食堂として使用されたと考えられる。

邸宅の装飾

ヴェゾン＝ラ＝ロメーヌの家々のように、モザイク画は、住居を豪華に見せるにあたり重要な役割を担っている。今日においては、モザイクの作例は、当時の人々の美的感覚を示す重要な典拠となっているが、史料的な価値は、人々の感情に訴えるその美しさ以上のものだ。なぜなら、モザイクの主題によって、部屋の機能が特定でき、調度品がどのように室内に配されていたかを示す重要な証拠にもなるからである。こうした邸宅の食堂では、伝統的に、部屋の奥にコの字形に配置された横長の寝椅子の上で夕食がとられ、寝椅子の前の空間で配膳が行われた。そのため、寝椅子に覆われてしまう舗床部分に施されるモザイク装飾は非常に質素なものとなっている。それに対して、コの字形に囲まれた部分と、部屋の入口の床面には、豪華なモザイクが施され、最も身分の高い主賓が横たわる中央の寝椅子から一番良く見えるようになっている。

ヴィエンヌで1981年に発掘された「ペルタ（トラキアや小アジアで用いられた三日月型の小さな盾を表した装飾モチーフ）の車輪」と呼ばれる食堂の舗床モザイクには、会食用寝椅子の配置を示す、特徴的な構図が明確に示されている。

最も質素な住居

これまで見た豪奢な住居に対して、都市住居の大部分を占めていたのははるかに質素な住宅であった。これらには明確

な違いがあるので、比較しやすい。ルーアン〈ロトマグス〉では、都市の3分の2の住居は非常に軽い素材（木と荒壁土）で建造されていた。例えば、アルサン通りでは、3世紀初頭の火災によって崩壊した地区が発見され、3m幅の通りに沿って建てられた住居7軒の遺構が確認された。この通りは、大きな石英岩を配した土台の上に、丸い小石が敷き詰められて舗装されていた。平屋の住宅群は木骨造で、垂直の木骨の間を荒壁土で埋めることで、壁の骨組みを形成している。この木骨は、低い石垣や直線上に並べられた石積みを基盤として、水平に渡された梁と桁の上に組まれた。

遺構全体が発掘されたアルサン通りの住宅は、約12m辺の正方形の空間に、六つの部屋を備えていた。最も大きい部屋は長さ5m、幅6mで、道路に面した職人の工房として使用されていた。こうした住居の床面は、粘土と砕かれた石灰石の混合物で舗装されるか、給排水用の空洞の上に張られた根太によって支えられていた。それぞれの部屋は、二枚の平瓦を床に埋め込んで並べた敷居によって仕切られていた。平屋で、中庭や共同空間によって区切られただけの密集した部屋で構成された住宅は、壊れやすい資材でできており、彫刻師、ブロンズ鋳造師、陶工、ガラス職人、染色職人など、職人たちの住居を兼ねた工房でもあった。

前52年のアレシアの包囲戦については、カエサルが詳しく言及しているものの、オッピドゥム*を引き継いだローマ期ガリア時代のアレシアに関しては、たった一つの古代文献、大プリニウスによる『博物誌』（XXXV, 162-163）しか残されていない。これにはアレシアのブロンズ鋳造師たちが用いたメッキの塗装方法が記されており、アレシアは金工細工で名を馳せた都市であったと考えられる。フォルムの南東部に位置する職人や商人の地区の遺構からは、2世紀の住宅が非常に質素だったことがわかる。100㎡に満たない小さな住居は、1階部分に3～5部屋を備えていた。それぞれの部屋が不規則に配されていることからも、この住居の建造者が、建物の規則性や対称性を重要視していなかったことは明らかである。また、部屋にはそれぞれ機能が割り当てられており、台所（または共有空間）や、壁面が塗装された部屋も確認されている。内部の居室は、正方形あるいは長方形で、床は、粘土や磨かれた石が敷かれていた。暖炉の設備は、壁体に組み込まれていたか、あるいは壁面に取り付けられており、床下暖房はわずかな部屋にしか整備されていない。住居内の中庭は、不規則な形をしており、私用あるいは共同の空間として利用され、時に居室とトイレが備わっていることがあった。中庭は、住居空間の中心か、片面に開かれて配されていた。階段があり、壁龕や開口部を有した地下室は、都市の3分の2の住居に備えられていた。地下室の内装が入念に施されていることから、生活空間としても使用されていたことが指摘される。地下室は、オッピドゥムの征服以前の先住民の住居空間と関係があるのかもしれない。■

▲ 裕福な邸宅のペリスティリウム

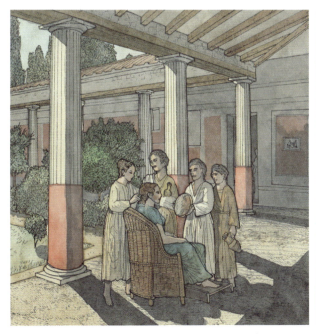

▲ 身支度をする女主人。柳で編んだ肘掛け椅子に座り、4人の侍女が世話をしている。

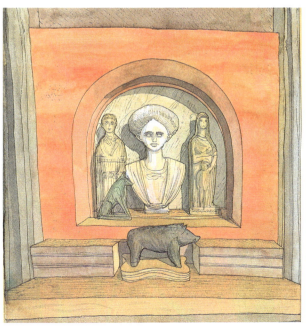

▲ ルゼ(ロワール=アトランティック県)の祠(ララリウム)。壁龕内に小さな彫像を配している。

水道と都市における水

きれいな水を求めて

『パンタグリュエル物語』第2巻でラブレーは、巨人が若い頃、自身の教育を完璧にするべく大学巡りをした話を書いている。巨人は、モンペリエで医学の勉強をやめて法学を勉強しようと考える。「しかし、つまらない法学者しかいないと思った巨人は、そこを去って帰路につくが、その途中で3時間もかからない間にガール橋とニームの円形闘技場を建ててしまった。これは人のなせる業というより神の御業のように思えることだ」。ここでは、進んで妖精や巨人や悪魔を登場させる(!)中世の伝承に、ローマの水道橋で最も有名なガール橋の建設を組み込んでいる。この建設神話には、巨人による、つまり超人的な作業でしか成し遂げられないと思ってしまうほど壮大な建築を目の当たりにした時の、人々の当惑した気持ちが読み取れる。たしかに、その創意工夫と、きれいな水の供給を確かなものとするべくガロ＝ローマ*人が耐え忍んだ大変な作業を思うと、今でも唖然とさせられる。この点に関し、ヴィエンヌの街の事例はまったく並外れたものであることが分かる。街に水源が無かったために、首都ローマと同様11本の水道を街に引いて、それによって毎日ほぼ10万m³の水を運ぶことができたのである。これは、現在の街の一日当たりの水使用量の5倍にあたる！　運ばれた大量の水は、個人宅へ供給されることは稀で、非常に豪勢な邸宅に対してのみ供給されていた。つまり、この水の過剰供給—さらに言えば浪費—は、厳密に考えれば、個人の快適性のためというよりはむしろ、共同体の関心事を解決し新たな需要を満たすためだったと言える。水は街中でいたる所にあり、水飲み場や公共浴場に供給され、下水、側溝、公共トイレを常に流れていた。水は、ローマによってもたらされた新たな生活様式を象徴するものだった。

水の利用

ローマ化の象徴である水道によって、水はさまざまな用途のために街中へと引かれた。まず、個人的な用途として、飲用水、衣類や家のタイルを洗うための生活水の需要があった。次に、手工業の用途として、染色・漂白や水力による製粉といった工業水が必要とされた。最後の用途は公共の水飲み場用である。そこ

ガリアの水道の長さの例	地名(水道の名称)：長さ
アルル(エガリエール)：51km	フレジュス：40km
カオール：33km	ペリグー：7km
ケルン：78km	メス：22km
サンス：17km	リヨン(クラポンヌ)：25km
サント：7.5km	リヨン(ジエ)：75km
トゥールーズ：9.5km	リヨン(ブレヴェンヌ)：66km
ニーム：50km	リヨン(モン＝ドール)：28km
ブールジュ(トラズレ)：42km	パリ：16km

◀ ガール橋の建設イメージ図

には女性や奉公人、そしておそらく水運搬人も水を汲みに来て
いた。通りの辻に設置された水飲み場が、リヨンのヴェルブ・ア
ンカルネの耕作地で発見されている。しかし、明らかに水を最も
大量に消費していたのは公共浴場であり、こぢんまりとした街な
がらも浴場が2カ所か3カ所ある場合はなおさらであった。水を
大量に消費するその他の施設としては公共トイレがある。考古
学者は、その遺構を主にヴェゾン＝ラ＝ロメーヌやサン＝ロマン
＝アン＝ガルで発見している。

　水道建築の維持管理や保全のために定められた規定を見る
と、ガロ＝ローマン*文化において水の供給が並外れた位置づ
けであったことを確認することができる。それを証言しているの
が、1887年シャニョンにあるリヨンに水を供給する水道管が通っ
ている道で見つかった保護境界標石の碑文である。「皇帝カエ
サル・トラヤヌス・ハドリアヌス・アウグストゥスの命によって、何人
たりとも、水道保護のためにあるこの区域において耕作や種蒔、
植付を行う権限をもたない」。

　ガリアの水道と言えば、思わずガール橋を思い浮かべてしま
うが、水道の経路の大半は、ごくわずかな傾斜を付けて地下に
埋設された導管という形態を取っていたことを忘れてはならない。
導管の中を、水は加圧された状態で流れていた。建設にあたり、
水が正常に流れるのを妨げる障害が存在したときは、導管敷設
を担当する技師が問題を克服すべく工夫を凝らしたのである。

ニームとリヨンの水道

　重要な事例をいくつか取り上げてみよう。ニームの水道は、
ユール（ガール県ユゼス）の泉（水源）から市街に建設された給
水塔までおよそ50kmの長さをもつが、その間には越えなければ
ならないいくつかの峡谷や窪地、谷間があった。最初の難関は、
峡谷と気まぐれな急流の河床をボルネグルで越える箇所で、水

道橋を架ける必要があった。架けられた橋は、大型石材を用い
た、三つのアーチ*を持つタイプで、橋脚には上流側と下流側に
それぞれ水切りが備わっており、橋の長さは17m、幅は2.7mで
あった。二つ目の難関はラ＝ラタドの峠で、この峠を越えるため
に、建築技師は2層構造の橋を建設した（現在ではほとんど遺
構は残っていない）。次の難関は、もう少し先に進んだところに
あるガルドン川の谷であり、ここがまさにガール橋が建設された
場所である。ガール橋は長さ275m、高さ48.77mで、3層構造に
なっており、上の階層ほど幅が狭い。1層目は6.36m、2層目は
4.56m、そして3層目は3mとなっている。水道がこの驚異的な
建造物に差し掛かる数m手前には、水道の流量を制御したり、
余剰分をガルドン川に放水する排水溝へ水を振り分ける調整池
が設けられていた。ガール橋を通過後、水道は高地へと差し掛
かるが、そこにはいくつかの狭い涸れ谷が裂け目を作っていた。
それらを橋で越えるのだが、そのうち最も見事なものはコンブ＝
ルシエール谷の2層構造の橋である。この橋は、およそ100mの
長さで、高さは25mに達した。残る区間は、溝かトンネル（例えば、
セルナックやクロワ＝ドゥ＝フェールのトンネルで、それぞれ長さ
は400m）で構成されていた。そして最終的に水道管は終着点
である給水塔に至るわけだが、この給水塔については後述する。

　リヨンの街は四つの水道によって水が供給されていた。すな
わち、モン＝ドール水道（長さ28km）、クラポンヌ水道（25km）、ブ
レヴェンヌ水道（66km）、そしてジエ水道（75km）である。では、ジ
エ水道の一部区間を辿って、厳しい難所を切り抜けるために採
用された技法がいかに秀逸なものであったのかを見てみよう。

　シャポノの下流側、ボナンにおいてジエ水道は幅2.6km、標高
差140mのイズロン川の河谷を越えなければならなかった。こ
のような障害を跨いで巨大な橋を架けるのは論外である。そこ
で技師はサイフォンの仕組みを利用することにした。この仕組

水道の維持管理について

　修理は、下記の理由によって必要となる。導水管が通る土地の地主による不法な破壊、経年変化および暴風雨による崩壊、ある
いはまた建設当初からの欠陥による破損などである。最近の構造物では、建設時の欠陥による破損の発生頻度が非常に高い。

　一般的に言って、経年変化や暴風雨の影響を受けることが最も多いのは、導水管がアーチの上や、丘の中腹にある箇所であり、
また、水道アーチの中では、川を横断する箇所が一番多い。したがって、これらの場所の破損に対して、すばやく処理できるように
準備していなければならない。導水管の地下にある部分は、暑さ寒さのいずれの影響も受けないので、損壊を受けることが少ない。

　故障には二つの種類がある。水流を止めずに修理できるものと、導水管本体の中の修理のように、水流を変えないではできない
ものとである。

　後者の修理が必要になるのは二つの原因による。一つは沈殿物の堆積で、これがしだいに固まって岩石のようになって管路を狭
めるものである。もう一つはコンクリートの内張りが壊れて漏れを生じるもので、漏れはじめると、導水管の両側面および地表の構造
物は、必然的に損壊を受けることになり、時には、凝灰岩でできている橋脚が、大荷重に耐えられずに、崩壊することさえあるのである。

　導水管本体の修理は、夏には行なうべきではない。これは水の需要が最大の時に、水流を止めることを避けるためで、できるだ
け春か秋に行ない、それも導水管の休止日数をできるだけ短縮するよう、可能な限り迅速に行なうべきで、そのため、あらかじめ周
到に準備をしておかねばならない。［…］

　私有地の地主による不法な破壊がしばしば発生している。彼らはあらゆる手段で、導水管を損壊している。まず第一に、元老院
の決定で示された水道の両脇の空地としておくべき場所に、建築物を建て、樹木を植えている。樹木は水道に最大の被害を与える
もので、樹木の根は導水管の側壁や天井スラブを、こなごなに粉砕するものである。樹木は水道の上を通る村道や田舎道の脇に
植えられて、繁茂し、ついには、修理のために作業者が水道に近よることをも、不可能にする。

フロンティヌス『ローマ市の水道書』CXX-CXXII、CXXVI（今井宏訳、文献5）

ガール橋についての作家たちの言葉

　おいしいイチジクの朝食の後で、案内人をやとってガール橋見物に出かける。古代ローマ人の構築物のうち、わたしが見たのはこれが最初である。記念物といっても、それを築いた腕まえ相応のものを見るものと予想していた。ところが実物は予想を上まわっていた。こんなことは生涯に一度しかない。ローマ人だからこそ、これほどの効果を生み出しえたのだ。簡潔で気品にみちたこの橋の姿は、無人の曠野のただなかにかかっているだけに、いっそうわたしの胸を打つ。あたりの静寂によって印象が強められ、賞讃の念も深まるのだ。この橋と称するものは、実は水道にすぎない。これらの巨大な石を、石切場からこんなに遠くまで運んだのは、また、だれ一人住んでいない場所に何千人もの労力を集めたのは、いかなる力だったのか。わたしは、三層から成るこの壮麗な建物の上を歩きまわった。足でふむのがもったいないような気がする。巨大な円天井の下で反響する足音は、さながら、これを築いた人たちの力強い声のようだ。わたしは、この広大な建物のなかに一匹の昆虫のように自己を見失った。わが身の小ささと同時に、なにかしら魂を高めるものを感じ、ため息とともにつぶやいた。「なぜローマ人に生まれなかったのだろう！」わたしはうっとりとした静観のうちに、数時間をそこで過ごした。それからぼんやりと夢想にふけりながら引き返した。

ジャン＝ジャック・ルソー『告白』1781年（桑原武夫訳、文献6）

　ご存知のように、これはもともと単なる水道橋にすぎなかったわけだが、現在はおよそ人里離れた場所に厳かにそびえ立つ。
　いやでも心は深く長い驚きに打たれてしまう。ローマのコロセウムを見たときでも、これほど深い夢想に誘いこまれたかどうか。このアーケードは、ユールの泉からニームまで水を引く七里の水道橋の一部であった。深く狭い谷の上を渡さざるを得ず、こんな大建築が生まれたわけだ。
　見せかけの豪華さや装飾はいっさいない。これほどすごいものを造る場合でも、ローマ人には人をあっといわせようとする意図はなく、ただ必要だから造った。派手な効果をあげようとして工夫をこらす、などといういかにも近代人に付きものの考えは、見る者の心から遠ざけられる。かりにそんな近代の偏執に考え及んだとしても、それを軽蔑するためだ。心は豊かな感情に満たされ、語る気などとても起こらない。まして誇張できるわけがない。真の情念は恥じらいを知っている。［…］
　芸術的感性を生まれつき備えた旅行者にとってうれしいことに、どの方向を見渡しても、人家らしいもの、耕作地のようなものは全然目に映らない。タチジャコウ草や野生のラヴェンダー

やネズの木だけが無人の荒野に生え、あくまで澄みきった空の下に孤独な香りを放つ。心は何物にも乱されず、偉大なローマ国民が造った眼前の建築にどうしても注意が向けられる。この大建築は崇高な音楽と同じ作用をするに違いないと私は思う。少数の選り抜きの心にとってのみ、これは大事件なので、それ以外の連中は建設に要した金額を見積って感心するだけである。

スタンダール『ある旅行者の手記』1838年（山辺雅彦訳、文献7）

　渓谷の端から端まで三層の途方もなく大きな橋が延び、空高くそびえている。言語に絶するほど堂々として、これほどローマ的なものはない。全体の巨大さ、堅固さ、思いもよらない姿、記念建造物らしい厳正さを前にしては言葉もなく、ひたすらその場に立ちつくして見つめる他はない。気品があり、完璧で、偉大さが感じられる。［…］
　ローマ時代の厳格さはともすれば度をすごしがちであり、私は小さなことができない民族は大きいことができない民族と同様欠陥があるのだと思う。ポン・デュ・ガールはこうしたローマ時代の厳格さの見事な実例である。しかしながらその美しさ――鑑賞のためでなく実用のために建設され、この意図を実現するに当たっての規模の点でのみ印象的な建造物の持つある種の男性的な美しさを強調しないことは、はなはだ不公平であるに違いない。アーチの数は層ごとに異なっていて、それらは上に行くほど小さくなり、数が多くなって行く。保存状態はきわめてよく、砕けたり崩れたりしているところはまったくなく、あらゆる特徴が残っている。一八〇〇年もの間プロヴァンスの太陽に焼かれてきたかのように、褐色を帯びた黄色の巨大な切石が、建造当時そのままに、モルタルもセメントも使われずに積み重なっている。これらのすべてが、かつて二つの泉から小さな地方都市に水を引くために建造されたのだ。最上階の導水路は形も外側に塗ったセメントの跡も残っている。かすかに夕闇が迫り始めると、まるで強大な帝国がまだ水道橋の支柱のようにそびえているかのごとく、寂しい渓谷はローマ人の名声の幻影で満ち溢れているかのように見えてくる。そこに座って感傷にひたる孤独な旅人は、個人の偉大さを判断するときと同様に企てたことをどこまで実行できたかによって判断すれば、これまでも、またこれからも、ローマ人ほど偉大な民族は存在しないとさえ思うのだった。ポン・デュ・ガールはローマ人が残した印象深い業績のひとつであり、自らも満足するだろうと思われる形で、彼ら自身について語っているのである。

ヘンリー・ジェイムズ『フランス旅行記』1877年（千葉雄一郎訳、文献8）

みは、直径27cmの鉛製導管9本（単独の管では圧力で破裂してしまう）を使い、水を谷底に向かって降らせて、それから連通管（U字管）の法則によって圧力で水を反対側斜面へと登らせ、最初の地点から見てやや低い地点まで水を運ぶ、というものである。まず、水は単独の導管で谷間の縁まで運ばれてくると、排水槽と呼ばれる貯水槽で9本の導管に分けられる。斜面を下った後、谷底で導管は標高差を軽減するために橋で支えられ、それから

反対側の斜面を登って流出槽と呼ばれる二番目の貯水槽に至る。そこで、水は単独の導管による通常の流路へと戻る。サイフォン設備は、ジエ水道では、他にも三つ設けられていた。リヨンの水道全体では八つあり、そのうちの一組は重連式であった。
　障害を越えることに加えて、水道管の気密性と一定の傾斜をつけることには格別な配慮がなされた。導管内部は、石灰、砂、レンガの破片から作られたコンクリートで上塗りすることで気密

▲ アール＝シュル＝モーゼルとジュイ＝オ＝ザルシュの区間でモーゼル川を渡るゴルズ水道。ローマ世界でも最大規模の水道施設の一つであるこの建築物は、メスの街に水を供給していた。

性を保っていた。そして、レンガの破片によって全体が赤っぽく染まっていた。数十kmの経路全体にわたって一定でわずかな傾斜を保つためには、地形の問題を完全に統御する必要があった。それには土地の高低差を測る水準測定という作業が不可欠で、コロバテスという器具を使って行われた。これは、直線状の脚付きの長い定規であり、上部には水を注ぐための溝が掘られていた。両端にはそれぞれ照準のための目印がついており、照準と離れたところに置いた標尺を合わせて使うことで、ある地点の高さを決めることができた。この器具を使って得られた結果は素晴らしく、例えば、ニームの水道の平均斜度は、近年行われた計算によれば1kmあたり24.8cmに過ぎず、最低斜度は1kmあたり7cm、最大は1kmあたり約50cmである。先述のジエ水道は、平均斜度が1kmあたり1.1mだ。ガリアで最長の水道であるケルンの水道(78km)でも、平均斜度は1kmあたり4.6mで、およそ秒速1mの流速を得ることができた。

技術的成功を収めた同様の事例は、水道のルートを慎重に検討し工事を監督した技師たちの才能を雄弁に物語っている。こうした技師の1人であるアルルのクイントゥス・カンディドゥス・ベニグヌスは、彼の墓碑の一文から判断する限り、おそらく最良の技師たちと肩を並べていたのだろう。「クイントゥス・カンディドゥス・ベニグヌスの黄泉の魂に。彼はアルルの技師組合の成員であり、献身的で博識で慎み深い卓越した建築家であり、偉大な建築家たちが常に師と仰ぐ存在であった。その博識で彼に勝る者はおらず、器械の製造と水道のルート選定において彼の右に出る者はいなかった」。

水道は、街の最高地点に建設された給水塔に到達する。ニームの給水塔は円形の建造物で、直径5.5m、深さ1.4mの水槽を備えている。10本の鉛製水導管によって街中に水が供給され、水道管は水槽の側壁に設けられた直径40cmの円筒形の流出口に差し込まれていた。三つの円形の排水口から余剰の水や汚水を水道管の下を通る下水を通じて排水することができた。こうした配水システムは、流量に応じて調整可能であったが、優先的に給水されたのが水飲み場であり、そこで人々はそれぞれ必要なだけの水を汲むことができた。次に優先的に給水されたのが公共施設であり、最後に一部の富裕層の邸宅であった。

井戸、貯水槽、ポンプ、導管

これらの施設すべてが複雑なものであったとしても、家に小さな貯水槽を備える非常に原始的な方法が存在したことを忘れてはならない。つまり、単なる大瓶に最寄りの公共の水飲み場で汲んできた水を流し込む、というものである。また、地面の浅いところに自由地下水があれば、井戸を掘るのに好都合だった。井戸は、円形の断面をしていて、たいていは木製のケーシングパイプを備えていた。井戸の設置は個人の自由意志に任されていたため、互いに近接して設置されることもあり得た。例えばアミアンでは、古代の市街地のある区画をおよそ1haにわたって発掘したところ、100個ほどの井戸が確認され、分布密度で言うと100m²あたりに1個の井戸があった計算になる。

一部の井戸は、1975年にペリグーのブーケ通りで見つかった邸宅跡の井戸から出土したものに類似したポンプを備えていた。発見されたポンプはコナラでできており、吸気弁を備えたシリンダーの中を交互に移動する二つのピストンを縁石で操作すると、水槽へつながる導管に向けて圧力をかけて水を送り出し、水を汲み上げる仕組みになっている。この押し上げポンプは、クテシビウスが発明したとされ、ウィトルウィウスが『建築書』(X, VII)で記述している機器と原理は同じだが、濾過用の格子と排水口を備えており、簡単に取り外して洗浄したり、修理することができた。類似した装置は、1910年にメスで井戸の木製のケーシングパイプの中央部分から見つかっており、もっと最近ではリヨンでも青銅で被覆された木製シリンダーと木製導管の断片が見つかっている。

サン＝マロ(イル＝エ＝ヴィレーヌ県)の近くのアレで1971年に見つかったのは、淡水の取水場であった。主にソリドル湾の港

> **泉の水質の評価方法**
>
> 　泉の試験とその良否の検定は次のように行なわれるべきである。もし流れになっていて露出しているならば、導水を始める前に、その泉のほとりに住む人々がどんな肢体の状態にあるかが観察され吟味される。そして、身体が健康で色に艶があり、下肢に欠陥がなく、眼が爛れていないならば、その泉は最良と認められる。また、新しい泉が掘られてこの水がコリントゥスの壺あるいは他の種類の良質の青銅でつくられた壺の中に注がれても汚点を残さなかったならば、この泉は最良である。またこの水が青銅の壺の中で沸かされてから静かに置かれ流し去られてもこの青銅の壺の底に砂または泥が見いだされないならば、この水も同じく良質と認められる。同じく、もし野菜が水と共に壺に入れられ火にかけられて早く煮えたならば、それはその水が良質で衛生的であることを示すであろう。さらにまた、泉にある水そのものが清澄透明でかつそれが出て来るところ流れているところに苔や水草が生えていないならば、またこの場所が他の不潔なもので汚されていないで見たところきれいであるならば、これらの徴候によってその水は軟らかく最も優れた衛生状態にあることが指摘されるであろう。
>
> ウィトルウィウス『建築書』VIII, IV, 1-2（森田慶一訳、文献3）

に入った船に給水することを目的としていたこの施設について、ロイク・ラングエは以下のように記している。「100㎡の大きさの大型水槽は、水道によって天然の泉から引かれた淡水を貯めておくためのもので、水道は水槽を見下ろす位置にある岩山を掘削して作られた露天式のものだった。二つ目の水槽は、最初のものよりも深さがあり、大きさはおよそ10㎡、トンネルによって最初の水槽と繋がっていた。発掘時には、木製の揚水装置が発見されたが、その一部は使用されていた当時の同じ場所から見つかった。この装置は、その地域のコナラですべて作られていて、その重さ（1,500kg）とサイズによっても、またその独創性と見事な保存状態によっても驚くべきものである」。

　個人による給水のもう一つの方法が、雨水を貯水槽に貯めるというものである。大プリニウスは、そうして得た水はあまりきれいではないので、飲用水にするのをやめるように忠告しているが、ガリアの集落ではこの方法が広く用いられていた。例えばリヨンのヴェルブ＝インカルネ地区（アトリウム様式の邸宅で、雨水受けの地下に貯水槽がある）や、ブーローニュ＝シュル＝メールでこの方式の遺構が見つかっている。ブーローニュでは、ウィトルウィウスが推奨した方法に従って、二つの貯水槽で水が片方からもう一方に流れる間に不純物が沈殿することで澄んできれいになり、結果として「水本来の味と自然な香り」を保つことができるようになっていた。アルゲントマグス（アルジャントン＝シュル＝クルーズ＝サン＝マルセル）でも同じ給水システムが取られており、記念碑的な噴水の近くにある邸宅には、石積みで築かれ耐水性のある水硬性の塗料で上塗りされた貯水槽（2×1.5m）を有していた。そこには邸宅の屋根を通じて集められた雨水が溜まる仕組みで、最大12.25㎡の水を貯めることができた。

　水道管については、金属製の箍で繋がれた木製の導管にせよ、土器製または鉛製の導管にせよ、街中や家屋内で無数に見つかっていて、それらすべてが給水に対しての配慮を裏付けている。修理の事例としては、リヨンやリュネル＝ヴィエルで、鉛製導管を横断するようにできた裂け目が原因の漏水を修繕した跡が見つかっている。この二事例の場合、錫はんだによって導管が長持ちするよう補修がされていた。

　汚水や余剰な水は支線的な役目の下水管網によって排水され、その下水管網は地形の起伏を利用できる場合は主要な収集管に向けて収斂するように整備されており、それらが合流した収集管は市街地の外で河川に流れ込むようになっていた。ヴェゾン＝ラ＝ロメーヌの例がこの仕組みを雄弁に物語ってくれる。複数の古代の街路の地下には同じ方向軸に沿って並行するように下水道が整備されており、ヴィラス地区のように構造やトンネル・ヴォールト*を数十mにわたって度々観察することができる。こうした下水管のいくつかは、そのあまりの大きさに驚かずにはいられない。例えば、ヴォールトから底面まで2m、幅は1.6mのものもあるのだ。また、その内の一つは、「2両の荷車がすれ違うことができるほどの」十分な幅と高さがあったようである。

　これほどまでに求められ、そして排水のためにこれほどの配慮がなされた水であるが、ローマ期ガリアの建築家や建築技師たちは地下に築かれた構造物をこの水から守るべく奮闘していた。主に地下回廊に関してだが、衛生のための地下坑道が、土留の壁と厳密に言うところの地下構造の壁とを隔てていた。この坑道によって、通気空間と浸透地下水の排水路が作られることになり、結果として地下構造全体を清潔に保つことができた。同様の仕組みはバヴェやランスの地下回廊の壁の背面でも見つかっている。■

▲ 公衆トイレ。共同で使用され、交流の場所として人気だった。

浴場

　非常に大規模な浴場が、皇帝の住まいだったということに、古くから言い伝えられているうちに変化していったとしても、不思議ではない。実際、アルルでは、ラ=トルゥイユの浴場がコンスタンティヌス帝が建てた宮殿の廃墟と長年思われていたし、パリでは、クリュニーの浴場は背教者ユリアヌス帝の宮殿だったとされていた。ヴィエンヌ近郊のサント=コロンブの浴場を鏡の宮殿、シャラント県のシャスノンにある浴場を宮殿と呼ぶのも、同じようにこの巨大な建造物に魅惑されたことに由来するのである…。

　上に挙げたものより小規模な浴場だとしても、その壮観さには今日でも強い感銘を受ける。昔の人々もそう感じていた証拠として、アントラム(マイエンヌ県)で1987年にあった、思いがけない、そして他に類を見ない浴場跡の発見がある。この浴場の保存状態は見事なものだったが、それは早い時期に教会へと転用されたからである。壁は、形の整った小型切石を積み上げそれをレンガの均石(ならしいし)で区切る様式で築かれており、そこに長方形の開口部とその上方に丸窓が開けられている。この二つの壁は8.5mの高さのところまで現存している。

浴場の乱立

　公共浴場が一つもないという都市は、たとえ小規模な都市であっても、ガリアではおそらく皆無であろう。例えば、スイスのロウソンナ(現ローザンヌ)やマルティニー、ブリースブリュック(モーゼル県)や、アンティニー(ヴィエンヌ県)、アルゲントマグス(アンドル県)、イゼルノール(アン県)そしてカンペール(フィニステール県)には、浴場施設が1ヵ所あった。ドルヴァン(シェール県)、ネリ=レ=バン(アリエ県)は、2ヵ所の浴場施設を住民に提供しており、2世紀におけるヴェゾン=ラ=ロメーヌ、そしてシミエ(ニース)も同様であった。3ヶ所の浴場があったのは、パリ、サン=ベルトラン=ドゥ=コマンジュ(オート=ガロンヌ県)、サント(シャラント=マリティム県)、フール(ロワール県)、そしておそらくフレジュス(ヴァール県)もそうであった。アルルは3ないしは4ヵ所、もしくは5ヵ所か、6ヵ所という説すらある。

　浴場の使用自体は、イタリアとローマからもたらされた習慣だが、このように浴場が乱立した状態は、身体の衛生や清潔に対する配慮という理由だけでは説明しきれない。実際、浴場は新たな生活習慣として浸透していくのである。人々は、夕食を待つ間、欠かさず浴場に行ってぶらぶら散歩していた。たまたま通りかかった浴場内の部屋や、廊下、中庭、庭園、列柱廊で再会し、くつろぎ、そして運動場では肉体を維持すべく運動に勤しみ、あるいは図書室や講堂で精神を高めることを好んだ。そして、談笑

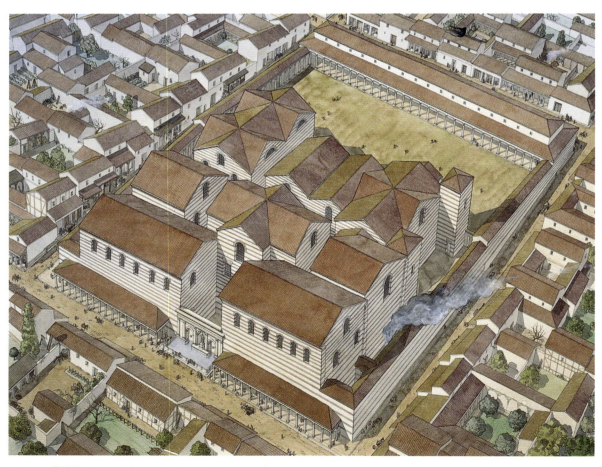

▲ パリの北浴場、または通称クリュニー浴場。パリにある複数の浴場の中でも最大規模かつ最も保存状態が良い。

▲ シャスノン（シャラント県）の浴場に備えられた複数の炉

▲ リモージュのジャコバン浴場。この浴場は、街区*一つ分、つまり85m×73mの長方形の敷地を丸ごと占めていた。

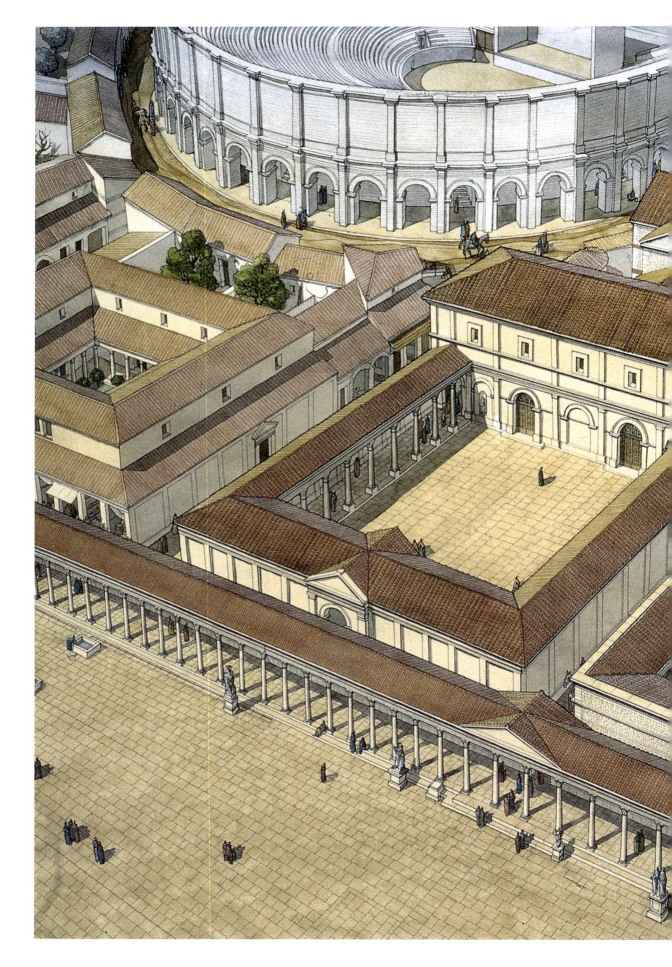

◀◀ ドルヴァン（シェール県）。ビトゥリゲス族のキウィタス*内にあるこの准都市は、隣り合った二つの浴場施設を有していた。1835年に行われた発掘調査では、この二つに分かれた浴場が互いに同時代のものなのかどうかは分からなかった。おそらく一方は女性用、他方は男性用だったのだろう。その奥には、柵壁（観客席との仕切り壁）の高い壁に囲われたほぼ円形のアリーナを備えた馬蹄形の劇場が見える。

し、耳にしたばかりの噂話を吹聴し、にわか弁士による談義に耳を傾け、休息し、はたまた商談を行った。このような様子から、古代の浴場は現代のカフェやクラブと比較され、さらには現代の文化会館に例えられることすらある。いずれにせよ、おそらく街の住民たちにとっては、あまりに厳粛な雰囲気のフォルムよりも浴場の方が、出会いと待ち合わせのためのお気に入りの場所だった。これは、浴場の入場料が無料かあるいは非常に安かったことからも、なおさらだったのだろう。

同化の道具

しかし、浴場の役目は、こうした単なる休息や余暇の娯楽を超越したものだった。ラテン語で歴史を記したタキトゥスは、その著作の有名な一節で、77年から84年にかけて属州ブリタンニアの総督を務めた岳父アグリコラが、ブルトン人、つまり現在のイギリスに居住していた人々をローマ化するために用いた手法について伝えている。「この地方の人は、てんでに散らばって住み、粗野な生活を営んでいるためすぐ手軽に戦争を起す気持になる。こうした民族を快適な生活を通じて、平和と想いになじませようと、あるいは個人的に説得しあるいは公的に援助したりして、神殿や市場や家を建てさせた。張り切っている者らを奨励し怠けている者らを叱正した。こうして彼らは褒賞を目ざして張り合ったので、こちらが強制する必要もなくなった。

さらにアグリコラは酋長の子弟に教養学課を学ばせ、資性に磨きをかけ、『ブリタンニアの人たちの才能は、ガリアの人たちの熱意よりも高く評価される』とおだてたものである。その結果、いままでローマ人の言葉・ラテン語を拒否していた人まで、ローマの雄弁術を熱心に学び始めた。こんな風にしてローマの服装すらも尊重されるようになり市民服が流行した。そして次第に横道にそれだし悪徳へと人を誘うもの、たとえば逍遥柱廊*1、浴場、

*1 柱廊を散歩すること。柱廊は、娼婦が立つ場でもあった。

バイアエとモーゼル河岸それぞれの浴場

● 浴場の喧騒

哲学者セネカは、63〜65年にルキリウス宛に書いた手紙の中で、帝国一有名な温泉街で、カンパニア地方のナポリ近郊にあるバイアエの浴場が喧騒に包まれている様子を描いている。

私は死にたいくらいだ。大いに必要だと世間では言われるではないか、勉学には隔絶された静けさが、と。ところが、私のまわりは、どこへ目を向けてもいろいろな騒音が鳴り響いている。私はいま浴場の真上の部屋に暮らしている。さあ、想像してみてくれたまえ。ありとあらゆる声がして、自分の耳に嫌気がさすくらいだ。屈強な連中が鍛錬のために鉛の重しをもって手を振り回しているときは、苦吟しているのか、苦吟するふりをしているのか、どちらかなのだが、呻き声が聞こえる。とどめていた息を吐き出すたびごとに、シューッという声だ。それに息遣いもひどく荒い。また、のんびり屋で、みんなのするマッサージで十分と考える男の場合には、手で肩を叩く音が聞こえる。これは掌を平らにしているか、くぼませているかによって音色が変わる。だが、球技の得点集計者がやって来て玉を数え始めたときは、もうおしまいだった。加うるに、乱暴者や盗人が逮捕されることもあり、風呂場で自分の声に聞き惚れる男もいる。さらに加えて、湯が跳ね散る大音響とともに浴槽に飛び込む連中がいる。それに、他の点ではともかく、声だけはまともな人々は除外するとしても、脇毛抜き屋のことを想像してくれたまえ。それと分かりやすいように、か細い甲高い声をひっきりなしに絞り出して、口をつぐむときと言ったら、脇の下をむしって、他の人間に自分の代わりに叫ばせているあいだだけだ。そのあとは、すぐに飲み物売りのいろいろな叫び声、ソーセージ売りに、ケーキ売りやら、食堂の店主やらがみんな商品をそれぞれ特徴のある節回しにのせて売る声が聞こえる。

セネカ『ルキリウスへの倫理書簡集』56, 1-2（高橋宏幸訳、文献10）

● モーゼル河岸の小バイアエ

4世紀、詩人アウソニウスは、モーゼル河岸に建つ浴場の魅力を褒め称えている。

緑の草原に囲まれて立ち、その屋根は無数の円柱によって支えられているこれらの建物のことを、私はいったい引き合いに出す必要があろうか? 川の砂地の岸辺に建てられたこれらの浴場について何を語るべきか? そこからは濃い煙が立ち昇り、一方で、燃え滾る炉の奥に押し込められた火の神ウルカヌスは、炎を押し出して石膏仕上げの壁の内部に設えられたパイプの中へとそれを解き放ち、さらに閉じ込められた蒸気を圧縮し、その渦は屋外に向かってほとばしる。私が目にしたのは、浴室でたっぷり汗をかいて疲れを覚えた湯治客が、浴槽や冷水プールには目もくれず、川の中に入って流れを満喫し、すぐに元気を取り戻すと、涼しげな波にぶつかったり、あるいは波に逆らったりしながら泳いでいた光景だ。もしクマエ（ナポリ近郊の現クーマ）の街からここにたどり着いた外国人がいたなら、エウボイア起源のバイアエ（ナポリ近郊の現バイア）の街がこの土地に、己が持つ無上の快楽のエッセンスを与えることを欲したのだと思うだろう。それほどまでに、これらの浴場の洗練された様子と清潔さは魅力に溢れているのだが、しかし人々がここで味わう喜びのためには、贅沢はまったく必要とされていないのだ。

アウソニウス『モセッラ』335-348

うちの畑の中に浴場施設があったとは！

　アンリ・トロワイヤは、小説『種蒔きと収穫』で、主人公ジェロームとマリア・オベルナの家の近くでローマ期ガリアの浴場が見つかったという話を描く。発掘は、リヨンの大学に籍を置く上級教員資格者のデュペルテュイ氏と県の建築家ラングラド氏の統率の下、主人公たちが所有する畑の内の一つに隣接した一画で行われる。そのため、ジェロームは、考古学者たちがついには自分の土地にまで手を伸ばすところを見たくてうずうずしている。

　ジェロームは叫んだ。「これで全部ではないでしょう！ いつになったら我々の土地で発掘を始めるんです？」
　「来年だと思います。」とデュペルテュイ氏が答えた。
　「ようやくですか？」
　マリアが笑い出す。「あんたは、どんだけこの人たちが自分の土地に穴を開けるのを見たくて仕方ないんだい！」
　「土の下に何があるか早く知りたいんだよ！」
　デュペルテュイ氏が口を開く。「共同地の端の地点で我々が明らかにできたことから判断しますと、基礎しか残っていませんがおよそ12の部屋からなる湯治施設がここにあったと思われます。外側の炉と最初の8部屋は、境界線のこちら側にあります。最後の二つの部屋と給水槽はおそらくあなた方の敷地の中にあるでしょう。」
　ジェロームが尋ねる。「それじゃあ、その部屋というのは発汗室だったのでしょう？」
　デュペルテュイ氏が答える。「全くその通りです。内部の導管によって燃焼ガスが炉の火室から各部屋の床張りの下や壁の内側を通るようになっていまして、中でも炉に一番近い部屋は強力に熱せられますので、そこに「カルダリウム（熱浴室）」というその部屋の名前の由来があります。一方、炉から最も離れた部屋の暖房は弱々しいものですから、それで「テピダリウム（温浴室）」という部屋の名前が付いています。」
　ジェロームが答える。「うちの畑の中に浴場施設があったとは！ 去年、俺がキャベツを育てようと思っていたあの場所で、体を洗い、身を温め、ラテン語で語り合う人々がいたなんて！」。この新事実に彼は圧倒されていた。

　　　　　　　　　　アンリ・トロワイヤ『種蒔きと収穫』1953年
　このエピソードは、サン＝メール＝レ＝ウシヌとペロル＝シュル＝ヴェゼル（どちらもコレーズ県）にまたがる、レ・カールという場所で行われた発掘調査報告書に着想を得たものである。

▲ 2世紀後半に建設された、クルーズ県のエヴォー＝レ＝バンの浴場。面積は350㎡。

優雅な饗宴に耽った。これを何も知らない原住民は、文明開化と呼んでいたが、じつは奴隷化を示す一つの特色でしかなかった」（タキトゥス『アグリコラ』XXI, 1-3、國原吉之助訳、文献9）。

この記述からは、浴場は忘れられていないのみならず、学者のピエール・グロによる表現で言う「同化の道具」の中でも、ラテン語や饗宴、トガと並ぶものだったことがわかる。

浴場でのしきたり

浴場で急かされたように過ごすのは、間違いなくまったく非常識だと思われただろう。浴場では一般的には少なくとも2時間、ゆっくりと過ごすのが相応しく、一種のプログラム、さらに言えば一種のしきたりが、浴場での振る舞いを支配していた。一般的に推奨されるのは、まず運動場に向かうことである。運動場は列柱に囲まれた広場で、利用者は体を温めるべく何かしらの競技や運動を行った。そして脱衣所に衣服を置き、濃厚なオリーブ油を自分の体に擦り込むと、温浴室に進む。そこで、湾曲した金属製のヘラ、ストリギリスを使って入念に垢を奴隷にこそぎ落としてもらう。1世紀の著名なローマ人医師ケルシウスの薦めによれば、頭に病気を持っている人は、軽く発汗するまで服を脱がないでそこに留まるべきであり、高温に晒されても問題ないのは、ようやく発汗してからだった。次のステップは熱浴室で、ここは熱めの湯が張られたまさしくサウナであった。室温はおよそ55度に達し、湿度は95％に及んだ。こうした高温多湿な環境では、ウェナリスの言を信じれば、「お前は外套を置き、食べた孔雀がまだ消化しきれていないのに風呂に入る。それが突然死のもとだ。老いぼれは遺言書を書く暇も無かったというわけ」なので、心臓の不調には要注意である。およそ40度の湯につかりじっくり汗をかいた後は、マッサージに移り、それから体を休めた後は温浴室に戻る。入浴プログラムは、冷浴室で終了となる。この部屋では、心ゆくまで水風呂に浸かっていることができた。

さまざまな平面プラン

属州ナルボネンシスにおける最古の浴場施設の一つが、前40〜前20年に建設されたサン＝レミ＝ドゥ＝プロヴァンスにあるグラヌムの浴場である。この浴場の部屋の配置構造や面積は、ポンペイにあるスタビア浴場の最終段階のそれときわめてよく似ている。この類似が、カエサルによる征服からまだ間もない時期に、ローマ期ガリアの公共浴場の建築様式がイタリアより導入されたことを示す証拠になるのである。その上、グラヌムの浴場は、浴場として必要不可欠な諸機構をすでに並置していた。すなわち、冷浴室、温浴室、熱浴室、運動場、プール、そして諸々の附属施設である。温浴室と熱浴室は、小さな柱で支えられた床下の空間を利用した暖房システムによって暖められていた。

ガリアの浴場ではさまざまな平面プラン*が見られた。もっともよく利用されたのが、線状に建物が連なる、いわゆる直線プランである。厳密な意味での中核施設は、一本の線を描くように連

▲ メス〈ディウォドゥルム〉の博物館大浴場。北浴場、あるいはサント＝クロワ浴場とも呼ばれる。

▲ シミエ〈ケメレヌム〉の景観。円形闘技場と、「北」(図版左下、最も手前)、「東」、「西」の三つの浴場施設が見える。

なって広がっており、その直線に対して時折直角に曲がって建てられた施設もあった。狭い土地やすでに部分的に区画整理された土地にも容易に対応できるこの様式は、先に述べたグラヌムでその事例を見ることができるが、他にも特にサンス、ジュブラン、レンヌ、そしてエヴルーのものが挙げられる。1世紀末になると、オビニェ＝ラカン(サルト県)のように非対称の集中式＊プランの浴場や、シャンリュー(オワーズ県)の浴場に見られるような軸式プランで建てられた浴場が新たに加わる。その後は、ネロ帝、ティトゥス帝それぞれが建てたローマにある浴場、そしてトラヤヌス帝が建設した浴場に着想を得たいわゆる「皇帝」様式の巨大な浴場が発達した。この様式の特徴は、左右対称となる軸をもっていて、附属施設が倍増したところにある。皇帝様式の平面プランはガリアではあまり普及しなかったが、トリーアにはこの様式による二つの浴場、聖バルバラ浴場と皇帝浴場があり、その床面積はおよそ4万㎡にも達する。

　浴場の平面配置を決めるにあたっては、暖房施設と用務関連の附属施設を合理的にまとめることが必要だった。熱が逃げるのを防ぐべく、暖房が必要な空間を集中的に配置することが肝要である。さらに、技術的な方策も創意工夫に富んだものだった。トリーアの聖バルバラ浴場では、床下暖房設備の中を循環する温風は、傾斜した炉床を備えた炉によってもたらされる。この炉は暖房用の地下道に面しており、その地下道の足元を排水溝が走り、炉から出た灰をモーゼル川に流せるようになっていた。シャラント地方のシャソンの浴場では、複数の炉へと続く見事な階段と炉の素晴らしい保存状態のおかげで、床下暖房システムが重要な役割を果たしていたことがよく分かる。しかし、1万1,000㎡以上にわたって広がるこの浴場を独創的なものとしているのは、驚くべき地下道網である。ヴォールト＊で築かれた地下道網は、おそらく排水の沈殿を目的として浴場建物の地下に巡らされていたと思われる。用務関連の施設については、巨大な燃料貯蔵庫と浴場の運営と維持に関係した一連の技術的措置を備えていた。聖バルバラ浴場では、そうした用務関連の施設と排水路は、脱出不可能な地下迷宮を成していた。そこでは、我慢の限界に達するような熱気と湿気に晒されながらも係員たちが仕事に精を出していた……。

　今日では、浴場の遺跡を訪れてもその装飾の豪華さを想像することは難しい。しかし、本来は、大理石製の化粧板、壁画、ストゥッコ＊、モザイク、彫像といった装飾が、建物の量感が醸す荘厳さに、華々しさを付け加えていたのである。パリのクリュニー浴場では、冷浴室のみ訪問客が感嘆するほど良い状態で残っている。この部屋はローマ期ガリアの冷浴室として稀有な事例の一つで、高さ14.5mの壁とヴォールトが完全に残存している。交差ヴォールトの付け根部分に残る、彫刻が施された持ち送り＊から判断するに、この部屋の装飾は壮観だったに違いない。アルゲントマグス(アンドル県)の公共浴場はまだ部分的にしか調査されていないが、石灰岩製の大型の建築部材3点が見つかっている。建物の角に取付けられた優美なピラスター＊に由来する二つの縦材と、柱頭上部の帯状装飾がそれである。これらの装飾の浮彫の質の高さからは、極限まで洗練された装飾が施されていたことが窺える。だが、こうした浴場施設のこれ見よがしな贅沢を最も良く示してくれているのが、サント＝コロンブの浴場である。ここで収集された保存状態がとても良い遺物の中には、現在ルーヴル美術館に保管されている彫刻《うずくまるアフロディーテ(Aphrodite accroupie)》がある。　■

円形闘技場

　堂々とした佇まいの円形闘技場は、ローマ期ガリアの文化を象徴する建造物の一つとなっている。圧倒的な存在感を放つアルルやニームの円形闘技場を知らない人はいるだろうか？

　円形闘技場を意味するラテン語のamphitheatrum（アンフィテアトルム）は、ギリシア語の接頭辞であるamphi（両側の、周囲の意）が円形闘技場の特質を明示するように、舞台の周囲を観客席が巡る、完全に閉じられた建造物である。しかし、ポンペイの円形闘技場の奉納銘文が示すように、アンフィテアトルムと呼ばれる以前の円形闘技場は、「スペクタクラ（見世物の施設）」という言葉によって表されていた。すなわち、観客への見世物としての視覚性こそが、この建造物の最も重要な特性であった。

円形闘技場の発展史

　「あなたが、私たちの都市ヴェローナで贈物として剣闘士闘技（ムネラ）を約束したのは、もっともなことです。この都市は、あなたを愛し、慕い、栄誉を与え、そしてあなたの最愛の慎ましい妻をも与えたのですから。彼女の追悼のために、何らかを建造するか、あるいは見世物をすべきですから、あなたが葬儀に相応しい剣闘士闘技を市民に捧げるのは当然でした」。小プリニウス（61〜113年頃）が、友人のマクシムスに宛てた書簡（『書簡』VI, 34）の冒頭には、ヴェローナ出身の妻の命日に際して、剣闘士闘技を提供する友人を励ます言葉が記されている。こうした死者を記念しようとする意志は、父祖の慣習をよく表しており、帝政期の只中にあっても受け継がれていた。この慣習は、前4世紀以降、もしくはそれ以前からイタリア中部や南部において見られたもので、具体的には、重要人物の墓の上で戦争捕虜を犠牲に捧げる。そして後には、葬儀の当日か命日に剣闘士闘技を開催するようになった。また、剣闘士闘技は、一般的に公共の場で行われた。例えば、前264年、デキムス・ユニウス・ブルトゥスは、父親の葬儀の際に、首都ローマのフォルム・ボアリウム（牛の取引市場として使用された広場）でこの闘技を開催した。

　剣闘士闘技と共に人々が熱狂したのは、狩猟の疑似体験としての野獣狩り（ウェナティオ）や、ライオン、象、ワニやカバといった異国的な動物の見世物であった。見世物にますます熱狂し、増え続ける民衆を収容するために、フォルムには木製の観客席が設置されたが、このような仮設の設備では間に合わないほどだった。考古学者たちは、首都ローマのフォルムの地下に、見世物のために使用された回廊跡を発見している。こうして手狭となったフォルムに代わる新たな建造物を建設する必要性が高まり、円形闘技場の誕生はもはや時間の問題となった。剣闘士闘技は、人気になるにつれて、葬礼と私的な側面（個人による主催）という本来の特性を徐々に失い、ローマ人の男らしさと武勇を賞揚する、単なる公衆の見世物となっていった。

　現時点で確認できる最も古い円形闘技場は、前2世紀末に建造されたカンパニア地方のカプアとポッツォーリのものである。これが原型となり、ローマ帝国の征服によって徐々に各地方に伝搬していき、最終的に円形闘技場はローマ帝国の象徴となるに至った。ガリアにおける最初の建造期は、ユリウス＝クラウディウス朝（前27〜68年）の時代で、サント、ペリグー、ポワティエ、ロデーズ、アジャン、サンリスの円形闘技場が挙げられる。帝国最大の規模を誇る、首都ローマの円形闘技場は、71年か72年に着工し、80年代前半に完成した。このローマの円形闘技場を範例として（しかしそれよりも規模が大きくなることはなかった）、キウィタス*の首邑では1世紀後半から3世紀の間に円形闘技場が建設された。それが、アルル、ニーム、オータン、ボルドー、ナルボンヌ、リモージュ、シャルトル、ブールジュやトゥールの例である。莫大な資金の調達が必要とされるにも関わらず、闘技場建立に対する人々の熱狂は止まず、都市の構造自体が円形闘技場に左右されることすらあった。その例としては、アルゲントマグス、ビトゥリゲス族のネリ＝レ＝バン、ウォコンティ族のディ、そしておそらくはハエドゥイ族のシャロン＝シュル＝ソーヌが挙げられる。

　円形闘技場の建築コンセプトは、もともと三つの必要性に基づいている。それは、大観衆を収容すること（例えばアルルでは2万3,000人）、観客席から闘技がよく見えること、そして、アリーナ内で剣闘士たちがよく動き回れることだった。数世紀にわたる建造で蓄積されたノウハウを元に、建築技師はアリーナを楕円形にすることで、闘士だけでなく、観客のためにも死角を解消することに成功した。楕円形は、どの席からも正面への視界を見やすく保つことができ、複数組の闘技をアリーナで同時に行うことができた。劇場と同じく、観客席（カウェア）の階段席は、同心円状に複数の層（各層をマエニアヌムと呼ぶ）に分けられ、各階には、水平に横断する踊り場が設けられた。観衆は、通路（ウォミトリウム）を通って観客席へ向かい、階段席をさらに細かく削って作られた小階段を昇降して、席へ着いた。建物の周囲と最上部分には持ち送り*が造られ、強い日差しから観衆を守るための巨大な天幕（ウェルム）を張るための竿を固定していた。

窪み構造と架構式構造

　円形闘技場の工法は、建設場所の元々の地形を利用するかどうかによって、窪み構造と架構式構造に大きく二分される。窪み構造は、自然に形成されたすり鉢状の斜面をそのまま活用するか、土留を施して土砂が崩れないようにした土手に建造する方法で、費用は架構式ほどかからない。一方、架構式構造は、自然の地形を利用する方法から脱却した、平らな地上に建造することができる構造で、複数層のアーケード*（アーチ*の連なり）が荘重な雰囲気を醸し出している。この構造の闘技場は、放射状に伸びるいくつもの壁とヴォールト*の架構（柱と梁を組み合わせた構造）によって支えられた、機能的であると同時に威信を誇示する建造物であった。また、サントの円形闘技場（p.81）のように、二つの構造を掛け合わせた例も見られる。

▶ ニームの円形闘技場（窪み構造）

アルルの円形闘技場

　アルルの円形闘技場は、ガリアでは最良の状態で残っている遺構の一つであり、壮大な建築の細部まで観察することができる。この闘技場は、11,500㎡の広さで、最長軸の長さは136m、幅は107mある。外側から見ると、角柱の間に架けられた60個のアーチ*が、2層合わせて高さ21mのアーケード*を形成している。アーケードの開口部（一つ一つのアーチ）は横幅3.38mで、闘技場の楕円形の軸を通る四ヶ所に位置するアーチのみ4.8mと幅が広い。2階の支柱は、コリント式*の化粧柱となっている。各階は、広い回廊が立見席となっており、ここを通って階段席へ出ることができる。1階の回廊は巨大な一枚岩の敷石で舗装され、2階の回廊はトンネル・ヴォールト*によって天井が覆われている。最盛期には、3階部分が屋上階として利用されていた。

　長さ69m、幅40mのアリーナは、湾曲した欄干のついた高い壁で、観客席と隔たれていた。この壁の組石の一つに、状態は良くないが観客席側に彫られた銘文が残されている。そこには、この都市の行政官候補者ガイウス・ユニウス・プリスクスが市民に対して、この柵壁の建立に加えて、闘技場の装飾のために銀製のネプトゥヌスの彫像と、真鍮の彫像4体を贈呈したことが記されている。当初アリーナは、床板で覆われており、現在よりも2mほど高い位置に床面があった。床下の空間を細かく仕切る壁に支えられることでアリーナの床面は安定しており、床下の地階には、檻、周廊、技師たちのための倉庫、アリーナに上がる迫り出しが設置された。

　ガリア三属州*と属州ナルボネンシスは、最も多くの円形闘技場を建設している属州である。帝国全域に残っている300以上の闘技場のうちの39例が、この地域に存在する。その中には、先ほど見たアルルの円形闘技場のような古典的な様式とは一線を画す特異な例も、いくつか挙げられる。

　その分類の難しさから、研究者たちは特殊な例を「劇場－円形闘技場」（A.グルニエ）、「中間様式、または混成様式、あるいはアリーナの建造物」（F.デュマジー）と名付けた。グラン、シェヌヴィエール、ジェンヌでは、観客席は、楕円形のアリーナの周縁を360度囲んではいない。例えば、グランでは、観客席の周縁は150m近くまで広がっているが、南半分には盛土の痕跡のみが残されている。ジェンヌとシェヌヴィエールの場合、観客席はアリーナの半分のみを取り囲んでいる。

　パリ〈ルテティア〉の著名な円形闘技場、通称「レ・ザレーヌ」（p.87）は、さまざまなタイプの見世物が行われた、ガロ＝ローマン*式（p.105）の娯楽建造物である。アリーナは通常の楕円形よりもやや正円に近い形をしており、階段席の両脇は、劇場の舞台によって途切れている。この構造は、用途が多様だったことを示しており、アリーナの周囲を巡る柵壁の高さ（2.2m!）から、剣闘士闘技や野獣狩りも行われていたことがわかる。

　このような円形闘技場と劇場の混成建造物は、ガリア特有の建造物で、大半が1世紀後半から2世紀後半の間に建設された。パリシ族の首邑であったルテティアを例外として、都市の中心部ではなく郊外に建設されているのは、おそらくよりコストがかからないという経済的な理由からだろう。ともかく、この多目的な混成建造物は、ガリアの建築技師たちの独創性と創造性を示している。

円形闘技場の見世物

　円形闘技場の見世物は、伝統的に二種類あった。前座として会場を盛り上げるための野獣狩りと、剣闘士闘技である。

　野獣狩りの特徴は、動物が登場することである。観衆を楽しませるための動物の組み合わせは無数であり、野獣は互いに戦わせられた。ドイツのネニッヒにある有名なモザイクには、トラがロバを襲う場面が表されている。そして、動物同士の対戦は、人間と野獣との対決へと発展した。ネニッヒのモザイクには、他にも二つの場面が描かれている。一つは、狩人がヒョウに最後の一突きを刺している場面で、もう一つは、鞭を持つ3人の見張り

私の円形闘技場を洗濯場に! ニームの円形闘技場の修復に対する抗議弁論

　19世紀初頭、ニームの円形闘技場（p.79）内や周囲に建てられていた住居や建造物は破壊され、最初の改修工事が始まる。この修復作業は、あらゆる人を満足させることができるものではなかった。フェミニストで社会主義者、『労働者同盟』の著者であるフロラ・トリスタン（1803～1844年）は、1844年にフランス国内を遊説した際、ニームの都市を嫌悪し、奇抜な議論によって円形闘技場を非難した。

　ニームは、非常に印象深く［…］魅力的な都市として有名です。なぜなら、円形闘技場とディアナ神殿という二つのローマ時代の遺構を街の誇りとしているからです。知識人たちが、この興味深い遺構を見物するために、この地を訪れています。［…］そして彼らの多くが、円形闘技場を修復せずに放置するという蛮行に嘆いています! 彼らは、ニーム市が400、500万フランの費用でこの遺構を保存し、新しく作り変えることを望んでいるのです。彼らはまた猛獣を導入し、人間と戦わせることを望んでいるの

でしょう。この場合、猛獣はニームにはいないのですから、連れてこなくてはなりません。そして、カトリック教徒たちを、ローマの異教徒の男女のように仕立て上げれば、見世物は満場となるでしょう。ニームの市議会は、この馬鹿げた不平不満の声に怯え、彼らを鎮めるために奔走しているのです。そして、この円形闘技場を修復したかのように見せるでしょう。毎年、1ダースほどの石や持ち送り*の断片を元の場所に戻すために、1万5,000から2万フランの費用が支出されているのです。このことは、間違いなく、たちの悪い冗談というべきで、2万フランは無駄に使用されているとしか言えません。この費用は、立派な洗濯場の建設のために毎年使われるべきです。市民の衣類をきれいな水で洗うこと、洗濯する女性たちの足元に水はけのよい床を作ること、彼女たちの頭上に雨や太陽から守るための屋根を作ることが必要なのです。

フロラ・トリスタン『フランス一周遊説記、未公開日記』

17～18世紀の旅行家たちの見たニーム、ポワティエ、ボルドーの円形闘技場

　ガール県ユゼスの叔父の家を訪ねたジャン・ラシーヌは、まだ22歳だった。彼は、この地に1年間滞在し、パリの友人たちに40通ほどの手紙を送っている。そのうちの1通、1661年11月24日に書いた書簡に、ニームの円形闘技場についてのことが書かれている。

　ニームには私の心を打つものが他にもあり、特に円形闘技場には感銘を受けています。あなたも聞いたことがあるでしょう。壮大な、楕円形のこの建造物は、驚くべきことに、2mもの長さの砕石のみで、1600年以上も前から、モルタルの固定もなくそれだけで建っているのです。大アーケードに囲まれた屋根のない石の観客席には、かつて人々が座り、野獣狩りや剣闘士の闘技を観戦していたのです。

ジャン・ラシーヌ『ユゼスからの書簡』

　クロード・ペローは、お伽話作家の弟シャルルほど有名ではないが、1673年に出版されたウィトルウィウスの『建築書』のフランス語版の翻訳者である。この出版の4年前、彼はパリからボルドーへ旅行し、その途中に訪れたポワティエの円形闘技場について書き記している。

　ここから、円形闘技場の遺構である「レ・ザレーヌ」と呼ばれるものが見えます。第2層の三つのアーチしか残されていません。このアーケードは、モルタルで固められた小石の塊の上に建ち、闘技場の円形あるいは楕円形の一部を形成していますが、今でも多くの住居がアーケードを壁の一部にするなど支えにして建てられています。[…]この建造物の外壁は、小石と言っても私たちの時代のレンガと同じくらいの大きさのものによって建てられていて、小石と小石の間は、さらに砂利が混ぜられたモルタルで充填されていたようです。こうした小石は落ちてなくなってしまったので、残った七、八つの目地の部分が、全体の構造の見本となっています。

クロード・ペロー『1669年末のパリからボルドーへの旅』

　1783年に出版された『ある芸術愛好家の旅』の著者ラ・ロックについて、私たちはほとんど何も知らない。彼は、古代の建造物に興味をもち、特にボルドーの遺構について記している。

　近くに《ガッリエヌスの宮殿》（パレ・ガリアン）と呼ばれる遺構が見える。この遺構は、実は円形闘技場である。ここに残っているものからは、今日では何も推測できない。円形闘技場の五つのアーケードと楕円形に残る部分は、その凡庸な大きさを示しているに過ぎない。闘技場には四つの廊下が対角線上に配置されており、二つの大きな地下施設には、動物や、互いに引き裂きあいながら戦う宿命を背負った剣闘士たちが閉じ込められていた。

ドゥ・ラ・ロック『ある芸術愛好家の旅』、1783年

▲　サントの円形闘技場

役のうちの1人が地面に倒れ、そこに飛びかかる熊に、他の2人が鞭を打っている場面である。

狩人の多くは、実際に訓練を受けたプロで、組織化された集団に属していた。先の尖った金属製矢尻が付いた専用の武器を槍のように使い、イノシシを突進させたり、他の野獣と戦わせるのである。彼らは他にも、槍、弓矢、短剣や盾などの武具の一式を用いた。

しかし、アリーナでは、流血の出し物ばかりが催されたわけではなかった。観衆は、異国情緒溢れる動物や、ナルボンヌの大理石の線刻画に残っているような、曲芸人を閉じ込めた半樽をクマが転がし回す見世物も楽しんだ。とはいえ、これらは幕間の出し物に過ぎず、観衆が最も熱狂した見世物の一つはやはり、野獣による人間の処刑であった。

この例としては、マルクス・アウレリウス帝の治世、177年のリヨンでの出来事がある。この時、皇帝側は事態を静観するだけで、そうした帝権によって黙認された迫害の一環としておよそ40人のキリスト教徒が処刑された。その様子は、殉教を逃れたリヨンのキリスト教徒たちが、アシアやフリギュアの諸教会に事件直後に送った手紙によって知ることができる。4世紀、カエサリアのエウセビオスは、この資料の大部分を『教会史』(に記している。177年6月、マトゥルス、サンクトゥス、ブランディナとアッタルスという名の4人のキリスト教徒が、リヨンの円形闘技場に連れて行かれた。エウセビオスは、マトゥルスとサンクトゥスは、「この地のしきたりによって鞭打ちの刑にあった」と記し、また「野獣に引きまわされ、あちこちから罵声を浴びせる非人道的な民衆の見世物となった。そして、彼らを鉄製の椅子に座らせて身体を焼いたため、その煙が辺りを包んだ。しかし、民衆はそれでも落ち着かず、猛り狂った。[…]この大きな試練を彼らは生き抜いたものの、この日は一日中、剣闘士闘技に代わる見世物にされ、最後に犠牲となって息絶えた」と続けた。

3人目の受刑者アッタルスは、ローマ市民であったことから、一旦は死刑を免れた。ブランディナにおいては、「木の杭に吊るされ、野獣たちの前にさらされた。[…]しかし、野獣は一頭として彼女に触れようとしなかった。そのため、彼女は杭から降ろされ、再び獄に戻され、別の見世物のためにとっておかれた」。

リヨンでは毎年8月初頭、ガリア諸属州のキウィタス*の会議が、ローヌ川とソーヌ川の合流地点にある「ローマとアウグストゥスの祭壇」の近くで開催されていた。この機会に、民衆を喜ばせるため「ガリア三属州*の円形闘技場」でキリスト教徒を処刑することが決定された。新たな取り調べの後、ローマの市民権をもつキリスト教徒たちは、翌日に断頭された。他のキリスト教徒たちは、アリーナに連れていかれた。ブランディナは、最後の見世物の犠牲者となった。「彼女は、鞭に打たれ、野獣に噛みちぎられ、熱い鉄板上で焼かれた後、網枝編みの籠の中に放り込まれて、雄牛の前に投げ捨てられた。そして、長い間雄牛に突き投げられた。[…]こうして彼女も犠牲となった。そして、異教徒たちもまた、自分たちの中に、かつてこれほど多くの拷問を長い間受けた女性はいなかったことを認めたのである」。

円形闘技場では、午前中に開催された野獣狩りの後は、昼の休憩が入り、午後になると観衆が心待ちにした剣闘士の戦いが開催されるのが慣例であった。

見世物の楽しみ

剣闘士闘技の場面を描いた無数の工芸品は、当時の闘技観戦に対する熱狂的な人気を示している。日用品であるガラスの容器やテッラ・シギラタ(p.122)には特に、剣闘士闘技の花形闘士が表され、その存在を広める役割となっていた。ナイフでさえ、骨製の持ち手部分に剣闘士の対決場面が描かれたものが、スイスのアヴァンシュやニームで出土している。しかし、このような図柄が描かれることが最も多かったものは、安価な日用品であるオイルランプであり、装飾のメダイヨン部分には、闘技場面やアリーナの英雄たちが描かれた。

円形闘技場にまつわるモチーフは、剣闘士闘技の主催者が住む高級住宅の装飾にも用いられた。ラ・クロワジル＝シュル＝ブリアンス(オート＝ヴィエンヌ県)の「リエジョーの別荘」の一室の壁画には、円形闘技場での剣闘士の戦いと、野獣狩りの場面が描かれている。また、非常に良好な保存状態で発見されたドイツのメヘルンの壁画にも、アリーナ内の剣闘士たちが描かれている。舗床モザイク*もこの熱狂的な流行の例外ではなく、主催者の興行への熱意を感じることができる。バート・クロイツナハ(ドイツ)やアウクスト(スイス)のモザイクには、非常に緊迫感のある場面が描かれている。最も保存状態が良く著名な作例は、ネニッヒ(ドイツ)のモザイクだろう。このモザイクには、八角形の小画面六つで構成される中央部分に、網闘士(p.85)とトラキア闘士(p.86)が審判の立会いのもと戦っている場面が描かれている。

ブロンズの小像にもまた、剣闘士たちの躍動的な姿が表されている。最も有名な作品としては、アルル、オータン、リルボンヌ(セーヌ＝マリティム県)、エスバール(コート＝ドール県)そしてヴェッシニー(エーヌ県)で出土したものが挙げられる。

これらの剣闘士闘技は、観衆を満足させるためにどのように開催されたのだろうか。まず、開催日の前日には、主催者による晩餐が開かれ、剣闘士達が集められた。本番は、正装した行政官、剣闘士、審判、そして内容によっては、鎖で繋がれた処刑者による行列行進から始まる。行進の列は、音楽とともに円形闘技場の正門から入ってくる。ここで、興奮した観衆を想像しなくてはならない。歓声や叫び、歩きまわる売り子たちが販売する食べ物の強い匂い、そして、騒々しく強いリズムの音楽が、幕間にも、闘技中にも鳴り響いている。水オルガン、角笛、トランペットやシンバルが、最も血なまぐさい場面に劇的な効果を与えている。闘技の後、まだ力が残っているならば、敗者は人差し指を上げて、救いを乞う。この瞬間、民衆の興奮は絶頂を迎える。「立ち上がって退場せよ!」。闘士が勇敢で真摯に戦ったのであれば、民衆は、このように讃えるだろう。もしそうでなかったら、民衆は、「喉を掻き切れ!」と叫ぶであろう。見世物の種類によっては、勝者には冠が被せられ、賞与が与えられた。

観衆は、闘技への歓喜を叫ぶことで、主催者への賞賛も表現した。見世物の主催者の大半は、地方名士か行政官であった。

▲ フレジュスの円形闘技場（112×82m）は、2006〜2007年に、保存文化財の対象として新たに遺構の建築分析が行われた。この復元図には、階段席の下段中央部に設置された来賓席が明確に示されている。また、2層に重なるアーケード*の上階である屋上階の外壁には、闘技中の客席に、日よけの天幕（ウェルム）を張るための支柱が設置されている。

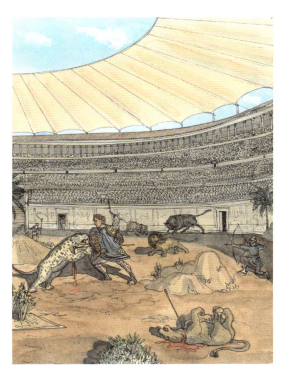

▲ 円形闘技場で行われた野獣狩り

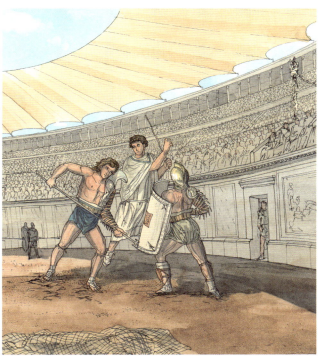

▲ 審判の立会いのもとで対戦する剣闘士

▲ リヨンの聖域にある「ガリア三属州*の円形闘技場」。サントの著名な富豪、ガイウス・ユリウス・ルフスが建設費用を提供し、1世紀初頭に改築された。右手のクロワ・ルースの丘の中腹には、聖域が見える。

ヴュー（カルヴァドス県）の3世紀の碑文には、こうした興行の庇護者についての記録が残されている。そこには、都市の最高行政官にあたる二人委員の1人、ティトゥス・センニウス・ソレムニスが、33万2,000セステルティウス（大金である！）を出資して、リヨンの「ガリア三属州の円形闘技場」のアリーナに、64人の剣闘士を集め、その内16人が闘技中に死亡した、と記されている。また、非常に珍しいことではあったが、皇帝自身が、個人的に闘技を開催することもあった。例えば、カリグラ帝（在位37～41年）は、リヨンに立ち寄る際に、彼自身が率いる剣闘士団の闘士たちを連れて行き、闘技を開催した。

剣闘士の種類

剣闘士の防御と攻撃のための防具や武器は、十数種に分類される剣闘士のタイプによって異なるうえに、こうした分類は、時代によって変化している。例えば、サムニウム闘士（南イタリアの山岳地帯に住んでいたサムニウム人風の武装をした剣闘士）

とガリア闘士は、共和政時代の首都ローマやイタリアの円形闘技場で活躍したが、帝政初期には姿を消していた。以下は、3世紀までの主な剣闘士のタイプである。
- 網闘士（レティアリウス）：軽装の剣闘士で、防具も軽く、身軽さや俊敏さを武器としている。網、三叉槍、手甲が網闘士の伝統的な武器であり、しなやかな防具に身を包む。左腕には外見で最も目立つ手甲を付けている。大きな肩の防具は、首元から取り付けていた。
- 縄闘士（ラクエリウス）：網闘士に類似している。網の代わりに、投げ縄を用いる。

- 魚兜闘士（ミルミッロ）：長い剣を持ち、大きな盾によって防御する。重装の剣闘士で、魚のひれの形の飾冠付き兜をかぶっているため、ギリシア語で魚を意味するムルムロス（murmuros）から、ミルミッロ（mirmillo）と名付けられた。帝政初期以降、ガリア闘士に取って代わり、網闘士と対戦することが多かった。また、闘技前に、網闘士は魚兜闘士に向かって「俺が追いかけるのは、お前じゃなくて魚なんだ。ガリア人よ、どうして俺から逃げるのか？」と歌った。
- 対網闘士（スキッソル）：盾だけでなく、半袖で膝丈の鎖帷子（くさりかたびら）を身に着け、足には膝当てを着けた重装の剣闘士。剣と、一目

で対網闘士だとわかる特徴的な武器を持っている。この武器は、前腕を保護する円筒形の金属板の先端に、網闘士の網を破るための三日月形の刃をつけたもので、木のつるによって上腕に固定されていた。

• トラキア闘士（トラエクス）：重装の剣闘士である。広いつばと、高さのある飾冠付き兜を身に着け、長い膝当てと、小さな正方形か長方形の盾を持つため、完全防備の重厚な印象を与える。シカと呼ばれる婉曲した両刃の剣を持つのが特徴である。練習用の木製シカが、オーバーアーデン（ドイツ）の軍営地跡から出土している。

• 追撃闘士（セクトル）：直刀と長い盾を持ち、左足に膝当てを身に着け、つばのある短い飾冠付きの兜を被っていた。トサカのような飾冠は、頻繁に対戦した網闘士の網を切るために取り付けられている。身軽さを重視した装備をしていた。

• 騎馬闘士（エクイテス）：一風変わったこの闘士たちは騎乗戦を行う。丈の短い上衣を着て、面頬のついた兜を被り、小さな円形の盾を持ち、槍と短剣を手にする。アウクスト（スイス）のモザイクには、2人の騎馬闘士の対戦が描かれているが、終盤は騎乗戦ではなく、馬から降りた地上戦となっている。

• 挑戦闘士（プロウォカトル）：他の剣闘士の直刀より長い剣を持っている。瞬時に移動できるように軽装である。

• 重装闘士（ホプロマクス）：サムニウム闘士（p.84）に代わって登場した重装闘士は、彼らと同様の武器を持つ。重装で、左足には膝当てを着け、面頬のついた兜を被り、大きな盾と直刀を持つ。

他の剣闘士に関しては、あまりよく知られていない。いくつか挙げると、射手闘士（サギッタリウス）は弓矢を武器とし、戦車闘士（エッセダリウス）は馬車に乗っていたようである。目隠し闘士（アンダバタ）は、胸当てのみを装着し、防御するための武器も持たず、視界を塞がれた状態で戦わされた。クルッペッラリウスと呼ばれる闘士たちは、タキトゥスが『年代記』で記述するガリア闘

▶ 大部分が再建されたパリ〈ルテティア〉の円形闘技場、「レ・ザレーヌ」（132×130m）は、「劇場を兼ねた円形闘技場」に分類される。この混成建造物では、演劇が舞台上で上演されると同時に、アリーナでは剣闘士闘技と野獣狩りといった見世物も開催された。そのため、アリーナには舞台の壇上を守るための高い壁が設けられている。

士である。21年に起きたハエドゥイ族サクロウィルの反乱について、タキトゥスは、4万人にのぼる軍隊に、「部族の風習によって鉄の鎧で装備した、剣闘士として養成された奴隷たちが加わった」（タキトゥス『年代記』III, 43）と記している。彼らは、最前線に置かれ、敵軍に打ち負かされて殺された。ガリアには他にどのような剣闘士がいたのか、これ以上はわかっていない。

いくつかのラテン語文献と、小アジアのハリカルナッソス（現ボドルム）で出土した浮彫は、アリーナでの女剣闘士の活躍を示している。しかし、セプティミウス・セウェルス帝によって、女性の闘技は禁止された。ローマ期ガリアの人々は、円形闘技場での女剣闘士の登場に拍手喝采したのだろうか？ 私たちの知る限り、それを裏付ける資料は今のところない。

すべての剣闘士には、渾名、いわゆる芸名があった。その多くは、彼らの強さや、身体的な長所を引き立てる名前をつけた。例えば、ウルシウス（熊のように強い）、フルグル（稲妻）、フェロクス（剛勇）、カッリドロムス（駿足）、カッリモルフス（恰幅の良い）などが挙げられる。他には、神話の登場人物に因んだ名前として、パトロクロスやアイアス、またフェリクス（幸福）とウィクトル（勝利）なども好まれた。彼らは、その渾名を帯びることで幸運を掴み運命を思い通りにしようとしたのであろう。

剣闘士たちは多くの場合、若くして亡くなった。例えば、ニームに埋葬された3名の闘士、魚兜闘士のコルンブス、トラキア闘士のクウィントゥス・ウェッティウス・グラキリスや、網闘士のルキウス・ポンペイウスは、皆25歳で亡くなっている。剣闘士の墓の多くは、

剣闘士闘技に熱狂する者の誕生

聖アウグスティヌス（354～430年）は、寡黙な弟子であったアリピウスが、円形闘技場の見世物に熱中していく様子を語っている。

彼（アリピウス）は、両親から言い聞かされてきた出世の道を捨てるとはまさか思わず、法律を学ぶために、私よりも先にローマに来ました。そこで剣闘士の見世物に対して思いもよらず熱狂し、取り憑かれてしまったのです。元々彼は、この見世物を恐れ、嫌悪していました。しかし、食事から戻ってきた友人や同輩たちが、たまたま道端で彼に会い、嫌がる彼を無理矢理に円形闘技場へと連れて行きました。その日、そこでは非常に残忍な見世物が行われていました。［…］

彼らが円形闘技場に到着し、やっとのことで空いている座席を見つけると、会場は最も野蛮で残酷な歓声に包まれていました。アリピウスは、目を閉じ、この卑劣な行為に心が動かされないように魂に命じました。加えて、耳も閉じるべきだったのです！ 闘技中に起こった出来事で、観衆の叫び声がより激しくなったのを彼は感じ、好奇心に負け、どんなものが目に映っても誘惑に負けることはないと信じたまま、目を開きました。そして彼は、見たいと思っていた剣闘士が体に受けた傷よりも深い傷を心に受けて、倒れた時に観衆の叫び声が湧き上がった剣闘士よりも悲惨な状態で、地面に倒れました。［…］

彼は、目を背ける代わりに、この見世物を凝視しました。そして、気づかぬうちに残忍さを飲みほしていました。この犯罪的な見世物に歓喜し、血なまぐさい快楽に溺れました。彼は、もはや闘技場に着いた時の彼ではなく、熱狂する観衆の一員となり、彼を闘技場に連れてきた友人たちの真の仲間となってしまいました。これ以上何を言えましょうか。彼は、観戦し、叫び、熱狂し、狂気を携えて帰宅しました。彼を誘った友人たちと共に帰ったばかりではなく、彼らの先頭に立ち、他の人たちを誘い、闘技場に連れ込むようにまでなってしまったのです。

アウグスティヌス『告白』VI, VIII

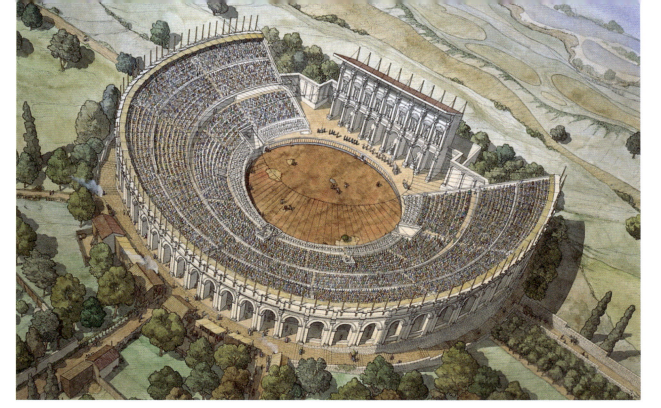

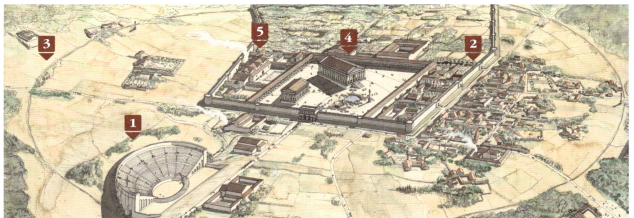

GRAND　グラン：2世紀の都市

▶▶ 最新の復元図ではなく、現時点の調査段階での主要情報のみを取り入れた復元図である。20世紀初頭、カミーユ・ジュリアンによって提唱された仮説によって、グラン（ヴォージュ県）は、著名なアポロン・グランヌスに捧げた聖域崇拝信仰の土地であったと考えられた。しかし今日では、この仮説自体が疑問視されている。グランの古代遺跡は、明確に定義するのが難しい。泉水の聖域だったのか、アポロンの重要な聖域だったのか、あるいは単なる村落だったのだろうか？ また、グランの名声はレウキ族の領域をはるかに越え広く知れ渡っていたため、その名声に惹かれたカラカラ帝とコンスタンティヌス帝がこの地を訪れたと長年考えられてきた。今日、カラカラ帝訪問の仮説は却下されたが、コンスタンティヌス帝の訪問は信憑性が高いとされている。いずれにせよ、円形闘技場、素晴らしいモザイク、豊富な碑文資料、カルスト地形による湧き水、驚嘆すべき地下水道網がそろうグランの神秘的な遺跡は、現在新たな科学的研究の対象となっている。新たな考古情報を踏まえた復元図が作成できるよう、研究の進展を願うばかりである。

現在も目にすることができる建造物:
1. 円形闘技場　2. 中心部　3. 市壁跡　4. 232㎡に及ぶ舗床モザイク*のあるバシリカ*式建造物
現在は目にすることができない建造物:
5. 公共浴場　その他、仮定の域を超えない建造物に関しては、ここには記さない。

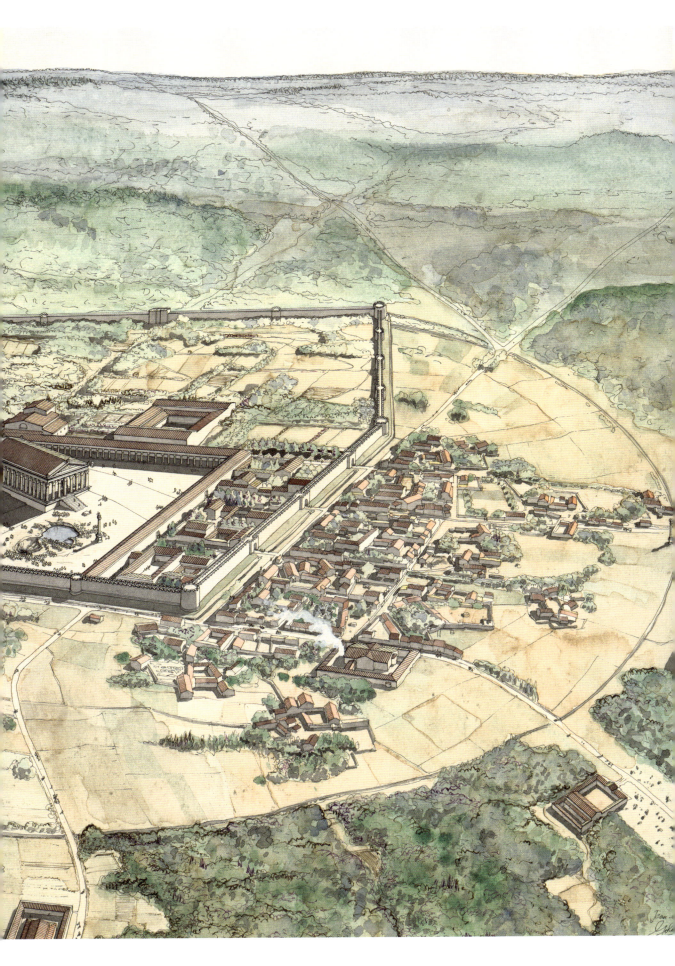

▲ トゥールとオータンとともに、ポワティエ〈レモヌム〉の円形闘技場（156×130m）は、ガリアで最も大きな闘技場である。

女性たちによって建てられた。ニームでは、10基残る剣闘士の墓のうちの7基が、妻、あるいは愛人によって建てられたものだ。これは、アリーナ上の英雄がいかに女性から人気を博していたかを示す重要な証拠である。また、同じくニームでは、ルキウス・セスティウス・ラティヌスという教練士が、先ほど述べたトラキア闘士クウィントゥス・ウェッティウス・グラキリスのために葬礼建造物を建立している。属州ナルボネンシスのディの近郊で見られたように、各剣闘士の葬儀を管理する組合まで存在することもあった。

剣闘士たちは、時に栄光の中で死んでいった。アラブの戦車闘士のファウストゥスは、37の勝冠を得て死んだ真の花形闘士であった。しかし、こうした花形の1人、オランジュの魚兜闘士の

プリムス・アシアティクスは、自由身分を獲得して美しい死を迎えるまでに、53回もの勝利が必要であった。栄光を渇望する向こう見ずな若者は、剣闘士という職業を羨望した。たしかに、闘士たちの多くは奴隷であったが、しかし自由市民もまた、剣闘士養成所で訓練を受けることができた。こうした養成所は、ニーム、アルル、リヨン、ナルボンヌ、オータンにも存在していた。訓練を受けた新参の闘士たちは、編成された剣闘士集団へ組み込まれた。剣闘士売人や剣闘士養成人（人身売買人である）は、見世物の開催に重要な役割を果たしていた。アルルで出土した2世紀の石碑には、興行主であるマルクス・ユリウス・オリンプスが記されている。また、ガリアにおける剣闘士闘技の中心地ニームでは、同じくセレヌスという興行主を記した石碑が出土している。

戦車競技場

戦車競技場とは

大プリニウスは、都市ローマで名を馳せた御者フェリクスの葬儀で、彼のサポーターの1人が悲嘆のあまり火葬中の薪の中に身投げしたことを記している。この常軌を逸した行為からは、戦車競技場（キルクス）で開催される戦車競争への人々の熱狂が窺える。ローマ期ガリアの人々も、贔屓の御者に対して同様の感情を抱いていたのであろうか。こうした過激な行為は、ガリアでは知られていないが、戦車競技場の場面が多くの日用品に描かれていることからも、やはり同じように熱狂的な人気だったのだろう。

戦車競技場は、現在で言えば競馬場（ヒッポドローム）のような場所であり、競馬や戦車競争が開催されていた。建築プラン*は、横辺の長い長方形で、その両端の片方は半円形に湾曲している。トラックを二分する中央の分離帯は、スピナ（棘を意味する）と呼ばれ、彫像、浮彫、祭壇、オベリスクや水槽が置かれた。両端にはメタと呼ばれる大きく丸みのある石標が建てられており、走路のカーブ地点に建てられたメタは、競技者が方向転換をするコーナーの役割を持っていた。直線走路の端には、出走馬を並ばせるゲートであるカルケレスが設置された。このゲートの上階には、通常事務棟と、特に行政官用の貴賓席が設けられていた。階段席は、トラックの形に沿って、周囲を囲むように設置されている。戦車競技場がれっきとした見世物施設と呼べるような存在になれたのは、堅牢に造られたこの階段席のおかげである。競技場では競技が滞りなく進行し、なおかつ観衆が快適に観戦できることが重要だった。

あまり伝播しなかった建造物

ローマ期ガリアでは、戦車競技場が建造されている都市はいくつかあったが、劇場や円形闘技場と比べると、あまり伝播しなかった。ニームやトリーアには、戦車競技場の遺構自体は残されてはいない。しかし、ニーム市内のフランス門近くにあるアウグストゥス帝時代の市壁沿いの通りが、現在「ローマ時代の戦車競技場通り」と呼ばれていることからは、その存在を想起せずにはいられない。サントにも、戦車競技場が存在したことは、1944年のラ・コンブ台地の発掘調査で確認されている。リヨンの戦車競技場に関しては、数点の石碑が、競技内容や建設費、そして500席の階段席の改修費等を示しているものの、どの場所に建造されたかはいまだ不明である。ただ、おそらくはトリオン渓谷の平地に建てられていたと考えられる。ヴィエンヌでは、ローヌ川と丘の間に戦車競技場が位置し、1903年から1907年まで実施された簡略の発掘調査によって、長辺が457m、短辺が118mであったことが確認されている。長さ262mのスピナのうち、かつて中央にそびえていたピラミッドのみが現存していて、地元の人々に「尖った岩」という名称で親しまれている。高さ23mのこのピラミッドは、おそらく未完成の状態で、より精巧な造りのオベリスクの代わりとして、後に建てられたようである。

アルルの戦車競技場

ローマ期ガリアの戦車競技場に関する資料は非常に乏しいが、アルルでの近年の発掘調査（1974年以降）では、より詳細な情報がもたらされている。まず、アルルの戦車競技場の大きさは長辺約450m、短辺101ｍあり、10段の階段席は2,000人ほどの観衆を収容することができた。そして、考古学者たちは、トラックを囲む客席は、矩形に仕切られた構造物を基礎として支えられていたことを発見した。またそれによって、戦車競技場の南端部分が、馬蹄形の曲線部分のような形をしたスフェンドネという形状だったことが判明したのである。湿地帯に、堅牢な石積み建築を建てるためには、ナラとマツの基礎杭が2万5,000から3万本

戦車競技場は、女性を誘惑するのに理想的な場所…

大勢の人々を収容する戦車競技場は、さまざまな機会を与えてくれる。[…]好みの女性のすぐ横に座ってみたまえ、誰も邪魔する者はいない。そして、彼女の身体にできるだけ、自分の身体を寄り添わせるのだ。都合の良いことに、競技場の席はみんなが窮屈に座らなくてはならないし、女性も触られることに文句を言える場所ではないのだから。そこで、君は次に、彼女に近づくきっかけとなる話題を見つけなくてはならない。最初の会話は、ありふれた世間話でよい。いま競技場（トラック）に入る馬は誰の馬なのか熱心に聞いてみたまえ。そしてすかさず彼女の贔屓の馬を、それがどの馬であろうと、自分の贔屓にしたまえ。[…]

そして、時々あることだが、もし埃が彼女の胸に落ちたなら、指で取り払ってあげなさい。もし、埃が落ちなくとも、やはり取り払いたまえ。どんな口実でもいいから、君が、彼女の面倒をみるために都合の良い口実を見つけるのだ。外套が長すぎて、裾が地面についていないか？もし長かったら、注意深く裾を、汚い地面から持ち上げてあげることだ。そうすれば、彼女への気遣いは報われ、彼女を怒らせることなく、彼女の見事な素足を見ることができよう。それから、後ろに座っている人たちを見て、彼らの膝が彼女のやわらかな背中を強く押し付けないように気をつけたまえ。こうしたちょっとした心遣いが、浮気な心を動かすのだ。多くの人の経験上、気を利かせて座布団を直してあげることも効果がある。また、扇子であおいであげたり、華奢な足元に足置き台を置いてやるのも効果的だ。このように、新しい恋のはじまりは、戦車競技場でも、見つけることができよう。会話をして、手に触れ、競技プログラムを聞き、誰が勝つか賭け事をしたりしているうちに、深手の傷に苦しんでいた君は、アモルの矢を受け、競技を見物していたのに、自らが競技者となってしまうのだ。

オウィディウス『恋愛指南』I

▲ 戦車競争の危険な瞬間。スピナの端のカーブ地点で、2台の戦車が衝突事故を起こしたのか、戦車が大破している。

必要であったと考えられる。発見された木杭の年輪年代学的分析は、戦車競技場が2世紀半ばに建てられたことを示しているが、再整備工事は、4世紀においても行われていた。そして、スピナの中央には、トルコの石材から造られた美しいオベリスクが建っていた。戦車競技場の遺構から発見されたこのオベリスクは、「ルイ14世の最も偉大な栄光のために」、1676年に市内のサン・トロフィーム教会の前に運ばれ、今もなお教会前の広場に建っている。

白熱する競技

　戦車競技場での馬の競技とは、どのようなものだったのだろうか。人々は、騎手が競技中に馬の背上で、さまざまな曲芸を見せると大きな歓声をあげた。騎手は、2頭の馬を同時に制御しながら、馬から馬へと乗り移り、時に手綱を取りながら背上に立つこともあった。しかし、最も熱狂的に迎え入れられたのは戦車競争であり、詩人マルティアリスが伝えるように「すさまじい叫び声」が戦車競技場に響いた。観客は2頭立て、あるいは3頭立ての戦車競争にも興奮したが、やはり最も熱中したのは4頭立ての戦車競争であった。

　出走ゲート（カルケレス）には、発馬機が整備されていた。観衆は、息を殺す。ラッパが戦車競技場に鳴り響き、レースの審判役が席に立ち、トラックへ向けて白布を投げた。待ちに待ったレースの開始である！出走ゲートの木柵が開くやいなや、戦車は疾走した。普通は、一度のレースで、4台あるいは8台の戦車が出走したが、ときには12台が同時に競うこともあった。土埃の中で、最初の左カーブに入る。メタが危険なまでに迫りくる。このきついカーブをいかに内側ぎりぎりを攻めて旋回できるかどうかに、御者の技量が問われる。あまりにも小さく廻り過ぎると、木の車輪と車軸はメタの上で打ち砕かれ、戦車は大破してしまうし、走路から大きく外れれば、競争相手たちに内側のコースを取られて追い抜かれ、大差で負けてしまう。そして、何千人もの熱狂的ファンを失望させてしまうのだ…。

　レース中、イルカの像や、セプテム・オウァと呼ばれる木製の大きな卵型の物体が、最初に取り付けた位置から動くことで、観衆は周回数を簡単に把握できるようになっていた。そして、7周

▶▶ アルルの戦車競技場の復元図。長辺は450mあり、郊外のローヌ川右岸に沿って建てられた。

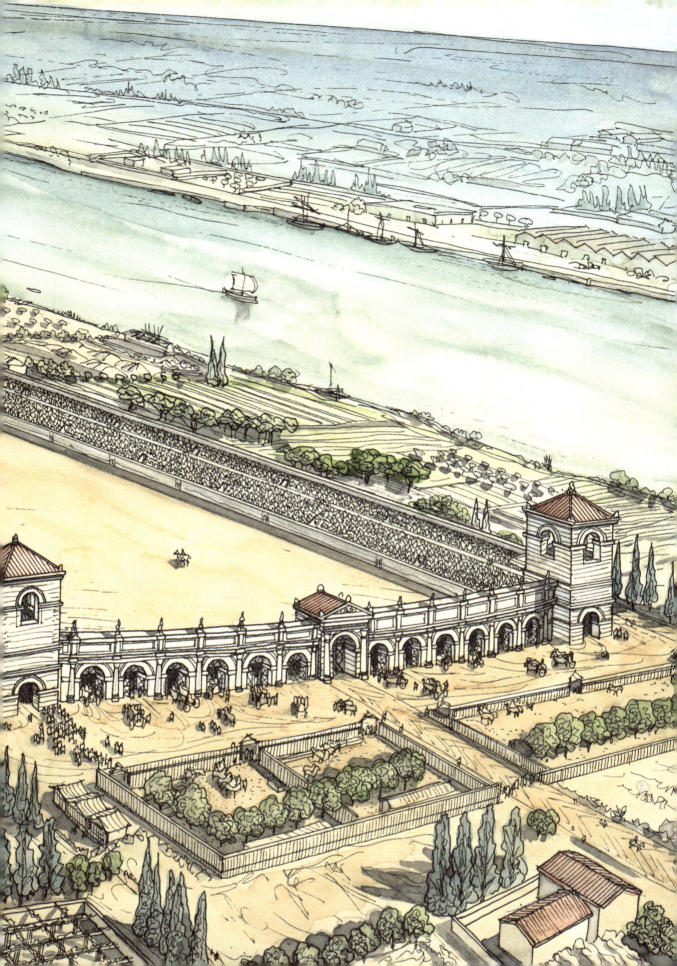

目でレースは終了し、再度ラッパの音が鳴らされる。観衆が、各々のお気に入りのスター御者へ歓声を上げる中、勝利を掴んだ戦車がトラックに引かれた白線ゴールに到達する。優勝した御者には棕櫚(しゅろ)の枝が与えられ、祝福のラッパ音が響き渡る。

モザイク画は、戦車競技場での競技を理解するための貴重な資料である。競技の詳細を伝える作例の中で、最も重要なものは、スペイン半島のヘローナ、バルセロナ、メリダにある。ガリアにおいては、リヨン、トリーア、セネシー＝ル＝グラン(ソーヌ＝エ＝ロワール県)が興味深い作例を残している。

1806年に、リヨンのエネ地区で発見された大舗床(ほしょう)モザイク*(5.04×3.09m)は、8台による戦車競争の様子を生き生きと描いている。左手には出走ゲートがあり、階上席にはレースの主宰者である3人の有力者が座っている。中央分離帯であるスピナの両端には、ボウリングのピンの形をした3本の標柱を乗せたメタ(カルケレス)が配されている。オベリスクや人工池、そして周回数の表示装置は、スピナに配されている。2台の戦車は追突したばかりで、レースの行方は、残された緑、赤、青、白色の4チームで争われている。ホルタトルと呼ばれる騎馬従者は、戦車を先導し、馬を発奮させるのに対して、スパルソルは、トラックの隅に立ち、地面や戦車に水をかけようとしている。スピナの中央、ゴールラインの近くには、2人の人物が、勝利の御者に与えるための冠と棕櫚の葉を持って、ゴールの瞬間を待っている。

1962年にトリーアの皇帝浴場で発見された3世紀半ばのモザイク画には、こうした勝者の1人であるポリュドゥスという名の御者が描かれている。モザイクの中央には、六角形の枠組みの中に、左手に手綱と棕櫚の葉、右手に鞭と冠を持ち、戦車に乗ったポリュドゥスの姿が正面から描かれている。場面は人々の歓

▲ 戦車競技場でのレースを盛り上げる2人の演奏者。1人は水オルガンを弾き、もう1人は長菅のトランペットを吹いている。彼らはまた、剣闘士闘技の際の演奏者でもあった。

ヴィエンヌの戦車競技場のピラミッド：ウェネリウスの慰霊碑。伝説的な都市建設者か？

ドーフィネの街道からヴィエンヌの町を出る途中、市壁付近の最後の家々を越えたところに、「尖った岩」あるいは「ピラミッド」と呼ばれている奇妙な建造物がある。頂点の部分が欠けた四面体のピラミッドは、矩形の基台に載せられており、その基台は、左右にピラスター*のある四面のアーケード*である。ピラスターの柱頭は、非常に簡素で、円錐を逆さまに置いただけのものだ。8本あるピラスターのうちの1本には、装飾が全く施されていないことからも、この建造物は未完だと言えよう。なぜなら、ローマ人は建築の装飾を現場で彫っていたためだ。ピラミッドの下の台、基台の天井とも言えようか、この部分は、五つの巨大な平石によって構成されており、基台全体も、整合性のある美しい石組みによって建造されている。そして、どこにもセメントの跡が見られない。しかし、積み石は、金属製のかすがいでつなぎ合わされていたように思われる。なぜなら、そのかすがいを取り出すためにかつて穿たれた深い穴がいくつもあるからである。多くのローマ建築が、同様の意図からこのように傷つけられたものだ。もっとも、このかすがいがさして役立ったとは思えない。というのも、それが取り去られても構造の強度が損なわれることはなかったからである。

この特異な建造物について碑文を探したが、虚しくも収穫はなかった。[…]穴の中にも、文字を確認しようとしたが、何も見つからなかった。ヴィエンヌの都市建設者ウェネリウスの墓、または慰霊碑と言い伝えられているが、それはフランク族の初代の王がフランクスであるという言い伝えと同じくらい信憑性に欠ける。それでも、このピラミッドが、慰霊碑以外の他の目的で建てられたとは考えにくい。また、未完であることの推論としては、ある人物の崇高な名誉を顕彰するため記念碑を建立していた際に、おそらくは、ローマ時代に頻繁に生じた反乱の一つによって建立が中断され、その後忘れ去られてしまったことが原因と結論づけられる。

記念碑を捧げられた人物に関しては、アレクサンデル・セウェルスを筆頭として、20名ほどの可能性のある名を挙げることができるが、何の確証もない。

数年前、ピラミッドが発見された畑の主人が破壊しようとしたために、その一部は崩壊している。ヴィエンヌの官吏たちが破壊行為を止めさせ、今日では、この土地は市の管轄になった。この場所は、冬になると必ず水たまりができる。ピラミッドの基礎の部分が崩壊しないように、水の流れを管理してやる必要がある。排水溝さえ作れば十分であろう。

プロスペル・メリメ『南仏紀行ノート』1835年

◀ アルルの戦車競技場の入口

▶▶ 戦車競争の出走場面。出走ゲートが開き、12台の戦車が走路を疾走する。中央門の上には、中央部に特別席が設けられ、レースを仕切る行政官たちが座っていた。

声の中でのウィニング・ランである。ローマ期ガリアのモザイクには、他の御者の名前も記録されている。例としては、セネシール＝グランのモザイクに記されたプリスキアヌス、コンムニス、ベックラリオとペクリアリス、また、トリーアのモザイクに記されたスペルステス、エウプレペス、フォルトゥナトゥス、フィリオルスの名前が挙げられる。トリーアには、ノイマーゲン＝ドローンで発見された3世紀の浮彫も残されている。これには手綱を持った若者が騎乗している場面が描かれており、短衣*を紐で締めた服装から、彼が戦車御者であることがわかる。彼は、鞭を手にしているが、まだ兜を着けておらず、剣帯も着けていない。御者が小刀を携帯するのは、戦車が大破した際に、馬に引き摺られないよう手綱を切るためである。そして、御者だけでなく、馬たちについても記録が残っている。浮彫の左側に描かれている馬は、先頭を切って走り、メタにできる限り接近して、急なカーブを曲がりきるために最も重要な役目を果たしたため、観衆からもその馬名が知られていた。トリーアのモザイクでは、ポリュドゥスはその重要な役割を果たしたコンプレッソルという馬と共に描かれている。また、トリーアで出土した他のモザイクでは、名馬ウィクトル（御者不明）も記録されている。

戦車競技場と戦車競争の話の締め括りとして、この哀れな墓碑を読もう。スペインのタラゴーナで、22歳で命を落としたエウテュケスという奴隷のものである。「この墓には、戦車競争の御者見習いの骨が納められている。無名であったが、手綱さばきは素晴らしかった。（エウテュケス）、4頭立て戦車を牽引することができたにもかかわらず、2頭立て戦車しか操らせてもらえなかった！野蛮な運命が私を追い詰め、その運命には抵抗できなかった。私は、生前に戦車競技場での栄光も、私の勝利に感動した観衆の涙を見ることもできなかった。私の腹にはびこった強烈な悪を、医者は治せなかった。ここに訪れる者よ、私の上に花を撒き散らしてくれるか？君は、私が生きている時に、私のことを話題にしてくれたか？」。エウテュケスは、花形である4頭立ての戦車競争の御者になることに憧れ、ミッリアリウスと呼ばれる、1,000回以上の優勝経験をもつ賞金王たちの仲間入りすることを夢見ていたのだろう。こうした勝者の中でも有名なディオクレスは、2頭立て戦車競争で3,000回、4頭立て戦車競争で1,462回勝利したのだった！ ■

戦車競争とサポーターたちの熱狂

インテリたちは戦車競技場での競技熱を非難し、彼らとその熱狂を共有するなと言うものの…。

ここ当分の間、すべての時間を執筆と読書にあて、心地良い静けさの中に過しました。どうしてそのようなことが都で可能だったのかと、あなたは尋ねますね。大競技場で、戦車競争が催されていたのです。この種の見世物に、私はいささかの興味も感じません。その中に新しいもの、以前と変ったものは何もないし、一度見ただけでは不十分だといったようなものも、全くありません。それだけにいっそう、私は不思議に思うのです。どうして何千何万もの大人が、疾走する馬や、戦車を駆る駆者を、あのように子供のように何度も繰り返して見たがるのであろうかと。もっとも、彼らが馬の足の速さや駆者の技に魅せられているのなら、全く理由のないことではありません。ですが、事実は、駆者の衣服を贔屓し、衣服の色に熱を上げているだけです。そしてもし、走路で競争が行われている最中、先頭の色が後へ、後続の色が先頭へ変ると、見物客は熱中と贔屓を取り替えます。遠くから見て名前を叫んでいたその駆者も、その馬も、突然見捨てるのです。

これほどの人気、これほどの威力を、たった一枚の安っぽい短衣が、その短衣よりも安っぽい大衆の間で、とは申しません、真面目な人たちの間にもっているのです。このような人が、空しく陳腐で、単調極りない見世物を見て、飽きもせず、懐手で坐り続けている姿を思い浮かべるとき、この喜びの虜となっていないことに、私はある満足感を覚えるのです。

ともかく、他の人が暇潰しに最適の仕事で失っているここ数日間、私は自分の暇を文学に捧げて、大いに楽しんでいます。

小プリニウス『書簡』IX, 4（國原吉之助訳、文献11）

劇場と見世物

劇場の構造

ガリアには150ほどの劇場があり、そのうち15以上が、1970〜80年代に実施された航空考古学によって確認されている。例えば、ビトゥリゲス族の地域では、1980年にクリオン＝シュル＝アンドル（アンドル県）、その2年後にトミエ（シャール県）で、それぞれ劇場が発見された。

大半の劇場は見学が可能で、今でも時折演劇や催し物が行われている。ナントレ（ヴィエンヌ県）とエピエ＝リュ（ヴァル＝ドワーズ県）の劇場のように、部分的に整備されたものもあれば、ロクマリアケ（モルビアン県）、シャンパルマン（ニエーヴル県）、モーヴ＝シュル＝ロワール（ロワール＝アトランティック県）のように、網羅的な発掘が行われた後に再び埋め戻された劇場もある。最も大きな劇場は、オータンのもので、その直径（幅）は148mある。最も小規模なものは、直径（幅）30mのサン＝グッソー（クルーズ県）の劇場である。

古典的なローマの劇場が手本としたギリシア劇場は、三つの区域で構成されている。まず、観客を収容する階段席コイロン（ラテン語ではカウェア）は、自然の傾斜地を利用して建てられている。観客席の平面プラン*は、180度を少し超えた扇形である。二つ目の区域は合唱隊（コロス）の場所であるオルケストラで、観客席の下にある円形の平地を指す。そして最後の区域は、スケネと呼ばれる、役者たちが演じる小さな舞台である。役者は合唱隊よりも人数が少なく、初期のギリシア劇場において、演劇の中心となる場所はオルケストラだった。舞台は基本的には観客席から独立した建造物で、オルケストラと同じ幅になるよう精確に設計された。

ローマ時代の建築家たちは、ギリシア劇場の基本的要素を踏襲したとはいえ、ときに大きな改変をおこなった。例えば、円形だったオルケストラは半円形に縮小されて、貴賓席として、その都市の重要人物が座るための折畳み椅子が置かれるようになった。他の観衆は、半円形の階段席から観劇した。そのため、演劇の中心はオルケストラから舞台へと完全に移行した。そして、

舞台は観客席と連結して、独立した建物ではなく、劇場全体の構造の一部となった。以来、舞台には幕が使用されるようになるが、今日の一般的な幕とは異なり、上演開始時に幕は舞台下へと降ろされ、終了時にはまた舞台下から立ち上げられた。ギリシア劇場は、観客席から周囲の景観が見渡せる開放的な構造だったのに対して、ローマ劇場は、舞台の後ろの壁が観客席の最上段と同じ高さで、閉じた空間を作り出していた。そのため、観客の視線は、舞台壁の建築装飾に集中することになる。高さ37mの壁面全体が現存するオランジュの劇場に見られるように、舞台壁には豪華な装飾が施されていた。幅が61.2mで、使用可能な奥行きは約9mのオランジュの劇場の舞台には、木の床板が敷かれていた。舞台の袖には左右それぞれに、天井の高い長方形の部屋が一階と二階に一つずつ設けられていた。この舞台壁の装飾は、数十年前に修復されたにもかかわらず、今日では非常に質素に見える。しかし、この舞台壁には、宮殿と同様の装飾が施され、その前で演劇が催されていたのである。舞台壁は、三段の円柱、大理石の装飾板、ストゥッコ*装飾や彫像が配された、きわめて豪華なファサード*だった。劇場という閉じられた空間では、こうした装飾が皇帝の徳を示す図像的なプログラムとなって、皇帝の重要性を示したのである。

オランジュの劇場

舞台壁には三種の扉があり、中央の主扉からは悲劇の暴君が登場し、両側の扉では、客人や異邦人役、また準主役以降の役が行き来した。その他の端役は、舞台袖にある長方形の部屋の扉から登場した。舞台の上部には庇が設置されて、直射日光を避けるブラインドの役目を果たしていたことが、庇を固定するために梁に開けられた19個の柱穴から証明されている。

オランジュの劇場についてもう少し話そう。なぜなら、アスペンドス（トルコ）とボスラ（シリア）の劇場と並んで、現存するローマ

▶ オランジュの劇場。ローマ時代の遺構で、最も保存状態の良いものの一つである。

オランジュの劇場でのスタンダール

観光案内人が私を「グラン・シール」と呼ばれる競技場に連れて行ってくれた。山の斜面に建てられたこの建造物は、競技場というよりも劇場である。半円形の部分には観客席があり、山の傾斜を活用して設置されている。まだ、巨大な円柱の断片が残されており、三列に段々状に並んでいる。舞台の背景を構成する壁は、劇場の半円部分を区切り、ほぼ完全に残されていて、素晴らしい効果を生んでおり、一目見れば、すぐにローマ人の工法だとわかる。高さは108ピエ*1、幅は300ピエである。

こんなにも大きく、簡素で、堅牢で、見事に保存されている壁体を見逃すわけはない。この壁の装飾として、二段のアーケード*と、屋上階がある。中央には、大きな戸口があり、おそらくはここから俳優が出入りしたのであろう。

ガール橋と同様に、ローマ人たちは、単純明快な建造物によって、深い敬意と強い称賛の念を我々に抱かせる。これはローマ建築の大きな特徴である。単純さこそ偉大な性格の徴である。壁の厚さは12ピエで、中には長さ15ピエの巨石によって積み上げられ、セメントなしで建てられている。

外側のファサード上部には、二段の突き出た石の列が見える。一段目の石には、垂直の穴が開けられたものがある。コーニス*が造られる以前に、おそらくここに支柱を立てて布を張り、強い日差しから観客を守ったのだと考えられる。

スタンダール『ある旅行者の手記』1838年

*1 フランスで用いられていた単位。1ピエ＝約32.48cm。

劇場、卑猥な空間

　キリスト教著作家のテルトゥリアヌス（150〜222年）にとって、異教徒たちの見世物は不浄な存在でしかなく、劇場は猥褻な空間であった。彼は、そのような見世物は偶像崇拝から生まれたもので、キリスト教の教えに背いていると非難した。

　キリスト教徒は、あらゆる背徳的な物事を避けて、秩序ある生活を全うしなければならない。いかなる称賛にも値しない、猥褻さがはびこる劇場へ赴くことも拒絶すべきである。人々がほぼ常に劇場で楽しんでいるのは、喜劇役者が笑いをとる下品な仕草や、慎みを失った女の役を演じるパントマイム役者が表す、役者自身ですら自宅にいるときであれば顔を赤らめるほどの卑猥な行為である。そして、役者たちは上手く演じられるようになるために、子供の頃からこうした卑猥な芝居を自ら見ているのである。売春婦たちもまた、淫欲に負けた犠牲者である。彼女たちは劇場での見世物となり、劇場に訪れた、もともとは彼女たちの存在を全く知らない同性の女たちの前で、そして、あらゆる年齢や階級の人々の前で、哀れにも晒し者にされるのだ。彼女たちは、聞く必要がない人々にも聞こえるような大声で娼窟や値段、売り文句を叫ばれ、光に照らされることのないよう留めておくべき秘密ですら、暴かれてしまうのである。元老院とすべての階級の人々は、このようなことを恥じるべきだ。そして、慎みを失った売春婦たちも、少なくとも一年に一度は、光の下で、そして公衆の面前での自らの行いを恥じるべきである。

テルトゥリアヌス『見世物について』XVII, 1-4

時代の劇場の中でも最良の状態で保存されているからである。この劇場では、同心円状に延びる通路によって三つの層（マエニアヌム）に分けられた観客席に、9,000人の観客を収容することができた。オルケストラの周囲には、三段の低い観客席があり、そこには都市参事会議員のための持ち運び可能な座席が設置された。そして、観客席の最初の三段は、騎士階級の専用席となっていたことが、この点を三度も繰り返し注記する碑文によって確認できる。その上の段には、ローマ市民、組合の代表者や商人たちが座った。ここまでが観客席の1層目で、2層目ではロー

マ市民が、3層目では、貧者、奴隷や下層階級の女性たちといった下層民が見物した。

　オランジュの劇場は、外側のファサード*、つまり舞台奥の壁（「スカエナエ・フロンス」）の裏側によって、壮大な外観となっている。この壁は、ルイ14世も「私の王国で最も美しい壁」と讃えた。壁の下部、1階に当たる部分は、三つの扉口と一連のアーケード*が設けられており、ファサード自体が柱廊によって支えられているような印象をもたらしている。2階に当たる部分は、擬似アーケードとコーニス*が巡らされ、43個の突出した石のブロックには、巨大な布を広げるためのロープを取り付ける竿を差した。この布は、観客を太陽の日差しから守るための天幕（ウェルム）で、観客席と舞台の上を覆っていた。

価値ある投資

　19世紀に発掘され、その後すべてが埋め立てられたニームの劇場の天幕とその取り付け装置（幕の支柱、ロープ、金具など）は、2世紀後半に、裕福なクイントゥス・アウィリウス・センニウス・コミニアヌスによって設置された。このエヴェルジェティスム*を賞賛するため、ニームの都市参事会は彼の肖像彫刻を作り、台座には顕彰碑文を記した。他の都市の有力者の中には、彼以上に市民から評判を得ている人物もいる。古代ではウィクス*・エブロマグスと呼ばれた都市ブラム（オード県）では、3人のウィクスの行政官、クイントゥス・マリウス・クアルトゥス、ルキウス・プルティウス・ウィアトル、そしてルキウス・デクミウス・ケラドゥスが、自分たちの資金のみで劇場を建て、それを皇帝とアポロン神へ捧げた。フール（ロワール県）では、クラウディウス帝（帝位41〜54年）の治世に、アウグストゥスの神官ティベリウス・クラウディウス・カピトが木造の劇場を、石造で再建した。

　次の事例も、エヴェルジェティスムとして、公的で意義深い例である。ウー（セーヌ＝マリティム県）の劇場では、2世紀末あるいは3世紀前半の奉献碑文が舞台の近くで発見された。そこには以下のように記されている。「ローマとアウグストゥスの神官ルキ

ガリアにおける大規模な劇場

都市名（県名もしくは国名）：直径（幅）の長さ
- アヴァンシュ（スイス）：106m
- アウクスト（スイス）：100m
- アルル：102m
- アントラン：135m
- ヴァンドゥーヴル＝ドゥ＝ポワトゥー：120m
- ヴィエンヌ（イゼール）：130m
- オータン：148m
- オータン（ル・オ＝デュ＝ヴェルジェ地区）：140m
- オランジュ：103m
- オルレアン：100m
- ケルン（ドイツ）：110m
- ジェンヌヴィリエ：115m
- ソー＝デュ＝ガティネ：104m
- ナントレ：119m
- ヌン＝シュル＝ブヴロン（ロワール＝エ＝シェール）：100m
- ノワイエ＝シュル＝アンドゥリス（ウール）：118m
- マインツ（ドイツ）：116m
- マンドゥール：142m
- ウー：120m
- リジュー（カルヴァドス）：109m
- リヨン：108.5m
- ル・マン：110m

▶ ［上］リルボンヌ（セーヌ＝マリティム県）の劇場の復元図
［下］ジュアール＝ポンシャルトラン（イヴリーヌ県）の劇場

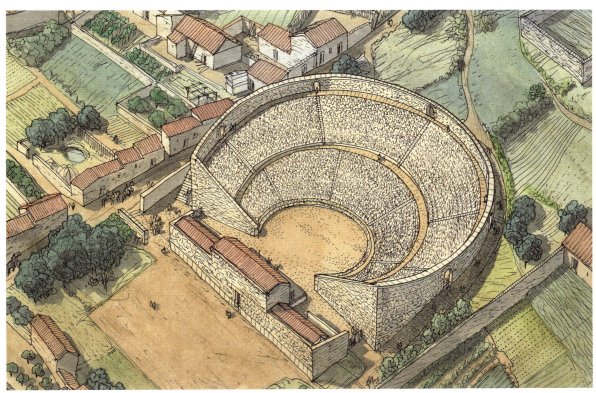

▲ リヨンの音楽堂と劇場は、フルヴィエールの丘の南斜面に建造された。音楽堂は3,000人、劇場は1万1,000人を収容した。

ウス・ケリアルス・レクトゥス、四人委員、財務官、盗賊取締官は、自身の資金で、舞台と装飾を含めた劇場全体を建立し、アウグストゥスの守護霊(ゲニウス)、カトゥスロングスのパグス*と、マルス神へ捧げた」。この碑文からは、劇場の建立もエヴェルジェティスム*の一環として行われていたことがわかる。ピエール・グロは、これを「人々から最も称賛され、出資者としても満足しうる投資であった」としている。

古典的なローマの劇場は、アプト、ニーム、ヴェゾン=ラ=ロメー

ヌ、マルセイユ、フレジュス、アンティーブ、ヴァランス、ナルボンヌ といった、属州ナルボネンシスの都市に主に見られる。しかし、 属州ルグドネンシスやアクイタニア、そして数は少ないがベルギ カでは、明らかに古典的な様式から離れた、ガロ＝ローマン*式 の劇場が建設された。

ガロ＝ローマン式の劇場

劇場の様式は、考古学者たちがそれぞれの劇場を類別する ために用いたさまざまな要素に応じて区別されるが、まず、「ガ ロ＝ローマン*（ローマ期ガリア）式」の劇場の定義を確認しな くてはならない。様式の定義は、観客席、オルケストラ、そして

舞台装置という、劇場建築の三つの要素に関係している。観客席は、従来の半円形ではなく、半円よりもやや大きな扇形のプラン*が採用されている。これには、ドルヴァン（シェール県）、サンクセ（ヴィエンヌ県）、アルジェントマグス（アンドル県）の劇場が挙げられる。ル・ヴィエイユ＝エヴルー（ウール県）、シャンプリューやヴァンドゥイユ＝カプリー（オワーズ県）では、曲線の延長が直線によって終わる形態になっている。オルケストラは、拡大して楕円形になり、ほぼ円形が閉じた状態で劇場の中心部となっているものもある。舞台はそれに対して縮小し、より簡略化されて、舞台の幅は観客席の直径よりも常に小さいものとなっている。

ガリアに60ほど見られるガロ＝ローマン*式の劇場は、特にビトゥリゲス族、ピクトネス族、レモウィケス族、サントネス族、カルヌテス族、ウェリオカッセス族のキウィタス*で見られ、地理的な範囲が非常に明確に表れている。ガロ＝ローマン式では、劇場は都市から離れた郊外の聖域、あるいは准都市（p.30）に建てられることが多い。なぜ、ギリシア劇場を原型とした古典様式とは異なる自由な様式が生まれたのだろうか？ そこには、劇場で上演される見世物自体の変化が関わっている。つまり、見世物が、舞台上よりもオルケストラの平らで広い地面で演じられることが多くなり、舞台が優位性を失ったためである。オルケストラでは、宗教的行列、競技や踊り、その他の式典が披露された。1世紀中葉から2世紀末にかけて建造されたガロ＝ローマン式の劇場は、市民が劇場での見世物に対する興味を喪失し、剣闘士競技に興味の対象が移っていったことを明白に示している。よって、ガロ＝ローマン式特有の劇場建築は、民衆の新たな趣味に応えたものだったと言える。平面プランが多様なのは、建築家たちの手探りの状態を表しているのだろう。そして、それゆえにガロ＝ローマン式のプランは一つの様式として確立されることはなかった。

オランジュの劇場の影響を見るために、ビトゥリゲス・クビ族の准都市であるアルジェントマグスの劇場を見てみよう。この劇場は、現存するガロ＝ローマン式劇場の中で最も重要なものの一つである。都市の中心から400mほど離れた、クルーズ川を見渡す丘の中腹に建てられた劇場には、いくつかのファヌム（p.176）がある聖域が隣接している。木造の階段席を備えた最初の劇場は、1世紀に建てられた。劇場は次第に拡張され、装飾が施され、観客席は石造りとなり、6本の廊下が備えられて、観客の往来がより円滑になった。その後、2世紀後半（180年頃）になると、民衆の要求に合わせた先進的な建造物にするために、初期の劇場は壊され、その遺構を包むように、一回り大きな劇場が建てられた。この際、劇場内部における人の動線は、とりわけ合理的に設計されている。83mよりやや長い直径をもつ新劇場は、馬蹄形のプランで、ヴォールト*の大きな通路が四つあり、そこを通って観客席へ出ることができる。やはり馬蹄形のプランをもつオルケストラは、地面から石灰岩のゴツゴツした岩肌が時々現れるため、足場の不均衡性を解消するために板張りが施されている。来賓席は石で舗装されており、そこから都市の有力者や神官が見世物の開幕を告げた。舞台はオルケストラの直径よりも小さくなり、オルケストラの空間へ収められて、小さな建物（楽屋と推測されるが正確な用途は不明）が舞台の後ろに建てられた。舞

台の壁面は、ストゥッコ*のピラスター*、彩色された羽目板（壁を大理石版で覆う装飾）と葉の模様のコーニス*によって装飾が施されていた。

見世物と無名の役者たち

劇場の復元図を作成する際には今なお不明瞭な点が多いが、それでも、劇場で催されていた内容に比べれば、建築については多くのことが知られている。それほどまでに、台本や俳優たちに関しては、ほとんど何も資料が残されていない。劇場では悲劇と喜劇が上演されていたのは確かだが、同時にギリシア神話やローマの伝承に依拠したマイム（無言で行う道化の芝居）も上演されていた。舞台とオルケストラでは、役者、踊り手、音楽家、曲芸師たちがさまざまな演目を演じた。キリスト教神学者テルトゥリアヌスの言葉を信じるならば、エロティックな、むしろポルノグラフィックな見世物すら行われていた。例えば、オータンで発見された装飾円盤（オスキルム）に表された場面は、おそらくそのような見世物の一場面だろう。そこには、若妻が、病床の年老いた夫の枕元で面倒をみるふりをしながら、実は若く快活な使用人と性行為をしており、その若い男は左手で勝利のサインを観者に示しているという場面が描かれている。

演劇に関しては、古代末期のクレルモンの司教シドニウス・アポリナリス（430〜487年）の記録もある。まずは、劇作家について話そう。友人コンセンティウスの賛辞の中で、アポッリナリスは、この裕福な教養人である地主が、短長詩脚、繊細なエレゲイア（哀歌）、調和のとれた11音綴詩句などの詩を詠い、タイムや花の香が溢れるような美しい詩句が、ナルボンヌやビテロウ地方の人たちによって、喜びに満ちて詠まれることを本人が望んでいたと記している（『書簡』VIII, IV, 2）。

台本については、友人コンセンティウスに宛てた手紙の中で、アポッリナリスは、多数の神話がパントマイムの題材になったことを記している。「仕事を終えると、君は頻繁に劇場に通っていたね。君が劇場に行くと、一座の役者たちの顔が青ざめていって、まるでアポロンと9人のムーサたちが舞台袖に座って、演目の出来を見定めているような様子になった。君が劇場にいると、ケラマッルスかフェバトン（両者とも閉じた口と雄弁な身振りで人気を博したパントマイム師）ですら上演中に、頭や手足、体全身で表す豊かな身振りの中で、少なくとも一度は、怯えて身震いをするでしょう。彼らは、アイエテスの娘メデイアとその恋人イアソンが、残酷なファシス川を遡ってコルキスの土地に到着したとき竜の歯を撒くと、大地から戦士たちが生まれて戦争が起こり、恐怖に陥る場面を演じるべきです。あるいは、テュエステスの食卓の悲劇的場面か、復讐に燃えるピロメラと、母プロクネに殺され父テレウスに食べられるその子供の場面、あるいはエウロペの誘拐と牡牛に変身したユピテルとか、ダナエの塔と黄金の雨の場面なんかを。または、フリギュア帽の若者パリスを登場させるために、ユピテルには蜜よりも甘いレダとの場面や、レムノス（ウルカヌス）の罠にかかったマルスの物語、そして嫉妬にかられたマルスが猪に変身し、頭と背中に絹の剛毛を生やし、鋭い牙で攻撃する場面、あるいはペルセウスに救助され結婚する乙女の物語、あ

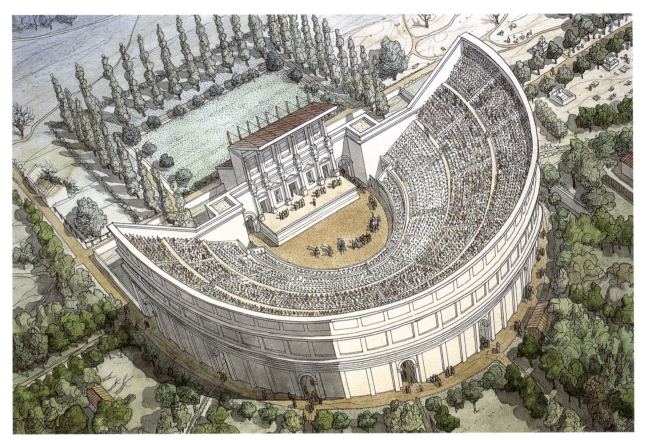

▲ アミアン〈サマロブリウァ〉の劇場は、2006〜2007年にかけてのブシュリー小島の発掘調査の際に発見された。劇場の直径は130〜140mあり、ガリアで最も大きな劇場の一つである。考古学者によって発掘された遺構の一部は現状のまま保存されたが、現在はここには地下駐車場が作られている。これまで誰にも知られていなかったこの地域は、今後の整備によって、劇場のまだ見つかっていない残りの部分の遺構が発掘されることが期待される。

るいはいくつもの歌や文学に表されている2年にわたるペルガモン包囲の物語などもよいでしょう。竪琴弾き、笛吹き、マイム演者、綱渡り芸人や道化師が、あなたの前で演じることになったら、みな本領が発揮できずに、縮み上がってしまうでしょうか？」(『カルミナ・ミノラ』XXIII, 263-303)。

　役者に関してわかっていることは少なく、散見される情報も役者たちがどのような人物だったかを明快に示しているとは言えないものばかりである。最も情報が多く残っている、ヴィエンヌの裕福なウァレリウス・アシアティクスの私立劇団では、役者たちは共同の墓地を所有していた。また、素晴らしい女役を演じ、ローヌ渓谷一帯で人気を博した役者クピドと、ヴィエンヌのパントマイム役者ヘッラスは、14歳で逝去している。最も有名な墓碑は、12歳で亡くなった幼い奴隷の踊り子セプテントリオンのものである。彼は、アンティーブの劇場で12日間休むことなく踊り続け、観客を魅了した。サン=ジル(ガール県)のコレーゴス(合唱団長)や、マルセイユとニースの公共の見世物の主催者たちも碑文に記されていることを付け加えておこう。

　役者と演目に謎が多いとしても、ガリアの人々の劇場での見世物に対する情熱ははっきりとしている。ブロンズやテラコッタ製の役者の小彫像がいくつも見つかっており、代表的なものにはアヴァンシュ(スイス)で発見された非常に精巧に作られた悲劇役者の像がある。また、ブールジュやヴェゾン=ラ=ロメーヌでは、ブロンズ製の壁掛け装飾として喜劇役者の仮面のミニチュアが見つかっている。この仮面は、目は窪み、弓形の眉は突き出し、鼻は潰れ、口は引き伸ばされ、時に過度に口を開いて大声を出している。こうした仮面は、壺、ブロンズあるいはテラコッタ製のオイルランプ、印章や象牙など、工芸品の装飾モチーフとして頻繁に用いられた。注意深く見れば、仮面とはいえ老人や老女、奴隷、高級娼婦や若い女などさまざまに表されているのがわかるだろう。注目すべき作例の一つは、アヴァンシュで発見された宝石箱あるいは香油入れである。この象牙の箱(石膏のコピーのみ現存している)は、円錐形の仮面の形で、非常にリアリスティックに作られている。大きく開かれた仮面の口の下に、仮面を付けている役者の唇までもが見えるのだ。

　演劇の人気は、裕福な邸宅の壁面や室内装飾に仮面が頻繁に登場することからも窺うことができるが、さらに舗床モザイク*にも作品が見つかっている。代表的な作例は、ヴィエンヌで1977〜78年に発見されたモザイクである。2世紀初頭に制作されたこの舗床モザイクには、10個もの演劇用仮面が表されており、劇場の見世物に対する家主の情熱が伝わってくる。　■

職人の世界

　本来、職人とは、手作業による工芸品の制作に携わる人々のことを示す。この定義は、何世紀にもわたって用いられてきた。ローマ支配下のガリアにおける職人の世界に目を向けるならば、その多様性について話す必要がある。たしかに職人とは、木、石、粘土、柳、皮、角や骨から小さな製品を作る者たちを指すが、一連の作業手順や組織形態は、職人の仕事によって多種多様である。そして、小さな農村の質素な石工も、ローマ帝国全域に大量出荷するテッラ・シギラタ（p.122）を生産する土器の工房も、同じように社会を構成する一員だった。

　ガリアの職人を知ることのできる資料の大半は、図像と考古物である。文献から知り得ることはほとんどないが、これは驚くことではない。彼らは、平凡な日常生活と同様に、動物の骨、皮、粘土の工芸品に関して、少しも、むしろ何も書き残していないのだ！　幸いにも、考古学は乏しい文献資料を補足してくれる。当時の職業を示す墓碑は多数見つかっており、故人の生前の姿を仕事中の身振りと共に描いているため、非常に重要な資料となっている。最も多い資料は発掘現場からの出土品で、職人たちの技法を知ることができる。職人たちが試行錯誤を繰り返しながら洗練させていった技法には、ときに予想外で、驚くべき職人技のものも見つかることがある。

　こうした豊富で多様な資料を反映した、あらゆる職人とそのさまざまな活動すべてを一気に把握することはできない。そのため、ここでは、籠細工職人、そして皮や木を扱う職人に限定して考えてみたい。このような傷みやすい素材を扱った製品が発見されることはほとんどなく、これらは儚さの考古学とも言えるだろう。

籠細工職人

　サン＝ロマン＝アン＝ガルで出土した月暦画＊モザイクの2枚のパネルには、籠の制作場面が描かれている。これは、古代の籠細工職人（ウィミナリウス）の仕事を、最も忠実で詳細に表している図像と言えよう。このモザイクに描かれている、2本の柱に支えられたペディメント＊付きの小屋は、農園を想起させる。小屋前の庇の下には短衣＊を着た農民が座り、開いた足の間には、上部を編み終わったばかりの大きな籠が置かれている。左側では、頭巾付きの短衣を着たもう1人の農民が、ヤナギ、葦、イグサや雑木を左肩にかついで到着したところである。右側の人物は手を上げて、材料の到着を喜んでいるようだ。

　籠細工職人は、やわらかくて丈夫なヤナギ科の植物を素材に、製品を作る。大プリニウスは、籠細工のために用いる若枝や枝木を総称して、ヤナギと記しているが（『博物誌』XVI, 174）、実際に使用したものを特定するのは難しい。主には、サリクス・ウィテリナ（ブドウ棚用の枝木）、サリクス・フラギリス（クラック・ウィロー）、サリクス・ウィミナリス（籠細工用の若枝、タイリクキヌヤナギ）、サリクス・アミグダリナ（赤ヤナギ）あるいはサリクス・プルプレア（樽用のヤナギ。パープル・ウィロー）が使用されていたようである。

　また古代では、ハシバミ、クレマチス、ミズキ、キイチゴ、そしてボダイジュの樹皮も用いられていた。「それらの樹皮は、地方で広く使用されている。これで、器や万能籠、麦やブドウを運搬するための大きな収穫籠を作り、また農場の小屋の庇としても用いた」（『博物誌』XVI, 35）と大プリニウスは記している。カバノキも樹皮を使用するが、枝の部分も、薄い板状に割って、底や蓋、大きな籠の骨組みとして用いていた。イネ科の草、イグサ、アシも籠作りに用いられた。

　籠細工職人の墓碑はあまり残っていない。ナルボンヌには、アウルス・トゥッラニウス・ニゲルという名の籠細工職人がいたことがわかっている。また、サン＝タンブロワ（シェール県）には、職人の道具を表した墓碑が残されている。この墓碑では、1人の男が立って、小さな金槌と柳の籠を手にしており、右肩の高さに二つ（その内の一つは刃物）、右足近くには斧、鉈、錐といった四つの道具が描かれている。こうした工具の詳細を知るには、ガリアよりも他の地域を探す必要がある。イタリアのヴィチェンツァで出土したガイウス・ウァレリウス・クレメンスの石碑には、籠職人の道具が描かれており、ヤナギの枝を切るための小刀、ナラの板張りの上でヤナギの枝を押し込むために使う鉄製の槌、切れ端を取り除く目打ちがある。そして、金槌あるいは錐のように使っていたと考えられるT字型の道具もあるが、詳しい使用法はわかっていない。

　籠製品は腐敗しやすいため、考古調査で発見されることはほとんどない。これらが保存されるには、湿気と無酸素状態が必須である。この異例の条件がそろい、細心の発掘調査が行われたことで、ル・ベルナール（ヴァンデ県）の井戸では、スイカズラを編んだ籠が出土した。他にも、レ・マルトル＝ドゥ＝ヴェール（ピュイ＝ドゥ＝ドーム県）の墓からはヤナギの籠が二つ、ソーヌ川の河床からは漁猟用の簗が発見された。そしてオートリヴ（オート＝ガロンヌ県）で野バラの若木で作られた籠が、リモージュでは栗の木の細枝で作られた籠が見つかっている。こうした発見によって、編み方、骨組み（軸）の数、底の部分の編み始め方、編み終わりの縁の処理、素材の選択など、籠の詳細な分析が可能になった。しかし、出土例が非常に少ないため、最終的には図像、とりわけ彫刻の図像表現に頼らざるを得ない。

　ヤナギを素材とした籠は、彫刻において比較的簡単に量感を表現できるため、多くの浮彫に表されている。例えば、メスの浮彫では、一組の男女がヤナギ製の椅子に腰掛け、ノイマーゲン＝ドローン（ドイツ）の浮彫では、美しい籠編みの椅子に座る女主人の身支度を、3人の使用人の女たちが手伝っている。この女主人は、ガリアで無数に発見されている白土製の地母神の小像と同じ姿で椅子に座っている。サンスで出土した数点の浮彫には、編み籠が描かれており、マインツ（ドイツ）の浮彫には、農夫が両脇に把手のついたヤナギ製の大きな箕で麦を振り分けている場面が表されている。アルロン地方（ベルギー）やディジョンでは、商品運搬のための荷車に載せる大籠にヤナギは用いられていた。

　安価だという理由で籠製品が多目的に使用されたのは、籠細工が太古からの伝統だったガリアでは驚くことではない。シャラヴィンヌ（イゼール県）での水中考古学調査は、ヤナギの編み籠が新

▲ テルモポリウムと呼ばれる飲食店は、道に面したところ、基本的には交差点に作られた。人々はそこで、カウンターにもたれながら立ち食いをした。

石器時代に存在していたことを証明している。また、カエサルは、ローマ支配以前のガリアには「枝で編んだ巨大な人形」を作り、そこに生身の人間を入れて燃やす部族がいたことを記している（『ガリア戦記』VI, 16）。

籠を多目的に使用していた例としては、アンフォラがある。ガリアのアンフォラ（「ガリア4型」）は、特殊な形体で壊れやすいため、アンフォラの生産者たちは、ヤナギや麦藁で周囲を包んで、壊れないように保護した。トレウェリ族のキウィタス*とケルンで発見された多数の浮彫には、握り手の部分まで藁編みで保護されたアンフォラが描かれている。ガリア4型のアンフォラでは、銘が上部に集中して記されていることからも、下部が藁で包まれていたことは明らかである。浮彫の図像からは、藁は太いライ麦を束ねたもので、キイチゴの蔓（つる）によってひとまとめにされ、固定されていたこともわかる。アンフォラの生産地では、保護用の藁編み生産のために、籠細工職人の工房が併設されていたと考えられる。

また、籠細工職人の高い技術や知識によって、コラクル舟（ヤナギの枝を編んで、上に獣皮を張った丸い小舟）も制作された。この小舟は、現在でもウェールズ地方の小川や池で使われている。大プリニウスの記述では、「ブリタンニアの海では、ヤナギを編み、そのまわりに皮を縫い付けて補強した籠船が造られていた」（『博物誌』VII, 206）とされている。また、ヒスパニアの戦いでは、カエサルも「兵士らに命じて、船を造らせた。これはカエサルが先にブリタンニアでの経験から知識を得た種類の船であった。竜骨と主要な肋材は軽量の木材から作られ、船体の他の部分は木の枝を編み合わせた上に獣皮の覆いをした」（『内乱記』I, LIV, 高橋宏幸訳、文献12）と記している。ラングルで発見された有名な「リンゴネス族のある男性の遺言」にも、「ヤナギの枝

木、あるいはイグサを編んで造った小舟」が言及されている。かなり後代にはなるが最も重要な文献は、セビリアのイシドルス（570〜636年）の記述であろう。彼は、『語源』において、この小舟をカラブスと呼び、「獣皮に覆われた編み籠で作られた小舟」としている。

革職人

第二次ポエニ戦争の時期である前218年、ハンニバルは、ローヌ川とイゼール川の間の地域に住んでいたアロブロゲス族の領土で、自身の軍団に靴を配給した。ガリアの革製品とその技術の高さは、その後、カエサルによっても伝えられている。彼は、モルビアン湾の海戦において、「薄くてやわらかな皮」で作られた帆の、ウェネティ族の船を称賛していた。また、大プリニウスは、ローマの外港オスティアへの到着寸前に難破した船が、ガリアの皮を積んでいたことを話している。

皮革の製造工程、特になめしの工程に関する資料はほとんど残されていない。なめし作業は、穴の中に皮を重ねてタンニン（ナラの樹皮の粉）と共に入れ、何ヵ月も寝かせて行われる。ベルギーのリベルシーでは、深い穴から、ハシバミを編んで作った桶型の籠が出土した。籠からは、さまざまな皮の断片や、革製品を制作する過程で用いる獣骨製の道具などが見つかった。これは、ガリアにおける皮の製造工程を示す希少な証拠である。皮革は、馬具一式や日用品、そして何よりも靴のための素材であった。

靴の生産に関しては、図像、文献、そして考古資料がそれぞれ貴重な内容を示してくれる。靴屋の図像表現は、特に生彩に富んでいる。ランスのサン＝レミ博物館に所蔵される石碑には、ゆったりとした短衣（トゥニカ）*を着た職人が、作業台にまたがって靴を作っている。職人の目の前の壁には、靴作りの道具が掛けられ、作業

樹木と女性

ウィトルウィウスは、建材用の樹木の伐採に最も適した季節について記す際に、人間と植物の類似性をいささか奇抜な発想によって論じている。今日では、彼の所説には驚かされるのは当然だが、これは当時の識者にとっては一般的な認識であった。

木材は初秋からファウォーニウスの吹き始める前の季節*1までに伐採さるべきである。なぜなら、確かにすべての樹木は種子を宿すようになると自分の持ち分の力をすべて葉とその年の果実へ持去ってしまうから。それ故、樹木は、この季節的必然性によって空虚になり膨張した時、空になり空隙のために弱くなる——ちょうど婦人の身体が、妊娠している時は胎児が生まれるまで健全とはいえないし、奴隷売買においてもまたそれが妊娠している場合は健康と認められないように。その理由は、胎内で成長している胚種は、食物の力すべてから栄養分を自分の中に摂取し、そして分娩に十分な成熟状態に固まって来れば来るほど、そのために、そこからそれ自体が生まれて来る母体が丈夫であることはいよいよ許されなくなるからである。こうして、胎児が生まれてしまうと、はじめ別種の増殖の中に吸取られたものが新生児の分離によって解放されるから、空になった開放された脈管を通じて体内に戻り、汁を吸って丈夫になり、以前の自然の強さに帰るのである。これと同じ理由で、秋に果実が成熟し葉が枯れるにつれて、樹木は土地から根を通じて自体の中に汁を取戻して回復し、以前の硬さに立戻る。しかも、冬の気の力は、実に、上記の期間を通じて樹木を圧縮し強固にする。それ故、もし木材がこの理窟で上記の期間に伐採されるならば、それは時機をえたものである。

伐採は、次のようになされるのが至当である。すなわち樹の幹が中心の髄まで切込まれてそのまま放置されると、そこを通して樹液が滴り落ちてなくなってしまう。こうして、脈の中にある不要の液は辺材を通じて流れ出て、悪液がその中で死んだままになったり木質が駄目になったりする心配がない。そこで、乾いて零（しずく）もなくなった時、この樹が伐り倒される。こうして、それは使うにいちばん良い状態となるであろう。

ウィトルウィウス『建築書』II, IX, 1-3（森田慶一訳、文献3）

*1 西風の吹き始める春の季節。

▲ ブリースブリュック－ラインハイムでは、職人の工房が立ち並ぶ地区が大通りに沿って北側に広がる。それぞれの区画は、工房、店舗、住居に分けられ、中庭の後ろに、別棟、井戸、トイレやゴミ捨て場が設置されていた。調査では、鉄製品やブロンズ製品、小さな細工品の工房、製粉所兼パン屋、食堂、宿屋など多様な種類の建物が発見されている。

台の下に置かれた籠の中にも用具がしまわれている。もう1人の靴職人は、ブールジュのベリー博物館に所蔵される墓碑に描かれている。このビトゥリゲス族の靴職人は、広袖の長い短衣（トゥニカ）を着て、アッパー（甲革）のある靴に靴型を入れ、靴底に鋲打ちをしている。オータンでは、サビニアヌスという名の職人が、右手に小さな金槌を持ち、押し抜き器を目の前に置く姿が描かれている。最後に、シャロン＝シュル＝ソーヌのドゥノン博物館所蔵の小さなブロンズの職人像は、皮のエプロンを着け、靴型を手にしている。靴を製作する際に、足の形を把握するために作られた金属製の靴型は、何点も発見されている。特筆すべきは、トロワ博物館所蔵の靴型である。靴職人の作業道具は、トリーアをはじめとする建造物の浮彫に表されているが、発掘調査の際に実物も出土している。例えば、三日月型の革切り刀、革通し、目打ち、数種類の小刀、動物の筋を糸のように用いて革を縫うためのブロンズあるいは鉄製の針などが発見されている。

　遺跡で出土する子供の靴には、とりわけ心を動かされる。ボルドーでは、まだ歩けない乳児に履かせるための、やわらかい革に透かし模様（カットワーク）を施した小さな履物が発見された。ベッテンブルク（ルクセンブルク）のアン・ルイシュメールと呼ばれる地区からは、繊細な装飾の2足の靴が見つかった。1足は新生児の、もう1足は4歳の幼児のものである。こうした感動的な例はさておき、ガリアの靴に関して研究する者は、その種類の多

▲ パン工房で焼かれた丸いパンは、工房に直結した店舗のカウンターに山積みにされて販売された。

さに直面する。靴の名称には、ソレア(solea)、クレピダ(crepida)、カルケウス(calceus)、カリガ(caliga)、ガリカ(gallica)などがあり、語源学者の多くは、これらの言葉が、木の靴底を意味する「ガロシュ」から派生していると定義しているが、おそらくは間違いであろう。果たして、それぞれがどのような靴を示していたのか、特定することは難しい。

靴の種類は、実際に出土した当時の靴だけでなく、トリーア博物館所蔵のノイマーゲン=ドローンで出土した数点の浮彫や、瓦や煉瓦に残された靴底に打った鋲の痕跡からも、情報が読み取れる。かつてのガリアに相当する地域の博物館には、靴底の鋲の痕がある多くの平瓦(テグラ)が展示されている。トリーアの皇帝浴場の導水路にも、鋲打ちした靴底の跡が残されている。工夫たちは、モルタルが乾くのを待たずに、急いで作業をしたのだろう!

墓所の綿密な発掘では、遺骸の足元に、丸鋲や平尖鋲が集中して発見されることが珍しくない。これは、死者が埋葬される際の履物を示す唯一の手がかりとなる。ブリュエール=アリシャン(シェール県)や、パリのピエール=ニコール通り(5区)のように、遺骸の足元で靴の鋲が酸化して凝集してしまっているものもある。いずれにせよ、こうした遺物は、靴一足のために使われた鋲の数を知ることができる。

また、靴は、発掘の際に井戸や埋もれた穴の中からも発見される。アレシアでは、鋲穴のある靴底が何点も発見され、靴紐が通る甲の部分を覆う、非常に薄い革の断片も見つかっている。モンモランからは、やわらかい革と鋲打ちされた靴底をもつ一足の靴が見つかっている。マルセイユの商工会議所の発掘調査では、カリガと呼ばれる鋲打ち底の軍靴と、その他いくつかの靴底が見つかり、その内の一つは子供の靴であった。ベルギーのポムロウルのウィクス*からは、革製の鋲打ちされた靴底、鋲なしの靴底、革の端切れや屑、商標の刻印された革が発見された。マインツでは、2世紀のローマ軍団兵士の履物であるカリガが見つかっているが、その保存状態の良さは並外れたものである。このカリガは革のサンダルで、二重の靴底でできており、足の甲とくるぶしに細長い革帯を巻きつけて固定する。頑丈で分厚い外側の靴底は、丸鋲が打たれているのに対して、内側には薄い革が使われている。よく知られているように、ローマ軍の兵卒がカリガトゥス(Caligatus)と呼ばれるのは、カリガを履いているからだ。皇帝カリグラ(Caligula、帝位37〜41年)は、少年時代にこの軍靴サンダルをとりわけ気に入っていたため、この異名がつけられた。このことに、詩人アウソニウスは感心しなかったようで、「軍団が、皇帝に靴の名前を与えるとは…」と残している。

近年の調査から、靴の制作過程と技法は、古代も現代もほぼ同じであることがわかっている。厚みがあるため、古代では牛革が最も使用された。牛の背中から腰の部分の皮は最も硬いので靴底に用いられ、脇腹のやわらかい皮は、甲やかかとといった、靴の上部を作るために用いられた。

職人は、注文された靴の種類に合わせて、革で作った型紙を靴の上部となる革の上に置き、輪郭をとって裁断した。この時点では左足と右足の区別はなく、靴底の形が、足の右左を決定する。再現実験の結果、鋲を打つまでを含めて一足の靴を完成するには約2時間かかり、大人の靴の場合、靴底の鋲は片足につき100個も打つことがわかった。

木工

ローマ期ガリアの木工品は、わずかながら、貴重な遺物として今日保存されている。出土したものには、大小さまざまな木箱(ルーアン、ドゥー=セーヴル県バノン、ロワレ県コルトラ)、木棺、防水用の木框(化粧材)、橋のピロティ(基礎杭)や横木、住居跡から出土した梁や床板(フレジュス、ルーアン、アルル)、船材や、運河(もしくは水道)の遺構から発見された木材が挙げられる。また、スプーン、鉢、杯、小皿、椀、スコップ、筆記用の板、木彫の彫刻や小像、バケツや樽などの家庭用品も出土している。今挙げただけでも、森林に恵まれたガリアで木工品がいかに多く作られたかが想像できよう。そのうえガリア人は、ローマ帝国の支配以前から、木工技術に長けていた。特に、戦車製造に関する伝統技法は先史時代にまで遡り、各地で多くの遺例が発見されている。もっと後の記録では、前1世紀に、カエサルがウェネティ族のオーク材の船とその耐久性への定評について、詳細を記している。カエサルは、エーヌ川、ロワール川あるいはアリエ川に架けられたガリア人の橋に関して幾度も記述し、ブールジュに関しても、相互に組んだ木材、大きな石と大量の土で建造された「ガリア人の防壁」の詳細を述べている。

ローマ期のガリアに話を戻そう。発掘調査時に出土した木工道具の多くは、現在、各地の博物館に展示されている。木工道具には、角材を切るための鋸、樽作りの際に必要な手斧などが挙げられる。手斧はさまざまな用途に用いられ、制作する木工品によって異なる形状をしていた。サン=マール(ベルギー)、タルキンポル(モーゼル県)、古代都市ウィンドニッサ(現ヴィンディッシュ、スイス)では、鋸の歯が見つかっている。指物師の道具である鉋の歯や錐などは、シュヴァルツネッカー(ドイツ)、アウクスト(スイス)で出土しており、また、ルクセンブルクのエルボルンでは、4世紀のたがね、のみ、鉋の歯、突きのみ、錐や罫引などの工具一式が発見された。

こうした工具の多くは、石碑の浮彫からも確認することができる。例えば、サン=タンブロワ(シェール県)で出土し、シャトールー博物館に所蔵されている石碑には、大工姿の男が、手斧を手に木片を成形している姿が描かれている。ナンシーのロレーヌ博物館の石碑の図像では、2人の製材工が、大鋸で木を挽いて板にしている。オータンの「ガリヌスの墓碑」には、ガリヌスの肖像浮彫の枠部分に手斧が表されている。トリーアの博物館には、

▶ 籠職人の作業風景。奥には職人が腰かけており、籠を途中まで編み終わり、助手から追加の柳の束を受け取ろうとしている。前景には、箕と、荷台部分が籠製の荷車が置かれている。

◀ 靴屋の仕事場（図版右下）
▼ 賑わう市場の風景

▲ ヴェゾン=ラ=ロメーヌの「メッシの家」にある二つのパン焼き窯

　職人が作業台で木板を削る様子を描いた石碑がある。このトリーアの職人が、両脇に持ち手のある長い鉋を用いているのに対して、メス博物館の石碑では、2人の職人の内1人は鉋を持ち、もう1人は手斧を持って作業に徹している。彼らのそばには、大鋸を用いて玉切りにした木材が、木挽台に載せられている。この石碑の上段には、ワインの販売場面が描かれていることから、工房の2人は樽職人と考えられる。

　古来、木樽はガリア人の発明とされている。カエサルは『ガリア戦記』において、ガリア人の樽について二度記述しているが、前51年のカオールの部族であるカドゥルキ族との戦いに関して、次のように言及している。「(カドゥルキ族は)獣脂、木タールや木屑を詰めた木樽に火をつけ、我々の野堡(やほう)めがけて転げ落とすという猛攻をかけてきたのだ」(『ガリア戦記』VIII, 42, 1)。

　他にも2人の古典著作家が、ガリアの酒樽について述べている。ストラボンは、属州ガリア・キサルピナで製造されたワインが、山積みされた木樽でアクイレイア(イタリア)に出荷されたことを記述しているし、大プリニウスは、アルプス地方のワインが帯鉄で輪締めされた木樽に保存されていたことを記している。

　また、ボルドーのアキテーヌ博物館には、著名な木樽職人の墓碑が所蔵されているが、ローマ期ガリアの浮彫に表された大小さまざまな木樽の図像は非常に多く、その描写の写実性は、帯鉄が金属製か木製かという違いに気づくほどである。

　ガリアやブリタンニア、そしてライン川とドナウ川の間の防衛線(リメス)にあるローマ軍駐屯地で出土した樽は、現在202樽である。しかし、樽板や鏡板、ダボ栓など、樽の断片はそれをはるかに超える数が出土している。ほぼ完全な形で現存する樽の多くは、井戸の貯水槽として再利用されていたもので、最も大きな樽はザールブルク(ドイツ)で出土した直径2.16mのもの、最小はグルノーブルで発見されたわずか24.3cmのものである。■

115

石切り場

ラテン語作家プラウトゥスの喜劇作品の一つである『捕虜』には、ヘギオという老人が登場する。ヘギオは2人の捕虜を買い取ったばかりで、捕虜の1人に石切り場（採石場）での労働を強いた。なんと惨めな境遇だろうか…足には重たい鉄の枷が付けられ、十分な量の石を取ることができない場合、鞭がとんだ。解放された奴隷は、「私はよく絵画で地獄の責苦が描かれているのを見たが、私がいた石切り場に匹敵するような地獄はどこにもない。そこでは、疲労を追い払うためには働くしかなかった」と嘆いている。

ガリアの石切り場で働く人々の運命はかくも悲惨だったのだろうか？ おそらく、それはすべて働き手の地位にかかっていた。というのも、彼らは自由人、奴隷、兵士、罪人といったように、境遇が異なっていたからである。自由身分の働き手何人かの身元は、碑文によって知られている。サン＝ベア（オート＝ガロンヌ県）にある有名な石切り場のそばにある聖域では、センネタルスの息子でセウェルスという名の大理石加工職人が、地元の神に犠牲獣を捧げている。そのすぐ近くのメリニャックでは、祭壇にこのような碑文が刻まれていた。「シルウァヌス神とヌミディアの山々に捧げて。クイントゥス・ユリウス・ユリアヌスとプブリウス・クレスケンティウスは、ここから20ペースの長さの石柱を切り出し発送した最初の人間であるが、自ら進んで当然の如く己の誓いを果たした」。2人の奉納者は、それぞれ「三つの名前（トリア・ノミナ）」と「二つの名前（ドゥオ・ノミナ）」*を持っているので、ローマ市民権を有していたことになる。301年にディオクレティアヌスによって交付された最高価格令によれば、大理石加工職人は食事に加えて一日当たり60デナリウスを受け取ることと明記されており、かなりの給料である。

奴隷身分や罪人の働き手については、ほとんど何も分かっていない。しかし、それとは対照的に、ライン川周辺の駐屯地にいた兵士たちは、ライン川やモーゼル川周辺の石切り場での作業について多くの証言を残してくれている。そもそも、こうした任務に軍隊が動員されるのは、まったく特殊なことではなかった。一部の将軍たちは、軍団兵たちを無為に過ごさせないためという賞賛すべき目的の下、大掛かりな整地作業に駆り出したのである。こうして、第10軍団「フェミナ」、第8軍団「アウグスタ」、そして第21軍団「ラパクス」の兵士たちは、メスの南、ノロワにある複数の石切り場で、ヘラクレス・サクサヌス神、ユピテル神、そして皇帝に対して犠牲獣を捧げたことが知られている。

石切り場を開くためには、複数の条件を満たしている必要があった。まず、集落建設のように十分な需要があること、次に良質な岩床が存在することと容易に石を切り出せること、最後に、切り出した石の搬出と輸送に適した場所だということである。石切り場は、丘陵の山腹に開かれるので、川に削られてできた峡谷が目印となることが多い。坑道掘りあるいは露天掘りで採掘されたが、ガリアに多いのは露天掘りの方である。

切り出し作業

切り出し作業では、石切工はまず初めに表面に露出している石を切り出し、それから深いところの切り出しへと作業を進めた。岩床が露になると、一般的に凍結や浸透によって風化していることが多い表面部分を取り除いたうえで、石を切り出す。石切工は、石塊を切り出すに当たって、楔を打ち込むために積極的に石の亀裂や天然の層を活用した。すると、てこの原理によって、より小さな力で石を切り離すことができるのである。しかし、最も頼りにされた技術は、小型のつるはしを使い、深い溝を掘って石塊を分離させ、後は好みの形状と寸法に合わせるべくその石塊を大雑把に仕上げる、というものだった。まずは準備作業として溝を掘り、そこに石切工は楔を打ち込む。楔は金属または乾燥させた木でできており、木製の場合はそれに頻繁に水をかけて楔を湿らすようにする。最終的に楔によって石はパカっと割れる。大きなサイズの石塊は、石切り場の中に整備された貯蔵スペースへと木製のコロを使って移動させられた。

大きなサイズの石塊は、大形の石材を必要とする建築物に使われたり、後で小型の切り石へと分割されたりした。その他にも、石切工は石臼や石柱の柱身に加工するための円筒形の石塊も切り出すことができた。この際に用いられた技術は、前述したものと同じである。荒削りに円筒形の塊を切り出すために、まず岩床と塊を分かつように深い溝を掘り、次にこの溝に沿って等間隔で同じような小さな穴を穿つ。そして、この穴に楔を差し込むと石に亀裂が生じ、意図したとおりの軸に沿って塊を切り離すことができた。先に述べた、サン＝ベア近くのメリニャックの2人の石切工、クイントゥス・ユリウス・ユリアヌスとプブリウス・クレスケンティウスが、20ペース、つまり6m（!）近い高さの大理石の柱を現地で加工して発送したのも、おそらくこの方法によってだろう。もう一つ別の切り出し方法は、まず必要な大きさの直径で円形に溝を掘り、それから溝に対して垂直の方向に、溝の中に穴を穿つと、円柱状の石が切り出せるというものである。石臼や柱身の荒削り段階のものは、このようにして得られていた。

石切工たちは時折巨石の表面に印を刻んだ。CM、INC、IMといったこの短い表示は、おそらくそれぞれの石切工や作業チームが担当した石を識別できるようにしたのだろう。クルフト（ドイツ）の石切坑道は、凝灰岩を掘り込んだものだが、壁面に彫られた刻み目は、石の切り出し作業と関係するものだったようだ。この刻み目は、何らかの理由で石の切り出しが困難な箇所、例えば天井の岩盤の厚さが乏しい箇所などに刻むことで、落盤が起きないよう、作業者に塊の切り出し可能な高さを伝えるものだったのである。この習慣は、石切工たちの完璧な技術と、岩盤の構造に関する見事な知識を示していると言える。

クルフトの坑道壁面で見つかった浮彫は、やや華奢ながら大形のつるはしを振るうローマ人石切工の姿を描いている。この描写や、岩盤や切り出された石塊の表面に道具でつけられた跡、そして特にサン＝クリストフ＝ル＝ショドリ（シェール県）とクリムヒルデンシュトゥール（ドイツ）の石切り場の残土の中から見つかっ

た道具のおかげで、石切工たちが使用していた器具がどのようなものだったかを知ることができる。つるはしは重さが5～6kgあり、現代のものと比べると先があまり尖っていないものが一般的で、石塊を切り出す際の溝掘りに役立った。串状の器具とのみは、楔を打ち込むための穴を開けるのに用いられた。楔は、鉄製のものがよく使われたが、湿らすと大きく膨張する、よく乾かした木材も用いられたようである。岩に打ち込む際には、両手で扱う重たいハンマーを使用した。その他にもさまざまな道具が用いられており、例えば垂直な穴を開けるための錐や穿孔機があった。石塊を切り出した後に塊を小さく切り分けるのには、鋸が便利だった。この鋸に関しては、ボルドー出身の詩人アウソニウスが、4世紀にトリーア近郊のモーゼル河谷で水力を用いた鋸が使用されていたことに触れている。彼は、自身の詩作『モセッラ』の中で、エルブス川について「この川は滑らかな表面の大理石の塊に対して鋭い音を立てながら、鋸を引くのだ」と書いた。石切り場から切り出された石塊をさらに切り分ける際に水力が利用されていたことを伝えているのは、アウソニウスが史上初めての作家である。このような様子からは、石切りを行うまさにその場所に、金属製の道具を修繕するための小規模な鍛冶場がしばしば整備されていたことも全く不思議ではない。道具の刃や切っ先は、当然のことながら、石切り場においては過酷な試練にさらされていたのだ！

　石材を巻き上げて運ぶ際には、石の側面に突起を作る加工を行い、その突起にロープを巻きつけて石をしっかりと固定した。もう一つ、楔を用いる方法もあり、蟻継ぎ*1をするか、楔を間隔を空けて打ち込むか、もしくはペンチ型の穴を開け、対応する形の楔を打ち込み、石を吊るせるようにした。巻き上げに関しては、簡易型のクレーンを用いて行われた（p.147のクレーンの図も参照）。クレーンの組立方法や仕組みについては、ウィトルウィウスが明らかにしてくれている。「二本の木材が荷重の大きさに見合って準備される。それは頭部で締め鉄で緊結され脚部で広げられて建て上げられる。頭には綱を付けそれを四方に配置して直立を維持する。頂にはトロクレア（滑車）を取付ける。［…］滑車には軸のまわりを回転する小車が仕込まれる。この小車を通して引き綱を挿し通し、次いで引出し、そして下の滑車の小車のまわりに持って行く。またその綱が上の滑車の下の小車に戻され、そして下の滑車に降りて来てその孔に結び付けられる。綱の他の端は器械の両脚の部分の中間に引張られる。そこで踏張っている後方の（二本の）角材には軸受けが取付けられ、それに巻き軸の両端が、それの軸がらくに回転できるように、嵌め込まれる。この巻き軸は両端近くに二つの孔をもっていて、その孔に梃子を挿し込むことができるように調整されている」（『建築書』X, II, 1-2、森田慶一訳、文献3）。

　ガリアだった地域には、古代の開発の痕跡が今なお読み取れる石切り場が複数存在している。最も壮観なのは、サン＝ボワル（ソーヌ＝エ＝ロワール県）、およそ6,000㎡の大理石が切り出されたサン＝ベア（オート＝ガロンヌ県）、ラ・ケリ（イゼール県）、そ

*1 継ぎ手の一種。接合させたいものの片方に突起を作り、もう片方に突起と同じ形の穴を彫って組み合わせる。

して切羽面（掘削をしている面）の高さが20mにも達していたニーム近郊のバリュテルの各石切り場である。サン＝レミ＝ドゥ＝プロヴァンス（ブシュ＝デュ＝ローヌ県）では、孤立した石灰岩の残柱（坑道の天井を支えるために意図的に掘り残した柱状の岩）が高さ23mに及んでいる。これは明らかに採石開発の期間中に残されたもので、石切工たちによって切り出された岩の厚さを物語っている。

　利便性と特に経済性の観点からすると当然のことだが、建設現場と石切り場が遠く離れていることは決してなかった。例えば、ガール橋（p.65）に使われている黄色がかった石灰岩は、ガルドン川のすぐ近く、橋の北側わずか数百mに位置する石切り場から運ばれたものだった。テュルビにあるアルプス戦勝記念碑と、その石材を産出した2ヵ所の石切り場を隔てる距離も同じ程度だった。パリ〈ルテティア〉は、街自体の地下から建築用の石材を得ていた。また、地上（露天）にも、サント＝ジュヌヴィエーヴの丘の東側山腹の石切り場があり、長期にわたり運用されていた。

　しかし、時としてすぐ近くで石材が手に入らない場合や、熟慮の末に、より適切な石材を使用すると決定された場合は、石切り場まで距離があるため、数kmにわたって水運あるいは陸運によって石材を輸送しなければならなかった。

石塊の輸送

　帝政末期、陸運に関しては、輸送重量は『テオドシウス法典』（「クルスス・ププリクスについて」、VII, VIII）によって厳密に1,500ローマ・リベラ、つまり500kg弱に制限されていた。この制限重量で輸送できる大きさは、4分の1㎥をまず超えることのない石灰岩の塊程度だった。もし仮に、業者がさらに重い積荷を輸送しなければならなかったとすれば、車両に繋ぐ駄獣の数を増やす必要があった。例えば、15世紀においては、カッラーラ（イタリア）産の大理石の塊9tを載せた車両を24頭の牛が引いていたことが知られている。ガリアにおいては、牛がけん引する車両は平均して時速3～4kmの速さで前進したというのが妥当な推測である。起伏の激しい地域では、勾配が9%かそれ以上になると、こうした駄獣を用いた輸送は不可能となった。そもそも今日でも、勾配が6%を超えると大型トラックのために登坂車線を作る必要がある。

　忘れられがちだが、水運は商品輸送に適した方法だった。河川水運は陸運と比べてかかる労力もずっと少なく、明らかにコストが安い。例えば、最高価格令によると、400kgの積荷を車両で輸送した場合、20マイル（約30km）につき400デナリウスかかるのに対し、同じ距離を船舶輸送した場合、下流に向かうのなら50デナリウス、遡航でも100デナリウスしかからなかった。

　トリーアでは、現在は「ジョーモン*2の石」と呼ばれる黄色がかった石灰岩を2世紀中頃まで利用していたが、この石は75km南方のメスの付近で切り出し、モーゼル川を使って輸送していた。石材の輸送距離は短めの場合が多く、30kmを超えることは少なかった。30kmは、舟や重荷を積んだ荷車が一日で移動する平均距

*2 Jaune-Montagne（黄色い山）を略してJaumont（ジョーモン）と呼んでいる。

117

▲ サン=ボワル（ソーヌ=エ=ロワール県）にある古代の石切り場。1〜3世紀にかけて、立坑掘りまたは露天掘りで石灰岩の切り出しが行われていた。考古学の発掘調査によって、石工や石材加工職人たちが、墓碑や、神々への奉献物、建築部材、そして小型の切石を現地で製作していたことが分かっている。

離である。例えば、ニームの建築業者たちは、半径20km圏内にある七つのきわめて良質な石灰岩岩床を、建材のために利用していた。そのため、重荷を積んだ荷車が、ドミティア街道や、ニームからローヌ渓谷に至る街道、そして中央山地にある都市へと向かう街道を縦横に行き交っていた。

しかし、特に需要があった石のどれがどれほどの距離をかけ

て輸送されていたかという問題よりもむしろ、集落に対する石の供給源という新しい研究が進められた。そうして、考古学者、地質学者、美術史家が緊密に連携した学際的研究のおかげで、石材関係に関わる作業のあらゆる面、つまり切り出し・輸送・利用のすべてに適用可能な方法論を生み出すことができたのである。この包括的研究の最初の段階は、浮彫や彫像、建材、小型切石、そして石棺すらも含めたさまざまな製品を作り出すのに使用された資材の特定であった。

　この研究方法では、まず石の性質をしっかりと把握し、次に岩床とかつての石切り場に関する実地の調査を行い、位置を特定する。それから、利用された石の出所を明らかにするべく、データの突き合わせを始める。研究の最後の段階では、石切り場か

119

石切り場の使用権

石切り場の使用規定に関係する帝政末期の法史料をいくつかここで紹介する。この四つの法文は、ロベール・ブドンの著書『ローマ期ガリアの石切り場と石切工』(参考文献11)の中に掲載されている。

もし汝の所領内に石切り場があるならば、何人たりとも、たとえ己の名義にせよ国家のためにせよ、汝の許可無く石を切り出すことはできない。なぜなら、その者はそのようにする権利を持たないからである。ただし、「もしそこで石の切り出しを行うことを望む者がいるならば、その者は事前に所有者に対して切り出しのための慣例の料金を支払うという方法によってのみ切り出しが行える」、というような慣習がその石切り場で有効である場合は、その限りではない。

『ユスティニアヌス学説彙纂 (いさん)』8, 4, 13-1 (ウルピアヌス)

正帝グラティアヌス、ウァレンティニアヌス、そしてテオドシウスが、近衛長官フロルスに宛てて。私有地において苦労して採掘を行い、岩脈の開発を継続しているすべての者たちは、収益の十分の一を皇帝管轄の皇帝金庫に、そしてもう十分の一を土地所有者に支払うべし。それ以外のことに関しては、その者たちは望むままに振舞ってもよい。

『テオドシウス法典』X, 19, 10 (382年8月29日)

正帝ヴァレンティニアヌス、テオドシウス、そしてアルカディウスが、近衛長官ルフィヌスに宛てて。朕らは、人々が国有の石切り場に対してより頻繁に石材を求めるべく、大理石のいかなる石切り場の開発から個人が排除されるよう命ず。この後、もしこの禁じられた開発行為を密かに行おうとする者がいた場合は、その者が切り出したすべての大理石は、皇帝金庫の権限と国庫に復されるべし。

『テオドシウス法典』X, 19, 13 (393年2月12日)

同じ正帝たちが、パテルヌスに宛てて。朕らは、ある者たちが、地下に石が隠れていると言い張って、地中深くまで坑道を掘ったが故に他人の所有する建築物の基礎を揺るがす、というような振る舞いをとっていることを知った。よって、大理石が建物の地下に隠れていると言う者たちがあれば、偽って評価された大理石の品質が建築物の価値と同等であると看做されることを避けるために、また建築物の破壊を予防するべくその代金が支払われることを避けるために、そして、そのように大理石の探索が公共の利益に対する関心の表れというよりもむしろ個人の利益に対する損害の原因となることを避けるために、大理石を探索する権限は付与されてはならない。

『テオドシウス法典』X, 19, 14 (393年3月16日)

ら研究対象地点までの石の輸送に関して精査する。

石切り場から利用まで:アルゲントマグスの例

同様の研究手法が、ビトゥリゲス族の領域の中心都市であるアルゲントマグス(サン=マルセル-アルジャントン=シュル=クルーズ、アンドル県)に対しても最近適用された。その結果、複数の採石拠点が明らかとなったが、そのうちの二つはアルゲントマグスの近くに、残る一つは約40km離れた場所に位置していた。一つ目の拠点は、街から4km離れていて、ブザンヌという小規模の河川に沿っており、川を挟んで両岸に広がっていた。この地区では、ポン・ドゥ・トンデュと呼ばれる場所で画期的な発見がされたことで、調査が活発化している。1994年9月から1995年1月まで、高速道路20号線の建設予定地において、遺物を守るための予防的な発掘調査が実施されたが、この際に、ローマ期ガリアに開発されたことが明らかな石灰岩の石切り場が発見されたのである。この調査の主要な成果は、ローマ世界において初めて石敷きの船引き用道路が見つかったことである。この道は幅1.3mで、深さ1m、幅2m、長さ約100mの運河に沿って伸びていた。運河自体は、石塊の切り出し場所と、船着き場が整備されているブザンヌ川とを結んでいた。

二つ目の石灰岩切り出し拠点は、アルゲントマグスの中心街から1km離れた、クリューズ川沿いのガレンヌの丘の上にある。そして三つ目の拠点は、街からおよそ40km離れたアンブローとボワズラミエにまたがる場所にある。中世の時代によく知られたこの石切拠点は、今日でも近代の切羽面が数多く残っているが、ローマ期ガリアの時代にはすでに使用されていたのである。

石灰岩を対象とした非常に緻密な分析の結果、アルゲントマグスの街に最も近いガレンヌの丘の石切り場群は、1世紀初めの数十年間にわたり、主に均整のとれた小型の切り石の生産において重要な存在だったことがわかった。時代が下って、その後を継いだのがブザンヌ川の石切り場群で、公共建築物に使われる大型の石材や、彫像のための選りすぐりの良質な石材を供給していたようだ。彫刻製作にあたっては、石工はそれぞれの彫刻の種類に応じて、石材の質を選んでいたわけではなかったようである。小型の作品の制作という稀な例外を除けば、石工たちは注文を受けた時点で開いていた石切り場の石灰岩を加工することで良しとしていたのだ。アルゲントマグスでは、私的な聖所の内部で発見された二体の彫像の内、大きい方には低品質の石灰岩が使用されている。この彫像を制作した芸術家も、ポン・ドゥ・トンデュの石切り場の岩床から運ばれた石灰岩を使用したのである。街から最も遠くにあったアンブローの拠点に関しては、建材や、街の地元の岩床では産出できない、旋盤加工で

▲ 仕事中の石工。彼らは、望んだ形状とサイズで粗く四角形に削り出しておいた石の塊を切り出している。右側の職人は、塊の基部のところに溝を掘り、左側の職人は、ハンマーを使って溝に金属製の楔を打ち込んでいる。

作る大型の円柱を制作するのに適した石材を産出した。

　街まで石塊を輸送するには、起伏に富んだ土地で重たい石材を運ぶという問題をクリアしなければならなかった。調査ですぐに判明したのは、解決策は多様かつ複雑で、しかも多くの場合は、異なる手法を複合的に組み合わせていたということである。例えば、ブザンヌ川の石切り場群から切り出された石塊の輸送は、水運の後に陸運で運ぶという二つの方法を組み合わせたものだった。例外としては、ガレンヌの丘の石切り場群で採られた石のみ、陸路によってしか輸送できなかった。なぜなら、仮にクリューズ川を利用した場合、1km未満の区間で2回も石の積み替えを行わなければならず、さらに街に至るためには10％の勾配を荷車で登らなければならなかったからである。

　石塊は多くの場合、石切り場で荒削りされ、形を整えられていた。これを裏付けるのが、ポン・ドゥ・トンデュの石切り場の切羽面の足元に投棄された状態で見つかった石材である。

　石工が用いた道具類は、何世紀経ってもほとんど変わることはなかった。ローマ期ガリアの職人の道具箱の中身は、20世紀初めの石工のそれとさほど変わらない。

　石切り場から切り出された未加工の石塊は、まず四角く削られ、表面は荒く削られた。この作業には、両端が尖った両つるはしを使う。石のサイズに合わせて、二つの刃か、二つの尖った先端付きのハンマーも使われた。また、柄と同じ軸に付いている刃と、柄に対して垂直に付いている刃という二種の刃が付いたハンマーは、さまざまな作業で使うことができ、特に軟石の加工に適していた。より硬い石に対しては、刳鉋（くりがんな）が用いられた。刳鉋は、刃に施されたギザギザの切れ込みによって耐久性が高くなっており、採石作業で繰り返し衝撃を加えられても、長く使うことができた。その他に、より細かい作業のための道具も存在した。針、または錐（きり）やピンとも呼ばれる道具は、望んだ形状や角を荒く削り出す際に用いられていた。石工は針の尖った部分を石に当て、硬い木でできた槌か金属製の大鎚を使って、針の端を打つのである。最後に、のみ一式を駆使して石工は石を仕上げる。この一式には、刃がギザギザの鋸歯状のみも、直線形状の真っすぐな刃を持ったのみもあった。石塊を滑らかな表面に仕上げたい場合は、最後にきめの細かい硬い石で石塊をこすって表面を磨いた。

　しかし、ガリアでは、大型の石塊を切り出し加工するとき、常にこの一連の手順を必ず最後まで行っていたわけではなく、必要最低限の作業で済ませることもしばしばあった。ある面はきれいに仕上げてあるのに対し、残る面は最低限の粗さのままの石塊も多い。そのため、面によって状態が著しく異なる石塊が生産されることになったのである。角も常にまっすぐ直線的であるわけではなく、形状の左右対称性もいい加減なものもあった。■

粘土の手工芸品：土器

あらゆる発掘調査では、調査自体はあまり実りのない結果だったとしても、必ず数十から数千の土器や瓦の断片が出土する。今日、この大量の破片から、古代における土器の普及や変遷を想像することは難しい。運搬用のアンフォラ、食料保存のための大きな瓶やドリア（貯蔵用の瓶）、調理のための大量の鍋やさまざまな大きさの鉢や碗、そして皿、カップ、瓶や水差しなどの食器など、多様な用途のものが出土している。

土器の工房を建設するには、粘土、水、木材という三つの立地条件がそろわなければならなかった。そして、粘土の採取には、地域の地質に関する豊富な知識が必要であった。しかし、探す必要があるのは粘土だけではない。粘土に、自由な形が作れるよう可塑性を持たせたり、乾燥させたりするために、粘土の油分を取り除く、石灰岩や砂岩の砂粒も入手しなければならなかった。集められた粘土は、まず精製された。職人たちは、床に素焼きの平瓦を敷き詰めた作業場で、足で粘土を踏み潰し、こねる。そして、器の形にするため、素早く、等間隔に、指を巧みに使いながら、重く頑丈なろくろ（旋盤）を回す。ろくろは、今日使用されているものと差異はない。陶工は、乾燥棚に並べる前に、つや出しや絵付け、ロール型の印花による型押などを施して、形成した器を装飾する。

近くの森林から採ってきた枝木は、窯での燃料となる。丁寧に薪を積み、窯の温度は900〜1,000度に調整していた。窯の横の廃棄場に、多くの失敗作が処分されていることからも、焼成作業は非常に難しかったことがわかる。廃棄場からは、表面にひびの入った壺や、変形した皿、羊雲のように幾重にも重なって貼り付いてしまった皿なども出土している。

アンフォラの製造

ワインやオリーブオイル、ガルムと呼ばれた魚醤を運搬するために製造されたアンフォラは、両側に取っ手がついた壺で、形があまり実用的でないうえに壊れやすかった。そのうえ、ガリア人が発明したと言われる樽があるにもかかわらず、ローマ支配下のガリアでは、アンフォラは非常に広く普及していた。考古学者たちは、ガリアで発見されたアンフォラは、イタリア、スペイン、または北アフリカからの入荷品だと、長い間考えていた。しかし、今から100年以上前にローマで出土したアンフォラに、「ベジエ産の5年ものの古ワイン」という銘が刻まれているものが発見された。ただし、アンフォラ製造がガリアにおける重要な生産業であったことを証明するには、研究者ファネット・ロウバンハイマーによる研究の進展を待たなければならない。

アンフォラの工房は、属州ナルボネンシスに最も多く残っており、その数は現時点で50ほど発見されている。ガリアでは他に、三つの属州で、製造の中心となった場所が確認されている。トゥーレーヌ地方のクルジーユームゴン、ブルゴーニュ地方のシャルトルとサンス、そして、ラインラント地方である。しかし、すぐに次の疑問が生まれる。これらの工房は、アンフォラだけでなく、他の土器も製造していたのだろうか、と。その答えとしては、最も良く

知られている例に、サレレス＝ドード（オード県）の工房がある。ここでは、製造品の大半がアンフォラであったが、他にも瓦や、食器、小像も生産されていた。

最も研究の進んでいるナルボネンシスへ、話を戻そう。1世紀半ば以降、10種類以上の形のアンフォラが製造されていたが、次第に画一化されていき、やがてガリア特有の型が生まれた。それが、「ガリア4型」と呼ばれる新型のアンフォラで、3世紀末まで南フランスの市場を独占していた。ガリア4型は、平らな底で、高さは0.61〜0.67m、許容量は30〜37ℓであった。大きな膨らみのある胴部に対して高台は小さいため、割れないように周囲を薬で保護していた。

ナルボネンシス産のワインの輸送用に製造されたガリア4型は、ファネット・ロウバンハイマーの言葉を借りるならば「ガリアのアンフォラの象徴」（参考文献60）であり、南フランスにおけるブドウ栽培の著しい発展を証拠づけるものでもあった。ワインとブドウ栽培に関しては、またp.142の章から話そう。

テッラ・シギラタ

薄く、艶のある赤色やオレンジ色のテッラ・シギラタ（Terra sigillata、印章入りの土器）の名前は、ラテン語で印章を意味するシギルム（sigillum）に由来している。なぜなら、器を装飾したり、制作地を示す際に、刻印を用いたからである。

この土器の製造には、ろくろと鋳型を用いる。耐熱性の粘土で作られた鋳型は、分厚い鉢のような様子である。鋳型の内側には、陶工が尖筆でモチーフを描き、思い思いのデザインをする。鋳型を、ろくろに乗せた取り外し可能な板に固定したら、陶工が粘土を鋳型の内壁に押し付けるようにして器を形成していく。そのため、器の内側を見ると、表面の装飾モチーフの凹凸の影響が少なからず表れている。装飾のモチーフは非常に多様で、人物や動物、神々の姿、植物モチーフ、風俗画や性的な描写も表された。陶工は、滑らかな表面の器を制作することももちろんできたし、そこにスリップと呼ばれる泥漿（水で溶いた液状粘土、どべ）を接着剤として装飾モチーフを貼り付けることもできた。また、丸のみ（鑿）を使ってやわらかな粘土を切り込み、いともたやすく葉飾りや植物文様を施すことができた。3世紀後半以降になると、ローラーを用いた帯状の装飾や、レリーフ状の個々のモチーフを、器の表面に、スリップを用いて貼り付ける技法が好まれた。装飾を施したら、土器を焼成するまでにはさらに二つの工程がある。陶工は、器の内側の底面に自身の名を尖筆で記し、乾燥させたら、最後に高台を接着するのである。

窯の中では、最大でおよそ3万個もの器を重ねて焼くことができた。出土した窯跡のうち、1979年にラ・グローフザンク（アヴェロン県）で発見された窯は、ガリアで最大のものである。この窯は幅11m、高さ7mの石造りの建造物で、窯の内部には、器を効率的に並べるための棚板を固定する、垂直の固定柱が備えられていた。そして陶工は、焼成の際に隣の器とくっつかないように、一つひとつ器の高台部分を砂粒にこすりつけておくことを怠ら

なかった。器を棚に並べたら、窯をふさぎ、焼成を行う。窯をふさぐ際には、非常に簡素な瓦を組み合わせたものを用いており、その隙間や出入口を粘土の塊によって調整することで、ガスの排気口を確保することもできた。

　窯が稼働する時期は、基本的には4月から9月までだった。それ以外の時期は、器を乾燥させるのが難しく、時間がかかるためである。また、寒い時期の霜は器にひびが入る原因となった。ラ・グローフザンクでは、焼成は数日間、3〜5日間かけて行われた。燃料に好まれたのは松で、この窯の大きさでは、一度の焼成に最低でも6tの薪が必要だった！ 焼き上がった後、器を窯から出す瞬間は、ときに失望の瞬間でもあった。実際、1〜3割の焼成は失敗していた。次の焼成を行うまでは、薪を集め、窯を掃除し、慎重に並べた器の棚を準備する必要があるため、15日ほどの間隔が空けられていたようだ。そして、再度薪がくべられた時、新たな挑戦が始まるのである。

白土製の小像

　白土製の小像で最も好まれたのは、ウェヌス・アナデュオメネ（水から現れ出たばかりのウェヌス像）、赤子を1人、あるいは2人抱えて母乳を与える地母神像など、女神の像である。豊穣の女神、メルクリウス、エポナ、ミネルウァなどの神像は、あまり出土していない。他には、剣闘士、騎兵、動物、鳥、陽気に笑う子供（リシュスと呼ばれる）や、膨れっ面の子供、果物や卵まで発見されている。

　こうした像は何のために使われていたのだろうか？ 安い価格で広く一般に売られていたことから、明らかに宗教的な用途があったことはわかっている。しかし、おそらく家の室内装飾でもあり、子供のための玩具でもあっただろう。

　時間をかけて精製した粘土を用いて、小像の職人は、まず原型となる小さな塑像を制作し、その表面に直線や点線で、割り型の合わせ目となる分割線を引いた。基本的には、割り型を使うことで、精密で複雑な小像を作ることができる。中には、《棘を抜く少年》像のように、12個もの型を合わせる必要がある像もあった！

　像を作る過程はまず、鋳型作りから始まる。原型となる小さな

▶▶　サレレス＝ドード（オード県）にある、土器工房の複合施設の復元図。窯では土器が焼成されている。窯場を取り囲む施設は建設中である。前景では、土器のための粘土を採掘している。

▲　サレレス＝ドード（オード県）の工房。土器生産のための2炉の窯は、屋根のある建造物によって保護されている。

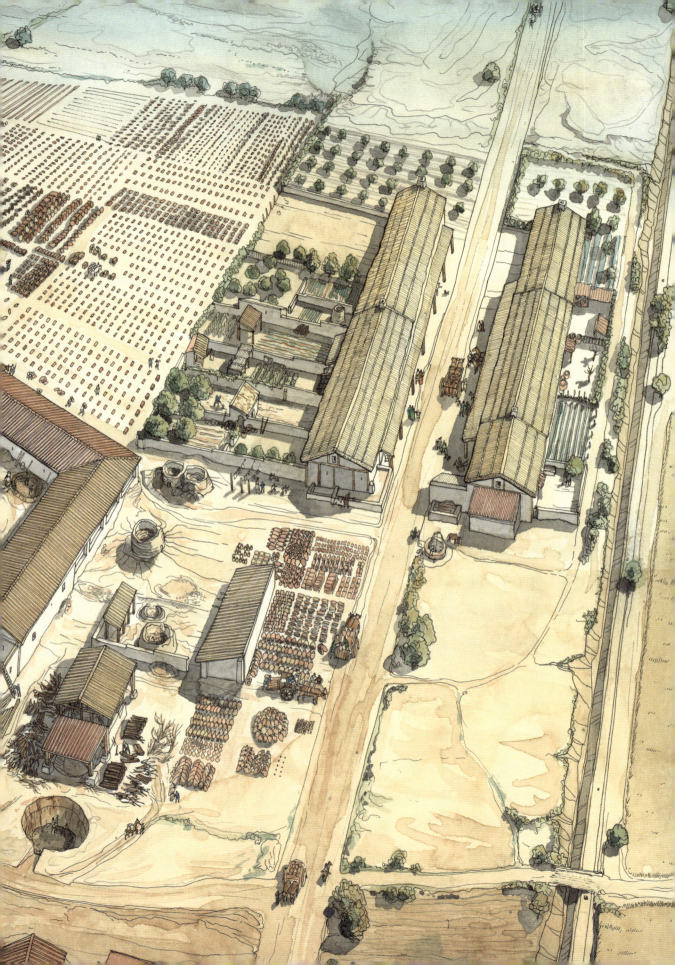

塑像を乾燥させて、窯で焼いたら、周囲に粘土を貼り付けて型を取る。職人は、塑像のすべてのディテールを取りこぼさないように粘土を押し付け、その後で、原型に引いておいた目印の線に沿って、上型と下型に切り分ける。この割り型を焼成すれば、鋳型の完成である。この後は、いざ小像の複製が始まる。職人は、力を込めて粘土を鋳型に詰める。乾燥させると粘土が若干縮むので、鋳型から簡単に取り出すことができる。そして、像のパーツ同士はスリップで接着した。型取りをした後に、手や顔の表情など、細かな部分の手直しをすることもよくあった。窯に入れる前には、焼成の際の変形や破裂を避けるため、きわめて小さな空気穴を開けた。小像の中には、窯出しの後に、全体あるいは部分的に彩色が施されるものもある。イズール（アリエ県）の小像職人は、ウェヌスの小像の衣服、目、乳首に異なった色で着彩を施し、さまざまなヴァリエーションを作って楽しんでいたようである。

　原型からではなく、複製した小像を母型にして、新たな鋳型を作る手法も生まれた。この複製品からのさらなる型取りには、まったく支障がなかったわけではない。そこから複製された像は、原型から複製されたものより1mmほど小さくなり、像の細部はぼやけてしまった。この点を観察すると、小像の鋳型の「世代」の移り変わりを知ることができる。しかし、小像職人は、尖筆やヘラで、ぼやけてしまった細部の輪郭を明瞭にしたり、新たな彫込みを加えたりしながら、常に鋳型を修正し、小像に新たな精気を吹き込もうとしていた。

　小像職人は、どのような人々だったのだろうか？　多くの鋳型の裏面には、商標が刻まれている。例えば、小像制作の中心地であったトゥーロン＝シュール＝アリエでは、PRISCVC（プリスクス）やRITOGENO（リトゲノ）あるいはTIBERIUS（ティベリウス）と記されていることが多い。これらはおそらく製作者の名前で、小像自体に刻まれている場合もある。例えば、《鞘形のウェヌス》と名付けられたウェヌスの小像には、JVLOS（ユロス）やPESTIKA（ペスティカ）、そしてREXTVSGENOS（レクストゥゲノス）もしくはREXTVSGENOS SVLLIAS AVVOTといった刻印が見られ

る。最後の例は、「レクストゥゲノス、スッラの息子、制作者」という意味である。

　長年、研究者たちは、白土の小像は、アリエ県とガリア中部のみで生産されたと考えてきた。しかし、実際の調査結果は、より複雑な様相を呈している。近年の発掘調査では、他の地域にも複数の生産地があったことがわかった。例えば、イル＝エ＝ヴィレーヌ県（ブルターニュ地方）のレンヌとラ・シャペル＝デ＝フジュレ、ソーヌ＝エ＝ロワール県（ブルゴーニュ地方）のグユニオン、ヨンヌ県（ブルゴーニュ地方）のジョルジュ＝ヴィリエ＝ヴィヌー、アンドル＝エ＝ロワール県（トゥーレーヌ地方）のクルジーユ、そしてコレーズ県のブリーヴ＝ラ＝ガイヤルドゥが挙げられる。複製品を型取りした鋳型からの生産や、原型や鋳型の流通も考慮すると、小像のタイプを分析することで制作地を特定するのは難しい。しかし、近年では、粘土の化学的分析によって工房が特定できるようになった。この科学調査によって、これまで発掘調査では確定することができなかった小像も、生産地が明らかとなってきている。

オイルランプ

　オイルランプは十数cmの大きさで、円形や楕円形のみならず、足形、人間や動物など多様な形状をしている。「たった1アスのランプをどうぞ！」という売り文句が記された宣伝用ランプも出土しているように、安価な日用品だった。耐熱性の鋳型から大量生産するメダイヨンの部分には、日常生活や宗教儀礼、剣闘士、動物、官能的な場面が表されている。ランプに商標が陰刻されることも多く、特にラインラント地方で出土したランプにはFORTIS（フォルティス）やVIATOR（ウィアトル）の名が記されている。

建材用の素焼き瓦

　ガリアにおいては、瓦の断片が数点あれば、考古学者たちは出土地を容易に断定できる。瓦屋根は、ガリアの伝統ではなく、ローマ人によって流入し、普及した工法である。テグラは、縁のついた方形の平瓦で、半円筒形のインブレクスと呼ばれる丸瓦

日乾煉瓦について

　まず煉瓦について、それがどんな土から造られるのがよいかを述べよう。それは砂交じりや玉石交じりの土または砂利で締まりをなくした粘土で造らるべきでない。なぜなら、この種の土で造られた時は第一に重いし、次にそれが壁に積まれて大雨に打たれた時は崩れ解け、またその中の藁も空隙が多いので結合の役に立たないから。それは白みがかった白堊室の土か赤土かあるいは強力な砂交じりの土で造らるべきである。なぜなら、この種の土は微細だから耐久性があり、作業に際して重くなく、楽に積上げることができるから。

　煉瓦は、一様に乾くように、春と秋に造らるべきである。夏季に造られたものは、太陽が激しく熱するから、表皮はちょうど水漏れ地に見られるようになるが、内部が乾いていないから欠陥を生ずる。そして後に乾いて収縮した時、先に乾いていた表皮が破れる。こうしてできた亀裂は弱さの因となる。しかし、もし二年前に造って置けば特に役立つであろう。なぜなら、それだけ経たなければ内部まで乾くことができないから。だから乾いていない新しいものが積まれた時は、上塗を施してそれが硬く硬化すると、煉瓦積みそのものはそのままでいつまでも上塗りの厚さと同じ厚さを維持することができず、収縮によって動いて上塗りと密着していることができないで、それとの結合がこわれる。こうして、壁から離れた上塗りは薄いので自分の力で立っていることができないで崩れ、たまたま立ち残った壁自体も損われるであろう。こういう理由によってウティカの人たちは煉瓦を、それが乾いているかどうか、五年前に造られているかどうか、を役人の検証によって認定されてから壁の築造に使用する。

ウィトルウィウス『建築書』II, III, 1-2（森田慶一訳、文献3）

と組み合わせて屋根に用いられる。三つ目の種類は、アンテフィクサ（antefixa：ラテン語で、「前に置かれる」という意味）と呼ばれる、丸瓦に似た形で屋根の縁に置かれる装飾瓦で、わずかな数しか出土していない。この装飾瓦のモチーフには、人の顔や植物、動物の頭などが選ばれた。切妻屋根の棟の最上部を覆う瓦には冠瓦が用いられ、中には透かし模様が施されたものもあった。保冷および保温効果をもつ素焼き（テラコッタ）の建材は、床下暖房の設置に最適で、煉瓦を重ねた床下の柱や、室内に熱を送るために壁の中に通すトゥブルスと呼ばれる管、二重壁を作るテグラ・マンマタという瓦に用いられた。

他の建材にも、素焼きの素材が用いられた。ガリアにおいて、煉瓦のみで組まれた建造物は稀で、トリーアの皇帝のバシリカ*（4世紀）を特筆しなければならないくらいである。広く普及していたのは、小さな煉瓦を積み上げた壁体（オプス・ミクストゥム）を用いた建築であった。オプス・ミクストゥムで作られたバヴェ（ノール県）の地下回廊は、圧倒的な眺めである。また、モルタルやストゥッコ*で上塗りする円柱や、半円アーチ*を作る際にも、煉瓦が用いられた。シミエやリモージュの公共浴場の室内では、ヘリンボーン（杉綾）模様の舗床（オプス・スピカトゥム）に煉瓦を使うことで、頑丈な床を造りあげている。

このように、素焼きの建材は驚くほど多目的に用いられた。意図的なものとそうでないものがあるが、その多くには、目印が残されている。中でも、動物の足跡が最も多く、稀に人の足跡も見られる。印章を用いて、工房を示しているものもある。メスではCONCORDVS（コンコルドゥス）、ボルドーではMERVLA CVBVS（メルラ・クブス）という印が確認されている。これらは両方とも私営の工房であった。軍営の工房の例としては、LEG VIII AUGと、LEG VIII AUG LAPPIO LEGという、第8アウグスタ軍団の名が略記*1された、アリエ県のネリ＝レ＝バンで生産された瓦が挙げられる。　■

*1 Legio VIII Augusta と、Legio VIII augusta Lappio Legato Augsti propraetoreの略。後者は第8アウグスタ軍団のラッピウスという軍団長の名が記されている。

▲ リヨンの現ヴェーズ地区シャポー・ルージュ通りにあった、ローマ時代の土器工房の復元図。この地域は、当初、建設用の石材の石切り場であった。その後、1世紀初頭に墓廟が建造され、その周囲に墓地が形成された。40年頃、石切り場は埋め立てられ、その場所に土器の工房が建ち、2世紀初頭まで生産を続けた。18×9mの建造物内に作られたこの質素な工房は、非常に良好な状態で現存しており、当時の土器の生産工程の全貌を明らかにしてくれる。この工房からは、毎月1万点の土器が製造されたと考えられる。

農場

古代のラテン著述家たちが記すウィッラ（villa）は、それぞれの時代で定義が異なり、田舎の別荘、大農場、農場家屋、あるいは質素な小作農家を意味することもある。大カト（前239～前149年）にとって、ウィッラは住居と農地が併置する農園であったのに対して、ウァッロ（前116～前27年）は、農園の意味合いを残しつつも、住居に関しては、建築としてある程度質の高い邸宅であることを記している。コルメッラ（1世紀初頭～65年）は、自著『農業論』（I, VI）において、ウィッラは三つの部分から構成されているとした。第一に、領主の居住するエリア（パルス・ウルバナ）、第二に農業を目的とした農地や複合施設のエリア（パルス・ルスティカ）、そして第三に、サイロ、納屋、貯蔵庫や地下貯蔵室など、収穫物やその加工品を貯蔵するための建造物のエリア（パルス・フルクトゥアリア）である。そして、ウィッラ・スブルバナとウィッラ・マリティマには、農場の機能はなく、それぞれ、都市郊外あるいは海浜に建てられた別荘を意味するとした。

ガリアにおけるウィッラとは

考古学者たちは、ガリアにおけるウィッラを、その規模を問わず、農場と定義づけている。研究誌で、あるウィッラが広大であるのか、一般的な大きさなのか、簡素なものなのかを伝えるには、面積を記せば十分である。

郊外の所領（個人の所有する土地。フンドゥス）のウィッラには、多くの場合、敷地内に堅牢な複合建造物（切石、モルタル、瓦が用いられた建築）があり、そこには、邸宅と、農業用の建造物および工房が備わっていた。領主の邸宅は、基本的に長方形のプラン*で、壁画やモザイクが施されており、私用浴場が設置されることもあった。

しかし、ウィッラは、長い間、考古学者たちにその重要性が評価されず、発掘調査もなおざりであった。19世紀にルール＝エ＝ロワールを発掘した考古学者は、次のように堂々と記述している。「私は、このパルス、あるいはウィッラ・アグラリアと呼ばれる場所に目もくれず通り過ぎる。本来は相当な建物があったようだが、今も6ha近い広大な囲い地であるだけで、何も興味深いものは残されていない」。幸いにも、今日の考古学者たちはこのように無関心ではない。

航空写真のおかげで、農場内のさまざまな建造物の存在も確認できるようにもなった。たとえ、遺構の明確な機能を示す手がかりが見つからなかったとしても、古代のラテン農学者たちが、その様相を記してくれている。領主の邸宅、家畜小屋、厩舎、鶏舎、荷車置場、穀倉庫、納屋、サイロ、小屋や、鍛冶屋、石工、土器職人、瓦職人の工房など、ウィッラはさまざまな要素で構成されていた。

ウィッラのプラン

他の地域とは異なり、ウィッラ建築の詳細を示す図像は、残念ながらガリアにはあまり残されていない。例えば、チュニジアには、カルタゴとタバルカ近郊の二つのウィッラを描いた素晴らしいモザイクをはじめ、当時の農園の様子を描く作例が多く残されている。しかしガリアには、ウィッラを表した作例は三つしかない。トリーア博物館所蔵の壁画には、ファサード*に列柱廊が付いているコの字型の邸宅が描かれている。コの字の両翼部分の建物は、母屋よりも一段高い。他の二つの作例は、ティテルブルク（ルクセンブルク）と、フォントワ（モゼール県）で出土した石灰岩の建築模型で、こちらもコの字型の邸宅である。こちらも建物のファサードは木か石でできた円柱の並ぶ列柱廊付きで、両翼の建物はペディメント*が設けられている。この二つの模型には、母屋の切り妻屋根の下に小さな窓がついているため、2階が存在したようである。

帝政末期には、詩人アウソニウス（4世紀）とシドニウス・アポッリナリス（5世紀）がウィッラについて述べており、後者のみ、自身の所有するウィッラの建築について、いくつかの特徴を書き残している。シドニウス・アポッリナリスが所有したウィッラは、オーヴェルニュ地方、おそらくはエダ湖畔（ピュイ＝ドゥ＝ドーム県）にあったと考えられる。このウィッラは、北と南にそれぞれファサードをもち、浴場、女性専用の居室、煉瓦製の円柱が並ぶ列柱廊、地下回廊、居間、二つの食堂、待合室の付いた応接室もあったようだ。そして、小さな湖畔には、プライベートの船着場も備わっていた。

1960年以降、航空考古学は、地方に散らばる何千もの農場の建築を発見してきた。フランスにおけるこの考古学調査の第一

ウィッラにふさわしい場所

大きな街道付近は、農園の立地としてふさわしくない。通行人に農作物を盗まれる被害にあうだろうし、頻繁な来訪者も迷惑である。こうした支障から避けるためにも、農園を街道沿いや、不衛生な場所につくってはならない。その代わり、昼夜平分時に建物の正面が日の出の方角へ向く高台は理想的である。この位置は、夏は建物に風を通し、冬は風から防いでくれる。地面が東に向くほど、夏の風を受けることができ、冬の嵐にあたりにくくなる。また、日の出の熱は、凍った露を素早く溶かしてくれる。こうした利点は重要である。なぜなら、一般的に、太陽がまったく当たらず、乾いた風に当たらない土地は、不健康な場所と考えられている。実際、夜露や錆病、あらゆるものにはびこる湿気は、人間のみならず植物や果物にとっても危険であり、それを取りはらい、乾燥させてくれる自然の力は太陽以外にない。

コルメッラ『農業論』I, V

▲ サン=テミリオン（ジロンド県）のウィッラ

▶▶ エストレ=シュル=ノワイエ（ソンム県）のウィッラ。航空写真を基に作成したこの復元図は、領主の邸宅が建つパルス・ウルバナが画面の奥にあり、その手前にはパルス・ウルバナとパルス・ルスティカを区切る塀がある。パルス・ルスティカには、広大な中庭があり、使用人の住居、家畜小屋、厩舎、納屋、穀物置場やサイロ、貯蔵庫、鍛冶屋、土器職人、瓦職人や石工の工房が中庭の周りを囲んでいた。農園全体は、囲い壁によって境界が定められており、その敷地は8haに及んだ。

人者ロジェ・アガシュは、これまでローマ時代に農場はほとんど存在しなかったと考えられていたソンム川流域で農場が見つかったという驚くべき結果に、彼自身も感嘆している。彼は、「いくつかの質素な農場が点在しているのが見つかると予想していたが、実際は、きわめて広大な複数のウィッラが非常に密集していたことがわかった。この肥沃な平野は、今日と同じくらい開発が進んでいたようだ」と考察している。その後、ロジェ・アガシュと彼の追随者であるダニエル・ジャルマン、ジャック・ダシエ、レネ・ゴゲイ、ジャン・オルムグレン、ジャック・デュボワ、アンリ・デレタンなどの調査を元に、典型的なタイプのウィッラの模型が作られ、多くの博物館に展示されて普及した。この模型では、領主の豪華な邸宅の前には、中庭が広がっており、この中庭は、ポーチのある低い垣根によって、農地と区切られている。領主の邸宅も含め、農園のさまざまな建造物は、横長の中庭を囲むように建てられている。そして、ウィッラ全体には、囲い壁が巡らされている。

ガリアでは、この横長のプラン*をもつウィッラが普及しており、ルクセンブルクのエヒテルナッハのウィッラは、600㎡もの敷地を有していた。時折、ベリー地方のポディーとアゼ=ル=フェロン（アンドル県）のウィッラのように、領主の邸宅が、ウィッラの端ではなく、領主専用の中庭の中央に建てられることもあった。また、散在型プランのウィッラも挙げられる。このプランでは、邸宅と農園施設に繋がりはなく、特に規則性はなく配置されていて、それぞれの建造物は散在している。このプランは、ソンム県のリュメニルが代表的な例である。

ウィッラに関しては、領主の邸宅についての類型研究も進んだ。邸宅には非常に多様なプランがあるものの、大きく分ければ四つの要素で構成されている。まず一つ目は母屋で、その多くは横長の方形プランである。横幅を長くすることは重要視されたので、横幅は縦幅の3倍以上は大きい。母屋には部屋を区切る壁があり、母屋の縦の辺と並行になるように作られていた。そして、二つ目の要素である正面の歩廊（列柱廊）は中庭に面していた。三つ目は、母屋の両端に備えられた方形プランの塔である。そして最後の構成要素は、母屋の両端に付け加えられた、中庭を

◀◀ ラインハイム（ドイツ）のウィッラは、ブリースブリュック（モーゼル県）の都市圏から北東800mに位置する。80×70mの敷地に建てられた居住空間に対して、農園は長さ300m、幅150mの広さである。

囲う、建物の両翼部である。
　母屋が、簡素な中庭の四方を取り囲む、方形プラン*をもつ邸宅もある。この比較的簡素なプランは、ガリア全域に散在している。ほぼ同様のプランであるが、中庭に円柱を配した列柱廊を巡らせた、より洗練された集中式*のプランもある。このプランは、モンモランとシラガン（オート＝ガロンヌ県）、クリオン＝シュル＝アンドル（アンドル県）と、サン＝テュルリック（モーゼル県）に見られる。これらの邸宅は最も豪華なタイプで、驚くべき部屋数を備えている（モンモランの邸宅は200部屋である！）。
　最後に取り上げるのは、三廊のバシリカ*式プランである。これは、母屋の横に長い辺に並行するよう三つの長い空間を配したもので、中央に身廊一つと、その両脇に側廊が一つずつ位置する。このプランは、鉄器時代の家の内部を想起させる。このプランは、シルモンとエタロン（ソンム県）、モレヴリエ（セーヌ＝マリティム県）、スイスのセーブに見られる。

豪華な装飾
　領主の邸宅は、装飾が豊かに施された、最も快適な空間である。カルナックのボッスノにあるウィッラの天井装飾のように、赤、青、黄、白色の幾何学モチーフに、貝殻が埋め込まれたフレスコ画など、独特の装飾技法もあるが、最も使用されたのは舗床モザイク*と壁画であった。サン＝テミリオン（ジロンド県）のウィッラには、モザイクで舗床された部屋が17もあった。モンレアル＝デュ＝ジェール（ジェール県）近郊のセヴィアックでは、30以上の部屋から舗床モザイクが出土し、そのうちの450㎡が今日も保存されている。多彩色の幾何学文様、花や果物のモチーフがあるが、中でもブドウのモチーフは特別なものだった。レスカール（ピレネー＝アトランティック県）のウィッラは、中央の大きな中庭を囲む列柱廊の四方すべてに舗床モザイクを施すという、過剰とも言えるほどの装飾がされている。
　邸宅の装飾においては、多くの作例が残される壁画に対して、天井画はあまり知られていない。アンディリー＝アン＝バッシニー（オート＝マルヌ県）のウィッラの天井は、ストゥッコ*装飾を模したボルドー色のメダイヨンで構成されている。メダイヨンは緑、赤、桃色の唐草文、バラの花綱文、黄色の花形文が組み合わされた縁取りがなされていた。レ・メニュル（イヴリン県）のラ・ミリエールにあるウィッラの、小さな浴室のヴォールト*部分に描かれた天井画は独創的な装飾で、擬人化された四季の胸像が、ひし形の枠組みの中に描かれている。邸宅の装飾で最も普及したの

▼　数百haの領地をもつサン＝テュルリックのウィッラは、メスとストラスブールを繋ぐ街道沿いから1kmほど外れたドルヴァン（モーゼル県）に位置する。田舎に位置しており領地は広大で、領主の館と、30以上の付属施設によって構成されている。このウィッラは、地中海世界の別荘建築の影響を受けている。

は壁画で、ファムション（ソンム県）やマルティゼ（アンドル県）のウィッラに代表される。最も特異な作例は、ラ・クロワジル＝シュル＝ブリアンス（オート＝ヴィエンヌ県）にある「リエジェオーのウィッラ」の壁画で、そこには、円形闘技場と戦車競技場における剣闘士闘技、戦車競争、狩猟の場面が、断片的に残銘文と共に描かれている。型抜きストッコによるコーニス＊やフリーズ＊は、非常に壊れやすいため、現存する作例は少ない。艶やかで、華やかなストッコ装飾は、石灰と、大理石あるいは石灰岩の粉末を混ぜて作られた。大理石は、床、ストッコの材料、建物の開口部、円柱、柱頭、刳って作る棚に用いられ、モンモランやオート＝ガロンヌ県のヴァレンティンにある豪奢な邸宅に見られるように、美しい建築装飾の一端を担った。

余暇の庭園

邸宅の前に広がる中庭には、一般的に余暇のための庭園か菜園が設けられていた。このことは特に、1980年代から1990年代にかけて発掘調査が行われたリッシュブール（イヴリン県）のウィッラの発掘によって、明らかになった。

パルス・ウルバナの一部であり、邸宅に面する中庭は、長さ40m、幅35mほどの大きさで、おそらく1世紀半ば以降、中庭に庭園が造られるようになった。庭園は、石畳で舗装された十字路の小道によって四つの花壇に分けられ、小道の頭上には設置された蔓棚（つる）によって日陰ができていた。花壇には、150以上の園芸鉢が配置され、小道の縁を飾った。土層の分析から、花壇には定期的に堆肥（特に厩肥（きゅうひ））のみならず、牡蠣やムール貝の殻が撒かれていたことが分かっている。また、周期的な掘り起こしによる耕作も行われていた。花粉の分析からは、こうした庭園には、芝生、針葉樹（スギ、カラマツ、トウヒ）、ライラックやモクセイ、そしてオリーブの樹が植えられていたことが明らかになっている。オリーブの樹は、実を取るためではなく、観賞植物として栽培されていた。

また、庭園に面した邸宅正面の列柱廊に沿っても、蔓棚が作られた。木の柱を固定する部品や、地面に埋められたアンフォラの底部が出土しており、蔓棚の基礎や植え込み法を推察することができる。

農業用施設

農作業のための建物に関しては、ラテン農学者たち、特にコルメッラ（『農業論』I, VI）が綿密な記述を残している。一般的に、農業施設は、パルス・ルスティカの敷地の二辺を並行するように配され、それらの施設が結合している例は稀で、ばらばらにあるのが普通である。それぞれの建物がどのような機能を持っていたかを断定することは、発掘の状況によっては非常に難しいこともある。しかし、建物の構造と遺物が最良の状態で残っている場合は、その機能を推測することが可能である。スロンジェ（コート＝ドール県）では、納屋の端に、小部屋がいくつも設けられており、中から炭化した穀物や果実の種が発見された。このことから、小部屋は大きな穀物貯蔵庫の一部であったと考えられる。建物の近くには、炉と窯が備えられた部屋が見つかった。ここからは、大量の鉄とブロンズの屑が出土したため、冶金工房であったと考えられる。アンディリー＝アン＝バッシニーでは、土器工房、煉瓦工房、石材工房と、三つの工房が発見されている。

他の建物に関しては、ほとんどが謎に包まれたままである。例えば、リッシュブールのウィッラで見つかった煉瓦と石で造られた何かを乾燥させるための建物には、火焚き室、二本の直角の導管、炉が備わっていたが、どのように用いられたのかは分かっていない。穀物を乾燥したり、炒ったりする場所だったのか、それとも肉を燻製する空間だったのだろうか？ この遺跡に関する現時点での資料からは、決定的な証拠は何もない。ボース地方では、ウィッラの遺構から少し離れた場所に、20mほどの長さの長方形のプランで、木の柱で支えられている屋根組みをもつ建物が、航空写真で頻繁に確認されている。建物の角には、それ

アウソニウスが所有したボルドー地方の「小さな」領地

教師であり、詩人であったアウソニウス（309または310～394または395年）は、8軒もの家とウィッラを所有していた。その多くは、出身地ボルドーの周辺に集中するが、ポワトゥー地方、サントンジュ地方、そしてビゴール地方にもウィッラがあったようだ。ボルドーの上流域、おそらくはラ・レオルとランゴンの中間地点に所在したウィッラについて、アウソニウスはこのように述べている。

私の小さな遺産よ、先祖である曾祖父、祖父、そして父が作り上げ、私に託してくれた王宮よ。父は、あまりにも早く逝ってしまった。なんということか！ 私は、こんなにも早くこの場所を享受することを望んではいなかった！ もちろん、自然の摂理によって、この遺産は父から子へ引き継がれるべきなのだろう。しかし、愛し合う父子が、この地を共有することができたらどんなに良かったか。私は今、このウィッラでの農作業と心配事で精一杯だ。それまで、私のたった一つの喜びは、この地を父と共有することであった。断言しておくが、この領地はとても小さい［…］。私は、ここで200アルパンの耕地を所有している。100アルパンはブドウ畑で、もう半分は牧草地である。そして林は、ブドウ畑と牧草地、その他の耕地を合わせた面積の少なくとも2倍はある。私の農園には、多くも少なくもない人数の小作人が働いている。近くには、泉や井戸、そして船を渡すことのできる澄んだ川がある。私は、しばしこの川の流れに身をまかす。私は、常に農園の果実を2年分保存しているが、長くもつ蓄えではなく、すぐになくなってしまう。この田舎は、都市（ボルドー）から遠すぎず、近すぎない。煩わしい出来事から逃れられるし、私は幸福な領主でいられる。居場所を変えたくなるような面倒なことが起きると、私はこうして出発する。こうして、ボルドーと農園の間を行き来して楽しむのだ。

このように、アウソニウスの「小さな」領地は、1,050ユゲラ（現在の約260ha）もの広さであった。

アウソニウス『田園恋愛詩』XII, 2

　ぞれ小さな部屋が備わっていた。ボース地方特有のこの建物は、穀物生産に関連した施設であったと考えられるが、それを裏付ける発掘調査は行われていない。

　ベリー地方には非常に大きな規模のウィッラがいくつかあり、その内の一つ、アルフイユ（アンドル県）のウィッラは一辺が500m以上もある。ベリー地方のウィッラでは、囲い壁の外に付属施設があるという、特殊な構成が見られる。壁の外には独立した複数の建物が横に並んでおり、それぞれの建物は、長方形のプラン*で、内部空間には仕切りが全くないか、仕切り壁が一つだけ造られているかのどちらかである。ヴィエルゾン（シェール県）の発掘調査によって、このような建物が、石と木材を組み合わせて建てられていたか、あるいは、木柱に穴が開けられていること

▲ リッシュブール(イヴリン県)のウィッラ。画面奥には領主の邸宅が、手前にある、長方形プランの2階建ての建物は、穀物貯蔵庫だと考えられている。この二つの建造物の間には、直交する小道が敷かれ、周囲に庭園が造られている。

から、木造であったことがわかっている。

　農地から離れた囲い壁の近くに、独立して列を成すこれらの小さな建物は、どのような役割だったのだろうか？ 近年出版されたヴィエルゾンの遺構に関する研究書では、この質素な建物は、ウィッラで働く使用人とその家族のための住居であったのではないかと提唱されている。この刺激的な仮説は、穀物の商品化や販売を中心とする郊外の大農地の社会的、経済的な側面について、新たな見地をもたらしている。　　　　　　　■

水車と製粉業者

　古代の作家たちは、繰り返しガリアの地の肥沃さを褒めたたえた。自著『地理誌』(IV, I, 2)の中でストラボンは、属州ナルボネンシスがイタリアに類似していることを強調した上で、次のように付け足している。「[ナルボネンシスにおいて、山地以外の]その他すべての地域では、小麦が豊富に生産され、雑穀や栗の実などももたらされる。[…]沼沢地や森林を除けば耕作されていない土地は皆無である」。刈り入れは、大抵の場合は半月鎌で行われた。あるいは、より稀ではあるが、レミ族とトレウェリ族の領内の、小麦が栽培される肥沃な平原地帯では、ガリア独自の刈取機であるワッルスが使われた。その後、収穫された穀物は荷車によって農場まで運ばれた。脱穀の作業では、石敷きの地面の上で牛馬に麦わらと穂を踏ませることで、穀粒を取り出した。その後は、風を利用して穀粒を籾殻などから選別する、風選に進む。風選は、二つの取っ手が付いた柳細工の大きな平籠を使い、籠を風当たりの良いところで揺さぶる作業で、藁くずや芒、籾殻を除去し、穀粒をきれいにすることができた。

　穀物を粉状にしたものは、粥、ガレット、パンの基本的な材料であり、人類の食料品の中でも特別な地位を占めていた。そして、新石器時代以降、それらを作るために平石と乳棒が使用されるようになった。往復運動によって機能するこの原始的な石臼は、鉄器時代後期の間に回転式の粉挽機に取って代わられることになる。ローマ期ガリアに普及するのはこの回転式のタイプで、かなりこじんまりした博物館でも収蔵品として展示されている。構造としては、二つの重なり合った円盤状の石からできており、一方はメタという固定された円盤で、他方はカティッルスという可動式の円盤である。家庭用の臼であれば、回転式石臼を動かすのは、木製の棒で持ち手を取り付ければ十分であった。一方で製粉業者が使用していたのは、より大型の臼で、玄武岩製が多く、形状は巨大な砂時計にそっくりであった。カティッルスの最も幅が狭くなった部分には、正方形か長方形の二つの小さな窪みが彫られており、そこに木製の棒を差し込むと、臼全体を動かすことができた。この臼は人力で動かすこともできたが、たいていの場合製粉業者は馬やロバ、雄ラバを臼に繋ぎ、畜力で動かした。ナルボンヌの製粉業者マルクス・カレイエウスの墓碑、そしてサン=ロマン=アン=ガルで見つかった月暦画＊モザイクに描かれた一場面には、ロバによって大型臼が稼動している様子をとりわけ生き生きと描いた二つの図像がある。そこではロバは、木製の棒と繋がれた馬具を装着し、目隠しをされた状態で製粉機を回転させている。サン=ロマン=アン=ガルでは、ロバの番をして棒を使って鞭を入れるのは女性が担っているが、ナルボンヌでは、大人しい犬が小さな鈴のついた首輪をして、ロバの作業を監督していたようだ。

古文献における水力製粉機

　人力と動物の牽引力に並ぶ第三の動力源として、手工業の分野では水の利用に白羽の矢が立った。古代の作家たちによる水力製粉機についての言及で最古のものは、前1世紀末のローマ人建築家で技師でもあるウィトルウィウスの記述である。「また、車輪式＊1は、流水においても上に記されたのと同じ方式で作動する。この車輪の縁の面に沿って鰭が取りつけられ、それが流水の力に押される時前進して車輪に回転を強いる。こうして車輪は(水を)枡で汲みあげ、足踏み仕事をせずに流水の力そのものでまわされてそれを頂上に運び、所要の効果を達成する。

　また、水車もこれと同じ理でまわる。水車では、軸の一方の端に歯形をつけた円盤が嵌込まれているのを除いては、すべてが先のものと同じである。この円盤は刃形をなして垂直に置かれ、車輪と共に等しく回転する。この円盤に接してこれよりも大きい同じく歯形をつけた水平の円盤が置かれ、それに噛合わされる。こうして、軸に嵌込まれている円盤の歯が粉挽き臼を強制的に回転させる。この器械に被ぶさっている漏斗は挽き臼に小麦を供給し、臼の回転によって粉が仕上がる」(『建築書』X, V, 1-2、森田慶一訳、文献3)。

　他の三つの言及は、ウィトルウィウスよりもかなり時代が下ったものである。アンティオキアの教師にして修辞学者であるリバニオス(314～393年)の声を聞いてみよう。「何人かの不幸なパン職人たちに対し、水が彼らの麦を挽いていることを口実に金貨を要求しようとすることも、同様に不公平であると私は思う＊2(『弁論集』IV, 29)。

　リバニオスの同時代人であるボルドーの教師で詩人のアウソニウス(309または310～394または395年)による言及もまた暗示的である。「エルブルスは、粉挽きのために穀物の上で石の車輪を素早く回転させ、磨き上げた大理石の上で鋸の鋭い刃を研ぐ。その絶え間ない研ぎ音は、川の両岸で聞こえる」(『モセッラ』V, 361-364)。

　時代的に最も遅い言及は、パッラディウスが農学論に関する自著の中で行ったもので、ローマ帝国の滅亡以前に書かれた記述としては最後のものである。「もし水が豊富にあるならば、浴場の排水管を水車まで到達させるべきだ。そうすれば、動物や人間の労役に頼ることなく、水力の臼を作動させて麦を挽くことができる」(『農業論』I, 41)。

バルブガルの製粉場

　考古学による類まれな大発見のおかげで、製粉を目的とした水力利用の様子が明らかになった。1937年から1939年にかけて、著名な考古学者フェルナン・ブノワによってアルル近郊のバルブガルで行われた発掘調査によって、古代世界でも最大規模で、最も保存状態の良い水力製粉機が発見されたのである。

　小さな丘の斜面に建設されたこの「工場」は、約30％の一定した傾斜の斜面という天然の地形を最大限活用している。構成としては、羽根車(いわゆる水車)が八つずつ、平行に二列並んでいた。羽根車を回すための水は、この施設のために特別に

＊1 車輪式の水揚げ装置(水をより高いところに運ぶための装置)のこと。
＊2 水車は無料で使用することができたが、パン屋に対して使用料を払えという者もいた。それに対してリバニオスは批判をしている。

▲ フォンヴィエイユ（ブシュ＝デュ＝ローヌ県）にあるバルブガルの製粉場

建設された、丘の上部で二股に分かれる水道によって供給された。羽根車は、階段状に配置された石造の製粉室の脇に設置された。その直径は2.1mに達し、直径0.9mの玄武岩製石臼を作動させていた。施設は全体で1,200㎡にわたって広がっており、中央階段は施設全体に通じるようになっていた。

先に引用した後期の史料がおそらく年代特定に影響を及ぼしたのだろうが、バルブガルの製粉場は、長い間4世紀に建てられたとされてきた。しかし、近年の研究成果を参照すれば、2世紀もしくは3世紀のものと推察されているようである。生産能力に関しては、1日に28tの小麦粉が生産されたとかつては明らかに過大な数値が提示されていたが、今日では4.5tというより適切な見積りがなされている。いずれにせよ、アルルの田園地帯を散策すれば、バルブガルの製粉場跡が後々まで心に焼き付いて離れないだろう。しかも、製粉所跡はアルフォンス・ドーデの風車小屋から目と鼻の先で、美しい風景の真っただ中に広がっているのだから、尚更である。

最近に至るまでの長い間、バルブガルの製粉場は、ローマ世界の中でも類まれな事例として紹介されてきた。1958年、科学ジャーナリストのアンリ＝ポール・エドゥーが、ためらうことなくこの製粉場のことを「工場の元祖」と呼ぶほど、その奇抜さは際立っていたのである。実際、研究者の見解は、羽根車、より広く言えば水力というものは、奴隷がいるので技術改良も無益で、水力自体あまり必要とされていなかった、ということで一致していた。労働力が豊富でかつ確保しやすく、さらにコストもさしてかから

ないというのに、人間の労力を減らすべく技術改良を始めたところで何になろう？

ところが、1990年にアヴァンシュ（スイス）で水力製粉機が発掘されたことで、このいささか短絡的な見方は大きく揺らぐこととなった。たしかに、アヴァンシュの製粉機は簡素なものであり、規模や生産能力で言えばバルブガルとは大きな開きがある。しかし、この発見によって、ローマ期ガリアの田園地帯における水力利用の実態がますます明らかとなった。そして、他にも同タイプの施設が複数発見されたことで、水力が利用されていたという事実は裏付けられることとなった。

アヴァンシュの小型水力製粉機

この製粉機は、アヴァンシュの街から250mほど離れた地点、ある河川の今では干上がった支流のほとりに建っていた。構造としては、導水路、放水路、そしてすべて木造の製粉室から成っていた。水量の調節は、上流部分に閘門か小規模な堰を設けて行っていたようである。機械装置の部品は一切見つかっていないが、縦型の水車を備えた製粉機ということはほぼ確実であり、水車は下側の部分が水に浸かっているため、水の流れに連動するようになっていた。製粉室、つまり厳密な意味での製粉機部分は、4.7m×2.2mの長方形のプラン*だった。施設の木製部材の残骸からは、玄武岩質溶岩から作られた、固定式または移動式の臼の破片が数十個採取された。臼の直径は、0.6mから0.76mの間でまちまちであった。年輪年代学*[1]による木片の調査の

製粉場で働くロバの不幸

ロバに姿を変えられた若きルキウスは、製粉場でのこの動物の運命である悲惨な生活を体験することとなる。

すると隣りの村のある粉屋が以前ピレーブスで買ったよりも七セーステルティウスほど高い値で競り落しました。彼はさっそく小麦を買ってできるだけたくさん私に背負わせると、尖った小石が散らかり、そのうえいろいろな切株が覗いている危険な道を歩かせて、彼の経営している製粉所に連れて帰りました。

そこではたくさんの駄馬が休むことなく円を描き、大小さまざまな円周の石臼を回しつづけていました。彼らは昼といわず夜といわず、休む暇もなく絶えず石臼を回転させて、年じゅう粉を挽いていたのです。さて私には、どうやら初めての仕事に目を回しては困ると思ってか、新しい主人は外国の珍客を迎えたように、親切な待遇をしてくれました。つまり最初の日は休暇を与え、私の秣桶にたくさんの飼料を入れてくれたのでした。しかしこの閑暇と饗宴の幸福はそれっきりだったのです。翌日になると私は朝からこれ以上大きなものはないと思われそうな挽臼につながれ、その場で目隠しをされ、馬の歩く円形の溝の中に突き落とされました。そこに入ったが最後、きまった軌道をぐるぐる回って、何度も前の自分の足跡を踏みつけながら、きまった行程を繰り返して歩くようになっていました。しかし私は自分の賢さと慎重さをすっかり忘れていたわけではありません。この初めての丁稚奉公には向いていないという証拠を見せてやろうと企んだのです。実は私が人間の姿で暮らしていた頃、たびたび粉屋の碾臼がこんなふうに回っているのを見て事情はよく知っていたのですが、そのときはこんな仕事はまったく経験もないし、知識もない頓馬を装って、大地に足が生えたみたいにつっ立ったまま、じっと動かないでいたのです。こうしていれば、私はきっと大したろくでなしと考えられ、この仕事にはまったく不向きということになり、たとえのうのうと食べさせてはくれなくても、何か他のもっと楽な仕事に回してくれるだろうと考えたのです。しかしこの巧妙な策略による成果は空しく、かえってひどい目にあったのです。というのも、たちまちたくさんの奴隷が棍棒で武装して私をとり巻き――もっともそのとき私は目隠しをされていて、別に怪しむこともなかったのですが、――不意に合図の声がかかったと見る間に、彼らは一斉に怒鳴りちらし、私の上に山と打撃を積み重ねました。この無茶苦茶な騒音に私もすっかりたまげて、一切の思考判断を放棄し、一気に全力の力で麻の引き綱をぴんと張って、猛然と私の軌道を回り出したのです。すると人々は私の態度の極端な変わりようを見てみんなで爆笑したのでした。

こんな仕事でかれこれ一日も大半が終わった頃、私はどうやら完全に参って、麻の引き綱を解かれてあの石臼の束縛から解放され、厩につながれました。

アプレイウス『黄金のロバ―変身譚』IX, 10-11（呉茂一、国原吉之助訳、文献13）

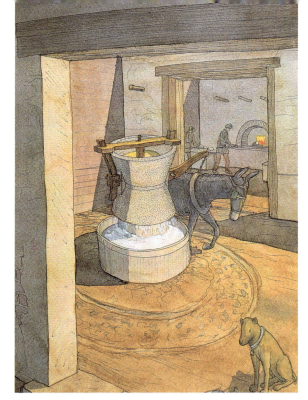

▲ パン屋の内部。奥にはレンガ造りの窯が見える。手前ではロバが製粉機を回転させており、挽かれた粉は、製粉機の基部（円形の基礎部分）に溜まるようになっている。

▲ ブリースブリュック＝ラインハイムの製粉機。製粉業者は、穀物を挽くために、ときにはロバが引く石臼を利用した。ここでは、左の図の製粉機と比べて、より手の込んだ技術が用いられている。木製の歯車装置によって臼の回転速度が減速され、生産効率が大幅に向上したのである。

結果、この製粉機は57年から58年にかけて設置され、80年頃に放棄されたことが分かった。そして、大形植物遺体の分析からは、主にスペルト小麦、小麦、密穂小麦、大麦、ライ麦といった穀物類を原料として製粉作業が行われていたことが証明された。

アヴァンシュでの製粉機の発見は、学界で大きな評判となるが、それは、ダニエル・カステッラとその共同研究者一同によって、発見を伝える報告書が模範的な形で刊行されたことも大きかった。この報告書は、考古学調査によって発見された古代の水力製粉機の事例を列挙しているが、その内ローマ期ガリアのものとしては、レ・マルトル＝ドゥ＝ヴェール（ピュイ＝ドゥ＝ドーム県）、ボーリュー＝シュル＝ロワール内のガンヌ（ロワレ県）、そしてシャム（スイス）にある通称ハーゲンドルンの3例が挙げられている。

定説が覆されたときや、思いがけない発見があった際によくあるように、アヴァンシュで得られた知見に照らしあわせて過去の発掘調査を再検討したところ、ローマ期ガリアの水力製粉機の発見分布図に15個ほど新たに印を付けることとなったのである。中でも代表的なのは、シェール県のサン＝ドゥルシャールの事例で、羽根車の羽根（水かき板）の部材と、旧導水路の縁に列状に打ち込まれた杭に区切られた石敷きスペースに隣接した掘っ建て小屋の存在から、イェーヴル川沿いにアウグストゥス帝の統治期に水力製粉機が設けられていた痕跡が確認できる。

古代の水力製粉機はおそらく他にも見つかるだろうが、しかしその発見は偶然に左右されてしまうということも忘れてはならない。水力製粉機は平地上のか細い小川のそばに位置する上に、

▲ アヴァンシュ（スイス）の水力製粉機。痕跡は1990年に発見された。アヴァンシュの中心部から外れたところに設置されたこの質素な製粉機は、近郊型のウィッラに属する施設だった可能性がある。

その河床は景観上完全に消失してしまっている可能性もある。そして何よりも、木造というきわめて保存の難しい素材で造られているからである。　　　　　　　　　　　　　　　　　　　　■

*¹ 年輪を比較検討することで、部材となった樹木が伐採された年代、つまり建設年代を推測することができる。

ワインとブドウ畑

ビトゥリゲス族の領域だった現在のベリー地方では、およそ前50年から後50年の時期の貴族の墓が10基ほど発見された。主な発見地はフレレ=ラ=リヴィエール、シャティヨン=シュル=アンドル、ヌヴィー=パユー（いずれもアンドル県）である。これらの豪奢で類まれな墳墓からは、副葬品が豊富に見つかった。この副葬品において、ワインの当時の影響力が明らかになったのである。というのも、それらの墳墓の最も顕著な特徴が、納められていたワイン用アンフォラの膨大な数だからである。そして、その数の多さは、ヌヴィー=パユーでの57個という記録的な数字に達するほどである！ 当時、このようなワイン用アンフォラは、自らの富をこれ見よがしに示すためのものだったことは明らかである。この特権的とも言える墳墓にアンフォラと共に納められていた、イタリアから輸入した豪華な青銅製ワインと食器一式には、さらに驚かされる。多くの場合、これらの食器は、水差し（または「オイノコエ」）、パテラ（取手が付いた小型で脚なしの浅い杯）、ひしゃく、そして澱があった場合に取り除くためのこし器で構成される。注目に値するのは、しばしば墳墓内でこのワイン用食器セットが、武器同様、遺骸と直接触れるような特別な位置を占めていたことである。

一方、ディジョンの考古学博物館には、コート=ドールにあるティル=シャテルで見つかった、見事な埋葬記念碑の断片が保存されている。そこに施された浮き彫りは2世紀のもので、ワインの小売商人の店舗を表しており、商人はカウンターの後ろに立って、両手にそれぞれ持った水差しから大型の漏斗に中身を注いでいる。そうすると、ワインは顧客が両手で抱える壺の中に直接流れ落ちることになる。商人の背後の壁には、六つの水差しが大きさ順に吊り下げられている。一方で、カウンターの足元には、小さな器がちょうど漏斗の真下に置かれ、上から滴り落ちたワインを回収できるようになっていた。

ブルゴーニュ地方にせよ、ベリー地方にせよ、この二つの例は、たしかに年代的にも社会的にも異なる文脈に位置するが、ワインの持つ魅力と威光を鮮やかに描き出している。そして、この二つの実例は、ローマ期ガリアにおけるブドウ栽培の起源と歴史、技術に関する考察へと我々を誘う。

ガリアのブドウ畑の始まり

ブドウ栽培が初めてガリアの地にもたらされたのは、前6世紀以降、ポカイアのギリシャ人によってマッサリア（現マルセイユ）の領域に持ち込まれた時だった。これを裏付けたのは、ワインを販売する際に使われた、産地が刻印されたイオニア・マッサリア様式のアンフォラと、近年発掘によって明らかとなった、マッサリアの東方にあるブドウ栽培用の畝の痕跡である。これらの遺物と遺構は、前4世紀から前2世紀にかけてのヘレニズム期に属する。ブドウ畑は、マッサリアの後背地から、徐々にベール沼の周辺や地中海沿岸に点在する産地へと広がっていった。

前1世紀後半になると、アルル、オランジュ、フレジュス、ヴィエンヌなど複数の植民市（コロニア）が創設され、退役兵が到来して、農地開発が急激に進められた。その際に、ブドウ畑も飛躍的に面積を拡大することとなった。そして、その時点からすでにワインの商品化は始まっており、100年後にはワイン製造施設の数は増加し、ワイン用アンフォラも大量生産されるまでになっていた。それと同時に、ブドウ畑は北方に向けて拡大していった。生産者の創意工夫の甲斐もあって、新たなブドウの品種が複数生み出され、気候面での困難を克服することができた。ヴィエンヌの周辺では、アッロブロゲス族住民が天然の松脂風味のワインを作り出した。寒冷な気候に適応したこの品種に加え、低地ヴィヴァレ山地にある都市アルバの功績によって、カルブニカという品種が登場した。大プリニウスは、カルブニカの品質を褒めたたえている。「一日で花を終えるブドウだからこそ、不測の事態から木が守られるのである。［…］そして今日では属州全体［ナルボネンシス］でそのブドウを植えているのだ」。もう一つの品種であるビトゥリカは、ビトゥリゲス族（おそらくボルドー地方のビトゥリゲス・ウィウィスキ族）によって生み出されたブドウで、厳しい気候にもよく耐えること、それから作られたワインはとても長く保存でき、年月とともに味が良くなることで有名であった。

1世紀後半になると、属州ナルボネンシスでは非常に大規模なワイン倉庫が建設されるようになり、ローマ期ガリアのブドウ栽培が並外れた活気に満ち溢れていたことがわかる。この活力を証明するには、ある一例を紹介するだけで十分だ。エロー県ポランにあるヴァレイユのワイン製造施設では、300個以上のドリウム（貯蔵瓶）を1カ所に集めていたが、それぞれのドリウムで貯蔵できるワインの量は、なんと1,500～1,800ℓにも達したのである！

ブルゴーニュ地方とパリ盆地では、1世紀の間にブドウ畑が作

瓶それとも樽？

集められたワインを貯蔵しておく方法は、その地の気候に応じて大きく異なってくる。アルプス地方では、ワインは籠の嵌められた木樽に入れられ、さらに真冬には、ワインが凍結するのを防ぐために火を焚く。驚くべきことだが、しかし時折見られるこんな話がある。瓶が割れた際に、中の凍ったワインが氷の塊として立ったままの状態で残ったというのである。これは奇跡の類である。なぜなら、ワインはその性質上、凍ることがないからだ。普通は、寒くてもワインの味が鈍るだけである。より温暖な地方では、ワインは瓶に入れられ、その瓶は土中にすっぽりと、あるいはその地域の状況に応じて一定の深さまで埋められる。こうして、気候からワインを守るのだ。他のところでは、屋根で覆うことで気候からワインを守っている。

大プリニウス『博物誌』XIV, 132

▲ ワイン製造施設内でのブドウ圧搾の様子

られた一方、属州アクイタニアでは40年代からボルドー地方にブドウ畑が作られ、70年代からは、すでに非常に有名になっていたワインが特殊なアンフォラに入れられて流通するようになった。さらに、1980年代初頭に、剪定の痕跡が残るブドウの株が五つ見つかるという、まったく例外的とも言える考古学上の発見があったため、ボルドーは一際目立つ存在となった。この株の一つは、アキテーヌ博物館に収蔵されている。話をまとめると、ローマ期ガリアのブドウ畑がおそらく最大規模に達した2世紀にはすでに、ブドウ畑はずっと後の中世における栽培地域と同等レベルに達していたのである。しかし、アルザス、モーゼル、ラインラントといった東部の地域を除いてのことだった。東部の辺境地域では、2世紀以降になってようやくブドウ畑が現れる。そして、ブドウ栽培が目覚ましく発展するのは、3世紀以降だった。これは、トリーアが当初はガリア帝国の下で、次いで四分統治(テトラルキア)の開始にともなって293年から再び首都の地位に昇格した時期と一致する。詩人アウソニウスがその作品の中で描き出したブドウ栽培の爆発的拡大は、宮廷と軍人貴族層全体がトリーアに居を定めたという事実によって、十分に説明可能である。

　留まることを知らない発展を達成したブドウ栽培の「黄金時代」が過ぎると、3世紀、ローマ期ガリアのブドウ畑は誰の目にも明らかな危機の時代を迎えた。しかし、先ほど述べたように、これはもちろん東部地域を除いての話である。この危機は、昔からブドウ栽培が行われてきた地域でとりわけ顕著だった。こうした危機的状況の原因、兆候、そして結果のより正確な把握は、まだできていない。属州ナルボネンシスは、史料が十分に得られる唯一の地域だが、そこでは多くのワイン製造施設がその時期に放棄された。おそらく、施設は事業破綻に見舞われたのだろうが、同時に、ごく少数かつきわめて有力な生産者の手にワイン製造が集中していたのが原因でもあっただろう。

▲ ブドウ棚の上に平面状に伸びるブドウの蔓からの収穫

　ガリアにおけるブドウ畑の歴史を手短に取り上げたところで、次に古代の著作や考古学調査によって明らかとなった、当時のブドウ栽培や農業技術、ワイン製造技術について見ていく。まず初めに、ブドウの苗が植え付けられた痕跡を紹介しよう。ラパリュ(ヴォークリューズ県)の町のレ・ジラルドでは、古代のブドウ畑の遺構が確認された。その面積は約20haに及び、墓域と作業用道路網を備えた農場の周囲に広がっていた。この農場全体は、オランジュの土地台帳図B片に記載されていた。考古学者によって明らかにされたのは主に二つの耕地で、それぞれ330×75(または45)mと330×96mの広さである。耕地には、植え付けの際に形成された方形または円形の穴が一列に並んでおり、それぞれのブドウの苗はローマ式に言えば5ペース、およそ1.5mの間隔で植え付けされていたことが明らかとなった。

> ### モーゼル河岸のブドウ畑
>
> ボルドーの詩人アウソニウスは弁護人や教師も務めたが、皇帝ウァレンティニアヌス1世によって367年の年末にトリーアの宮廷に召喚され、その息子グラティアヌスの家庭教師の職を引き受けることになった。ボルドーの修辞学教師となったアウソニウスは、モーゼル川流域とそのブドウ畑を描写しながらも、彼の愛するガロンヌ川をほのめかす描写を思いとどまることはできなかった…。
>
> 今や、ブドウ畑を見ることでまた別の見世物が我々に供される。さまよえる我々の視線を、バッカスの贈り物がくぎ付けにするようにさせようではないか。そこは、高い山の頂が長く伸びる急斜面を見下ろし、岩肌や日当たりの良い丘陵が高地や窪地を成し、まるで天然の円形闘技場であるかのような様相を呈しながら、ブドウ畑とともに立ち現れる。こうして、実り豊かなブドウの株がガウルス山やロドペー山の山肌を覆い、パンガイオン山上にはブドウの実がきらめき、トラキア海のほとりにそびえるイスマロス山の高みは緑に萌え、そしてブドウ畑が黄金色に輝く我がガロンヌ川を美しく彩る。すなわち、斜面のずっと上の頂と川のほとりは、延々と続く緑のブドウ畑によって一つに結ばれているのだ。陽気な人夫たちから成る下層民の一団と、先を急ぐ農民たちが、下卑た叫び声を競い合いながら、時には山の頂に、またある時は山の中腹の斜面に近寄る。こっちでは河岸を踏みしめて歩く旅人が、そしてあっちでは舟で行く船頭が、時機を逃したブドウ園経営者を声高に揶揄してまわる。そして、その声は岩肌や、ざわめく森、深い川によってこだまする。
>
> アウソニウス『モセッラ』152-163

ブドウ栽培とワイン製造の技術

大プリニウスの証言に基づけば、古代のブドウ畑では四種の植え付け方法が用いられていた。一つ目は、蔓が地を這うような植え付けで、地面の高さで剪定され、地表すれすれのところで枝を伸ばした。二つ目は、支柱なしの植え付けで、蔓が自由に伸びるがままにさせた。三つ目は、ブドウ棚の上に平面状に伸びるようにした植え付けである。最後に四つ目が、いわゆる小低木を利用した植え付けで、苗は他の木をつたって成長した。サン=ロマン=アン=ガルで発見された月暦画＊モザイクからは、ブドウ棚の上で枝を伸ばす2株のブドウの様子が見て取れる。ローマ期のガリアでは、この栽培方法が一般的であったと考えても差し支えないだろう。例えば、ボルドーで見つかったブドウの木は背が高く、樹高の高いブドウが栽培されていたことが窺えるが、植え付け用の支柱は確認されていない。ブドウ収穫の様子は、しばしばテッラ・シギラタ型の土器を飾る文様のモチーフとなり、2世紀初頭には、ガリア東部の土器工房が特に好んでこのモチーフを用いていた。収穫夫は梯子を使い、ブドウ棚の上で実を収穫し、ブドウは、人の運ぶ背負い籠か、ヤギの背中に載せて運んだ。類似したシーンは、石棺の装飾文様にもよく用いられた。ブドウの実を切り取るための道具として、収穫夫は刃の部分が湾曲した小型の鉈鎌(カトがファルクラと呼んだもの)を用いた。ブドウ栽培者たちが使う道具一式には、他にも足の踵のように刃が直角に曲がった鉈鎌(かかと)(コルメッラがファルクス・ウィニトリアとして言及したもの)やシンプルな鉈鎌があり、いずれも冬季にブドウの蔓を刈るために用いられた。

ブドウの収穫が終われば、ワインの製造における最初の工程、ブドウの破砕(踏みつぶし)が始まる。この作業は槽の中で行われ、男たちが足でブドウの実を踏みつぶした。サン=ロマン=アン=ガルの月暦画モザイクの中では、笛の音のリズムに合わせて破砕作業が行われている。ナルボンヌとカオールで見つかった二つの石棺のように、いくつかの作品でこのシーンは描かれている。ブドウの搾り汁は、槽に開けられた穴を通ってドリウム(瓶)に流れ落ち、それからまた別の槽へと流れて濾されていく。この搾り汁はブドウの果汁であり、アルコール発酵はまだ経ていない、破砕による生成物である。ブドウ果汁を集める槽の壁面や底部は、瓦片を骨材に用いたコンクリートで上塗りされていた。多くの場合、この槽には階段が備え付けられていて、桶を使って簡単に果汁を他所に移し替えることができた。そして、この装置には沈殿物などを流すことができる排水溝も付いていた。

ワイン製造施設の跡地では、多くの圧搾機が見つかっている。ウィトルウィウスやウァッロ、コルメッラ、大プリニウスといった古代の著作家たちが与えてくれる情報と、今日推測した圧搾機の機能を比較検討することは可能である。しかし、圧搾機は、木製部材が朽ちて消失してしまい、土台にあたる平面的な構造の部分しか残っていないため、機器全体の構造を復元するのは困難である。操作の様子に則れば、ガリアで確認された圧搾機は、てこの部分が一方の端では二つの木製縦材に挟まれる形で固定されており、もう一方の端では巻上機によって張られたケーブ

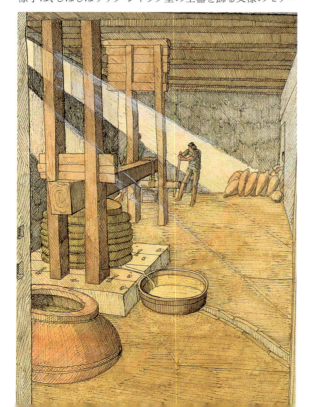

◀ 圧搾機

ルで保持されていた（p.143の図参照）。1世紀末以降は、平行六面体の形をした巨大な石塊の重しとてこを備えた圧搾機が普及していく。そして最終的に、2世紀以降、特に3世紀には属州ナルボネンシスにおいて、てことボルトを備えた圧搾機（p.144の図参照）が普及した。この圧搾機は、てこになる長い木製棒材がなくなったため、以前よりも狭い空間で使用できるようになった。

それから、破砕によって流れ出た果汁と、圧搾によって搾り出た果汁は一つにまとめられ、ドリウムの中で発酵させられる。半分ほどの高さまで土に埋められたドリウムがずらっと並んでいる様子は壮観であり、酒蔵のきわめて特徴的な光景となっている。コニャック（シャラント県）のラ・オート＝サラジンにある製造施設には、長さ80m、幅16mの翼棟があり、そこでドリウムの痕跡が一切見つかっていないことから、おそらくワインは木樽の中で製造されていたのだろう。樽は、1世紀末からはワインの輸送容器としても使用され始め、徐々にアンフォラに取って代わっていった。

時折、槽のそばで暖房設備を発見することがあるが、これはボイラーまたは床下暖房設備であり、複数の役目を帯びていた。長雨のせいで収穫したブドウが少々傷んでしまった場合は、水分の20分の1が蒸発するまで果汁を煮つめることを、パッラディウスが強く勧めている（『農業論』XI, 14）。こうして果汁を煮詰めることで、糖分濃度が高くなり、アルコール度数も高くなるのである。加熱によって果汁の量を3分の2にした、デフルトゥムと呼ばれる加熱濃縮ワインは、同じ方法によって作られている。また、人工的にワインを熟成させるのにもこの技術が用いられた。すなわち、熱が熟成プロセスを加速させるのだ。それでは、風刺詩人マルティアリスが、いつもの嘲笑的な口調でマルセイユのワインをこき下ろしているのを聞いてみよう。マルセイユのワインというのは、どうやらこの技術を利用し、さらに乱用までしていたようである。「マッシリアのひどい煙室のすべて、火によって熟成した酒壺のすべてがムンナよ、君のところからやって来る。不幸な友人たちにきみは、海を越え、長旅を経て、恐ろしい毒を送ってよこす。［…］きみがずっとローマにご無沙汰なのは、たぶんこのためだな、自分の酒を飲まされるのを恐れているのだろう」（『エピグランマタ』X, 36, 1, 武谷なおみ訳、文献14）。

ガリアの銘醸ワイン

ブドウ栽培に関する本章を締めくくるにあたり、ローマ期ガリアの人々が口にしていたワインについて考察しておくのは当然だろう。ワイン用アンフォラの表面に筆書きされた印から分かる呼称からは、まず、属州に広まった名高い品種から名を取ったアミネウムというワインを挙げることができる。さらに、フォス＝シュル＝メールで発見されたアンフォラには、「アミネウム種から作られたベジエ産の年代物ワイン」という銘文が記されていた。高く評価されていたのは、ピカトゥムという松脂入りのワインで、それについては大プリニウスが、飲み過ぎると頭がぼうっとすると断言している（『博物誌』XXIII, 47）。このワインは、瓶に松脂を塗ることで松脂の味が出るのだが、その塗布の様子がサン＝ロマン＝アン＝ガルの月暦画＊モザイクに描かれている。職人が火にかけられた器の中にある松脂をかき回している一方、その同僚

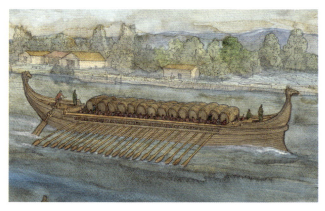

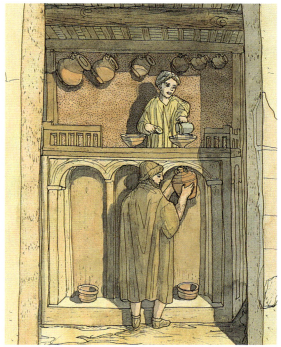

▲ ［上］櫂船によるワイン樽の輸送
　［下］ワイン小売商の店舗

は箒のようなもので瓶の内側に松脂を塗っている。マルティアリスが言及したヴィエンヌのピカトゥムはローマで飲まれており、大プリニウスは、それを飲めば胸や腹の疾患の治癒にとても効果があり、脱臼を治すのにもきわめて有効だと主張している（『博物誌』XXIII, 47）。

その他のワインとしては、パッスムというものがあり、大プリニウスの作品中や、ポンペイで見つかったアンフォラの表面にその言及が見られる。これは、砂糖漬けのブドウから作られたリキュールのような甘口ワインである。コクを出すためにワインに加えられた香料から一般的には名付けられたワインの呼称は、その気になれば、いくつも挙げることができるだろう。だが、ここではムルスムというワインを取り上げるだけで止めておく。これは蜂蜜を入れて甘くしたワインで、ペトロニウスの有名な小説である『サティリコン』で、トリマルキオが宴の冒頭で客人たちに飲ませていたものである。

凱旋門と記念門

都市ローマには、53基の門（アーチ*）が建てられ、そのうちの18基のみ、おおよそ元の姿のままで見ることができる。最も壮観である故に最も有名なのが、ティトゥス帝、セプティミウス・セウェルス帝、そしてコンスタンティヌス帝それぞれの門である。ローマ建築が生んだ独創的な形式である凱旋門は、元々、勝利を収めた将軍とその軍隊を称えて行われる凱旋式と結びついた象徴的な記念碑だった。かくして、前121年、ローヌ川とイゼール川に挟まれた地域に住むガリア系のアッロブロゲス族に対してクィントゥス・ファビウス・マクシムスが勝利を収めると、然るべき荘厳さをもってその勝利を記念するために、彼はローマのフォルムの入口のところに記念門を建立させた。

記念碑、顕彰碑、墓碑

初期にはフォルニクスという語で呼ばれていた門は、帝政期に入るとアルクスと呼ばれるようになる。アルクス・トリウムパリスという呼称が定着するのはようやく3世紀初め、つまりかなり時間が経ってからであった。門は属州で数多く建設され、とりわけナルボネンシス、そして後にはガリア三属州*において、主にアウグストゥス帝とティベリウス帝の治世（前27〜後37年）に建設された。

門はその記念碑的な性格に加えて顕彰碑的な側面も帯びており、さらに戦争をテーマとした装飾を通じて、都市住民に対しローマの強大さといかなる抵抗の試みも無駄であることを示すためのものだったようである。ピエール・グロをはじめとする近年の研究によれば、オランジュやグラヌム（現サン=レミ=ドゥ=プロヴァンス）の門のように一部の門は、都市がもつ聖なる境界線上において、田園空間から都市空間へと入る移動自体を荘厳なものにするという重要な役割を担っていた。そして、門は埋葬における役割も有しており、墳墓に類似した性格を持っていた可能性がある。したがって、まず初めにはっきりさせておく必要があるのは、ガリアの門がすべて、厳密な意味での凱旋門に該当するわけではないということである。したがって、多くの場合ローマと皇帝の卓越性を称揚するものと見なされているこの建造物には、記念門という呼称が似つかわしいと言える。

ナルボネンシスの門

1939年にハインツ・ケーラーによって作成された、ローマ世界全体を対象とした門の目録によれば、ガリアでは37の門が確認されているが、現在まで良好な保存状態にあるのは数カ所のみであり、それらのほとんどがかつて属州ナルボネンシスだった土地にある。いくつかの門は城壁からは孤立していて単独で立っているが、一方でその他の門は後代に市壁に取り込まれたため、もはや豊かな彫刻装飾が施された壮麗な城門にしか見えないという状況であった。

オランジュの門は、間違いなく全ガリアで最も保存状態の良い例である。街の北方、リヨンへと続くアグリッパ街道上に建てられており、ヴォールト*が架けられた開口部は、中央の大型のものとその両脇の小型のものの3カ所あった。門の正面は田園空間の方を向いていた。ローマ人と蛮族の戦いを表した戦闘シーンと、トロパエウム（戦利品の武器を飾ったもの）、軍艦と衝角や錨などの装備が、門の一連の装飾の大半を占めていた。近年示された仮説が想定するように、門はおそらく19年のゲルマニクスの死と関連して建設されたのだろう。なぜなら、1982年にスペインのセビリア近郊で発見された大型の青銅版碑文によって、ゲルマニクスがアンティオキアで死去した後、門を複数建立することを元老院が決定していたことが判明したからである。元老院勧告には、ゲルマニクスへのありとあらゆる賛辞が並んでおり、門の装飾についても具体的に言及していた。オランジュの門の装飾に関する調査が行われた結果、どうやらこの門が元老院によって作られた複数の記念碑と関係があることが判明している。

ナルボネンシス内のその他の凱旋門については、主なものでグラヌム、カルパントラ、カヴァイヨンで目にすることができる。グラヌムの門は、街の北側の入口、ヒスパニアとイタリアを結ぶドミティア街道上に位置する。装飾モチーフにおいては、アウグストゥス帝の権力継承の後に生じた暴動の影響をおそらく色濃く受けたであろうことが随所に見て取れる。一つだけある開口部は、六角形の格間と、葉と果実によって絶妙に構成された文様で装飾されたトンネル・ヴォールトで、開口部の上部には有翼の女神ウィクトリアが表されている。ファサード*には、トロパエウムに繋がれた4組のガリア人捕虜の姿が、高さのある浮彫でくっきりと描かれている。このうちの1組はローマ化されたガリア人であり、門は勝利の証として、服従した捕虜を表しているのである。ローマによる平和、征服者の庇護下での甘美で穏やかな生活、古臭くて粗野なガリア人としての遠い過去…。かのユリウス・カエサル一族の墳墓近くに立つこの門の装飾では、こうしたモチーフが高らかに誇示されているのである。

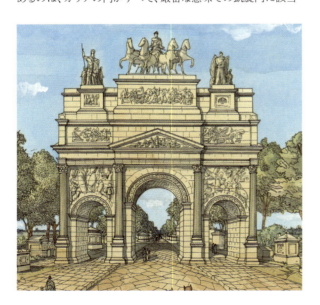

◀ オランジュの凱旋門

▲ ブザンソンにて、劇場近くの「黒門」を建設する様子のイメージ復元図

　グラヌムとよく似ているのが、カルパントラの門の装飾である。側面に、トロパエウムに鎖で繋がれた蛮族の人物が描かれているのだ。しかし、この門で示されている被征服領域は、グラヌムと比べてより広い。捕虜の1人はおそらくパルティア人であり、フリュギア帽を被っている。もう1人はゲルマン人であり、獣皮でできた重たそうなマントをこれ見よがしに身に着けている。

　カヴァイヨンの門については、現在目にすることができる門は19世紀末に復元されたものである。高さは12mであるが、その本来の建立場所については不明なままである。推測されるのが、フォルム、カルドとデクマヌス*の交差点、もしくは聖域の記念碑的な入口である。いずれにせよ、そのピラスター*には見事な巻葉装飾が施されており、ここでも開口部の上方には有翼の女神ウィクトリアが描かれている。

147

オランジュの門、「ローマ人が建てた現存する最も美しい記念建造物の一つ」

『赤と黒』の著者であるスタンダールはこの門について言及しているが、おそらく本人は現地に赴いていないため、大方プロスペル・メリメと考古学者オバン・ルイ・ミランから着想を得たのだろう。描写はきわめて専門的で、無味乾燥としており、人間味に乏しいものとなっている。そのうちあまりに説明的で考古学的な文章はここでは削除したが、スタンダールは文末で、あまりに微に入り細を穿った詳細情報を詫びている。

オランジュ見物には半日しか費さなかった。通りという通りはすべて、ひどい暑さのために布で覆ってある。この気候は気に入った。これだけでも二週間は幸せな気分に浸れるだろう。アラマントよろしく言っておこう。快いけだるさに誘ってくれる、と。

古代の劇場と凱旋門を見ておきたかった。劇場の外壁はずいぶん遠くからでも目に映り、町全体を見下ろす。凱旋門はたぶんマルクス゠アウレリウス帝時代の建築で、絶好の位置に位置していて、リヨンに近い方、人家が途絶えてから五〇〇歩ほど進んだ埃っぽい平野にある。そのオレンジがかった黄色が、プロヴァンスの濃い青空と実にみごとに調和しながらくっきり浮かぶ。この尊敬すべき凱旋門は横が六十六ピエ、高さは六〇ピエあり、アーケード*は三つで、真ん中のは当然のことながら両脇のより広くて背も高い。

北(リヨン側)の面が町の入口になっていたのだから、おそらく正面だったのだろう。いまではコリント式*の円柱が三本しか残っておらず、四本目は基底部だけである。[…]

このみごとな建築は中世に砦として用いられた。高い塔が上にのり、門は大きな建物の中に閉じこめられていた。こんな邪魔物が取り除かれたのは、やっと一七二一年のことである。

数年前、ジョフロワとかいう名の石工が、南面の切妻壁(フロントン)を支える円柱を一本再建した。

十一世紀のレルベールというサン゠リュフの僧は、この凱旋門がマルセイユ人を打ち負かしたカエサルを記念して建立されたと言う。今日ではマリウス門と呼ばれる。しかしこの建築の年代や目的を示す証拠は何も残っていない。大国民とその将軍たちの栄光を永遠に記念するためこの大げさな建物が造られた際に、将来ほとんどそのまま建物は残っても、その意図を知りようがない時代がくるとは、いったい将軍のうちの誰が予想できたろうか。[…]

読者がまだこのオランジュの凱旋門の実物はおろか、せめてまずまずの出来の図版もご覧になっていない場合は、先ほどの細ごました記述が退屈な専門用語だらけとお考えになるだろう。しかしこれほど美しいものについて、詳しいお話をしないわけにはいかない。その日一日私を幸せにしてくれたのだから。

スタンダール『ある旅行者の手記』1838年(山辺雅彦訳、文献7)

▲ ミュルヴィエル゠レ゠モンペリエ(エロー県)の広場。高台と低地の市街地の間に位置するこの壮麗な一画は、近年の発掘調査によってその姿が明らかとなった。フォルム形式の長方形をした広場(75×45m)の一部には、柱廊が巡らされていた。広場の手前には、コリント式の柱頭を持つ古典様式の神殿があり、その両脇には四分円の形をしたエクセドラ*が並ぶ。各エクセドラの端には、ヴォールト*を備えた二つの開口部を有する記念碑的な門が立つ。

SAINTES　サント：記念碑的な門

▲　シャラント川に架かる橋のたもとの部分に18年または19年に建てられたこの門は、19世紀に約15m移設された。高さ14.7m、幅15.9m、奥行き3.9mの大きさで、二つの開口部は高さ9.7mと大きく、ヴォールトが架けられている。頂部にあるエンタブラチュア*のフリーズ*には、両正面ともに碑文が刻まれており、そこには門を寄贈したガイウス・ユリウス・ルフスの名前とその一族の系譜が記されていた。アティク（エンタブラチュアの上に置かれる横長の壁体）の西向きの面には、他にも三つの碑文が隣り合わせで刻まれていたが、現在では非常に欠損箇所が多い。確認できる碑文の文面は以下である。

「ティベリウス・アウグストゥスの息子であり、神君アウグストゥスの孫であり、神君ユリウスのひ孫であり、卜鳥官*¹であり、皇帝礼拝祭司であり、執政官を二度勤め、最高司令官の歓呼を二度受けたゲルマニクス・カエサルに。また、神君アウグストゥスの息子であり、アウグストゥスであり、卜鳥官であり、大神祇官長であり、執政官を三度勤め、最高司令官の歓呼を七度受け、護民官職権を21回保持したティベリウス・アウグストゥスに、そしてティベリウス・アウグストゥスの息子であり、神君アウグストゥスの孫であり、神君ユリウスのひ孫であり、大神祇官であり、卜鳥官であり、執政官を二度勤めたドルスス・カエサルに（捧げて）」。

*¹ 占いによって神の意志を聞く公的な役職。

「長髪のガリア*」の門

　p.146で述べた、非常に象徴的な四つの門（オランジュ、グラヌム、カルパントラ、カヴァイヨン）は属州ナルボネンシスに位置しており、紀元後となってまだ間もない頃に建てられたものである。ガリアのその他の地域でも、このような記念碑的な建造物が建てられたが、これまでの研究成果によって判明している限りでは、おそらくナルボネンシスよりも数は少なかったと見られる。完全な姿で残されている唯一の例がサントの門であり、アグリッパ街道がシャラント川を渡る箇所に18～19年に建てられた。この門は、ガイウス・ユリウス・ルフスというサントネス族の裕福な男性（ちなみにこの人物は、p.84のリヨンにあるガリア三属州*の円形闘技場も建てている）によって、ティベリウス帝と2人の後継者であるゲルマニクスとドルススに捧げられたものだ。ローマ世界では珍しい、開口部が二つある門のうち、現存するものの一つである。19世紀中頃に20mほど移築されたこの門は、街への荘厳な入場を演出するのに役立った。門に刻まれた碑文は門の建設者の家系を示しており、名前がローマ風になっていく様子は、一族4世代にわたるローマ化の見事な実例となっている。だが、このような同化の成功例はあるものの、一方でこの碑文を目にしていたであろう街の住民たちは、ローマ風の生活スタイルを取り入れる程度の表面的な同化しかしていなかった。

　こうして1世紀最初の四半世紀に門が登場したわけだが、その後、ガリアでは記念碑的な門の建設は停滞することとなる。ドローム県のディにある門はおそらく2世紀初めに建てられたが、後に市壁の一部に組み込まれた。ブザンソンの「黒門」も同様の運命を辿った。これは開口部が一つだけのタイプの門で、高さは16m以上あり、175年頃に建設された。黒門は、神話と歴史を組み合わせたモチーフによる装飾が豊かである。この門の

▲ ランス〈ドゥロコルトルム〉のマルス門。街の入口を示す四つの門の一つ。幅32m、奥行き6.4mの威容を誇る。現在では、帝国領内に建てられた記念碑的な門としては最大のものである。

建設は、マルクス・アウレリウス帝の治世（161〜180年）に生じた騒擾の平定と関係があるのかもしれない。ランスのマルス門はブザンソンの黒門と同時代の建設だが、やはり帝政末期に城壁に組み込まれることとなる。現在では城壁が撤去され、元の独立した姿になっているが、幅32m、奥行き6.4mというサイズは、帝国領内に建てられた記念碑的な門としては最大のものになる。

三つの開口部は高さが同じで、コリント式*の柱頭を持つピラスター*、三角形のペディメント*を備えた壁龕、そして円形の盾を持ったアモルといった複合的な装飾がされていた。ヴォールト*は、神話のシーンや、とりわけ農事暦をテーマとした装飾で彩られていた。この農事暦というテーマは、通常はモザイク画で見られるものであり、作例としてはサン＝ロマン＝アン＝ガルの月暦画*モザイクが挙げられる。さらに、ガリアの刈取機や、6月の馬の種付け、11月の豚の屠殺といった、本事例を除けば他では見

られない作業が描かれていることからも、マルス門の装飾が記念建造物の中では例外的なものであることは明らかである。マルス門はランスにあった唯一の門ではなく、かつては、街の入口を示す門が他にもバゼ門、ケレス門、ウェヌス門と三つあったが、18世紀に破壊されてしまった。

ここまで、2世紀の記念碑的な門を見てきたが、最後に、属州ナルボネンシスにある一風変わった門を取り上げなければならない。この特殊な門とは、エクス゠レ゠バンにあるカンパヌスの門である。公共浴場の近くに建てられたカンパヌスの門は、実は埋葬に関わるもので、一族を顕彰するための門だった。門に刻まれた碑文には、ルキウス・ポンペイウス・カンパヌスの一族14人の名前が挙げられており、その内の数人の胸像は、フリーズ*に穿たれた八つの壁龕に収められていたはずだ。他の装飾は失われてしまっているが、このしがないウィクス*の門は、クロアチアのプーラにあるセルギウス一族の門や、ヴェローナ（イタリア）にあるガウィウス一族の門と類似している。

街道、橋梁、水路

ローマ帝国の駅伝制度（クルスス・ププリクス）で用いられた馬車は、平均して一日75kmの道のりを進んだ。この駅伝制度が整備された時代から1300～1400年も後のルネサンス期には、王に仕える騎士は一日に40kmから50kmほどしか進めなかったことと比較すると、ローマ帝国が誇る街道網、とりわけ3万4,000km近くの長さにまで発達したガリアの街道網の質の高さを如実に示している。

路面の多様性

オルレアンからシャルトルに至る街道のロワレ県内の区間の道路は、整地されていない地味に乏しい泥土の層と、その上に石灰岩の石材を約20cmの厚さで平らに敷き詰めた層の二層で構成されている。ベリー地方のアルゲントマグスの周辺では、鍛冶場から出た圧縮された屑（スラグやリサージスラグ）を使って路面が整備されており、こうした屑はビトゥリゲス族が冶金に長けていたことを想起させる。オセールからサンスまでの街道区間の断面図では、厚さが25cmのフリント（火打石）の団塊からなる層があり、それを覆うように玉砂利と泥灰岩が厚さ約15cmにわたって敷かれている様子が窺える。ラングルからストラスブールに至る街道は、既存の石灰岩の岩床の上に50cmの厚さの褐色粘土の層、同じ高さを保ち一定間隔によるテルフォード基礎（尖った石を垂直に並べ砂利を詰める道路の基礎）、そして土の結合剤を含んだ小石の薄い層を重ねている。

ローマ期ガリアの街道の路面構造に関しては、このような例をいくつも挙げることが可能である。さまざまな路面を観察して気づくのは、路面構造の驚くべき多様性であり、街道建設に当たった人間がその土地の地理的環境や利用可能な資源をどれほど把握し、適応していたのかを知ることができる。多様な路面は、エピナル版画[*1]で示されているような、舗装されたローマ街道というイメージとは程遠いものである。平地で街道が大きめの敷石で舗装されていたのは、一部の都市とその周辺だけであり、そのままでは通行が困難な箇所のみであった。アンブルッスムのオッピドゥム*もそうした例の一つであり、轍の跡がくっきり残る見事な舗装区間が延びている。またスイスのザンクト＝ヴォルフガンクでも、基本的に砕石で覆われている中で、およそ10mにわたる部分のみ大型の丸石で舗装されているが、これはおそらく、雪解けの時期に急に水が流れて表面の砕石が流失してしまうことを恐れての措置だろう。

街道の建設は区間毎に独立して行われるので、時に若干の方向のぶれもあるが、それでも、平坦で障害物の無い土地でのローマ街道と言えば、直線的な道筋が特徴である。例えば、サンスからアレシアに向かう街道においてヨンヌ県内の区間では、19kmにわたって直線の道筋が延びる。街道のルートは、低地の沼沢地をできる限り避けるように選定されている。一方、起伏の激しいところでは、街道は尾根沿いに延びる。一部の区間は

等高線に沿っているが、その区間とそれ以外の区間とが結合する部分は、傾斜度15%の急坂になっていることもあった。当時の四輪荷車には旋回できるタイプの前車軸が備わっていなかったので、そうした荷車が曲がりやすいようカーブのある所では道幅が広くなっていた。

大半の街道の横断面は、雨水がスムーズに排水されるように中央部が盛り上がった凸型をしていた。ガリアの道幅の平均は5～8m、平均では約6mであるが、側溝や時折見られる路肩は含めていない。この値は、ラテン作家の小プリニウスが薦める幹線道5.4m、側道3mという道幅とも合致する。

大半の街道には、街道に沿って排水用の側溝が延びており、航空写真では黒っぽい線のように写るため、簡単に識別することができる。側溝は路面の縁に接するように配してあり、時には路面の修復のための採石場に早変わりすることもあった。おそらくソンム県のピキニー周辺にある街道の側溝がその一例になるだろう。この街道は、道幅がかなり広めで9mに達するのだが、側溝は深さ1.5mで、幅はなんと10mを超えるのである！

一部の街道では、その両側からそれぞれ20mほど離れた位置にまた別の溝が掘られていた。これは街道用地の境界を示し、街道に隣接する地所の所有者がたとえなんらかの所有権の主張をしてきたとしても、用地をしっかり保全するためのものだったと考えられる。しかし、この二重の境界線は、荷車や馬車が行き交う車道に対して、それと並行する通行帯を示す役割もあっただろう。

山岳地帯を越える区間では、街道の道筋を決めるにあたって多くの困難が待ち受けていたが、街道建設者たちはまさに創意工夫を凝らしてそれらの困難を克服した。そうした例としてよく引用されるのが、オート＝アルプ県のグルノーブルからロタレ峠に向かう街道である。ここでは「削られた岩」と名付けられた道が岩山を掘削して通されたが、その幅はわずか2mしかなかったので、本当にローマ街道なのかが疑問視された。しかし、木製の橋床を差し込むための溝と穴が発見され、その橋床を空中に張り出す形で設置すると道幅はほぼ2倍になったと考えられることから、疑念は払拭された。スイス領のジュラ山脈にあるヴィトブフの近郊では、この山脈を越える3本の主要街道のうちの一つが通り、イヴェルドンとブザンソンを結んでいた。213年、皇帝カラカラの命を受けてこの区間の補修を担当したローマの建設者たちは、斜路の勾配が平均10%から15%を超えることのないよう、突出し

[*1] モーゼル川沿いにあるエピナルの町で、通俗的な伝説や歴史を題材として作製された版画。

▶ ヴィルテル〈アンブルッスム〉とヴィドゥル川に架かるアンブロワ橋。この橋は11のアーチ*から成り、その長さは100m以上に及んでいた。図から明らかなように、橋脚の上流側には水切りのための張り出しが突き出ており、さらに橋脚の上部には小さな穴が開けられ、洪水の際に水流をスムーズに通すことができるようになっていた。図の手前側、川の右岸には、ガリア最古のローマ街道であるドミティア街道が走り、その両側にアンブルッスムの低地地区が広がっているのが見える。この低地地区は宿駅に相当し、宿屋代わりにもなった農場と住宅地区、そして浴場施設が集まっていた。

ている岩をならした。この傾斜の程度は、近代の車両には急過ぎるが、牛や馬、あるいは雄ラバによって鈍足ながらも安定して牽引される車両の通行には、非常に適していた。しかし、晩秋から冬にかけての天候の悪い季節には、こうした斜路は滑りやすく危険だった。そこで技師たちは、路面の中央部分に階段状にステップを掘り込ませて登坂を容易にするとともに、車両の車輪はそれぞれ階段の両側を通るようにした。

ガリアの街道網

ガリアにおける主要街道の整備は、国家ローマによる三つの要請に応えるものだった。まず第一は、征服の影響に応じた軍団の速やかな移動である。そしてこの軍事的目的にまもなく付け加わったのが情報の伝達という第二の目的で、より一般的には、行政における意思疎通のためだった。68年、皇帝ネロの死を伝える報せがわずか6日でローマからヒスパニアに伝わった（およそ1,000km、すなわち一日平均170km）ことを考えれば、この目標はおおむね達成されたと見ることができる。最後に第三の目的は、首都ローマへの、そして後には軍隊への食糧供給で、治安や安全性の点では十分とは言えない環境下での商品輸送を確実なものとすることが重要だった。

ドミティア街道は、ローマによって建設されたガリアの街道の中でも最古のものである。本街道は、ヒスパニアとローヌ川の間を楽に行き来できる経路であり、神話においてヘスペリデスの園からの帰途にヘラクレスが辿ったとされる道筋と、そして部分的ながらもハンニバルが辿った道筋も含んでいる。属州ガリア・トランサルピナの初代総督であるグネウス・ドミティウス・アヘノバルブスが、前118年に建設させたことから、ドミティア街道という名前となった。トレイユで発見されたマイル標石（マイルストーン）から、標石設置の作業はドミティウス自ら陣頭指揮したことが推測される。ドミティア街道は、ピレネー山中のペルテュス峠から属州州都のナルボンヌへと至り、それからベジエ、ニームを経て、最後にアルルでローヌ川を渡る。属州ガリア・トランサルピナ（後のナルボネンシス）の主要街道は、前1世紀末にはすでに整備済みであり、残るは広大な「長髪のガリア*」における街道網の構築であった。前27年、ナルボンヌへの旅の後、アウグストゥスはこの事業を娘婿のアグリッパに託している。アグリッパは、戦略的に重要な位置を占める天然の道筋を活用し、合理的な経路を選択することに長けていた。この街道整備計画に関する記述は、ストラボンに拠っている。

マイル標石

軍事的性格の強いこれらの主要街道は、リヨンを中心として伸びており、おそらく1世紀中頃に完成したと考えられている。その後も街道整備への後押しは続き、フラウィウス朝期（69～96年）には国境防衛施設（リメス）の整備と歩調を合わせて、ライン地方の街道建設に集中的に労力が注がれた。その後、各皇帝は主要街道と自分の名を結びつけることに精を出し、街道修復に資金を拠出し、道沿いに立つマイル標石に自分の名と業績を

メリメの足跡をたどって、アウレリア街道からジュリアン橋まで…

● ヴィエンヌにて

城を過ぎると、古代の街道に出くわす。これはアウレリア街道の一部であり、山の中腹を削って作られた。目を引くのはその舗装であり、スンマ・クルスタと呼ばれる技法で、不規則な形をした大型の花崗岩をできるだけ隙間ができないよう注意深く組み合わせられている。たいそう不便に思えるこの舗装方法が私にはまったく理解できない。馬がその上を通る際に支障をきたすこともさることながら、その巨大な石を運んで設置するという実際の建設作業は、ひどく骨の折れる、そして非常に費用のかかるものであったに違いない。たしかに、この資材の耐用年数は無限であり、そうした資材を用いたこの卓越した民族（ローマ人）は、自分たちの能力を将来にわたって消えることのない記憶として子孫に伝達することを何よりも望んだのかもしれない。

● ヴェゾン＝ラ＝ロメーヌにて

ヴェゾンの街の二つの地区を結んでいる橋はローマ時代のものであり、完全に近代のものである欄干部分を除けば、これまで修復が施されてきたようには見えない。逆に、橋の建材として使われている大型の石塊をつなぎ合わせている金属製のかすがいが引き抜かれてしまっている。もっとも、その石塊は入念な計画に基づいてとても良い具合に配置されているので、かすがいが無くなっても建築物としての強度は損なわれていないようだ。山岳地帯を流れる全ての川に共通することだが、ウヴェーズ川は時として激流と化すが、ローマ時代の堂々たる建築物に勝ることができるのは人間だけである。

● アプト近郊のボニューにて

アプトから2リーグの地点、カヴァイヨンに向かう街道の左側に、ほぼ常に干からびている急流にかかるローマ時代の橋が見える。人々はこの橋をジュリアン橋と呼ぶが、輝かしい由来を付与すべく、その橋の建設をユリウス・カエサルに帰しているのだ。橋は三つのアーチ*からなり、真ん中のアーチは他の二つよりも大きい。さらに、二つの主橋脚それぞれの上部には、かなり大きなアーチ型の穴が開けられている。これによって橋は優雅な外観となっており、さらに言えば、穴は氾濫の際に水流をスムーズにする。中央アーチと橋脚は、大型の石材をセメントなしで並べて構築したものである。石材を互いに繋ぎあわせていたかすがいは盗み取られてしまったが、かすがいを取り出すために開けられた深い穴の箇所には、水流による損傷はまったく見られなかった。他の二つのアーチは、内部が小型の石材で築かれており、大型の石材を使用しているのは外面だけである。現在の欄干の高さは7～8プース［1プース＝約27mm］しかない。ただ私には、橋の建設より後の時代に欄干が取り壊されたとは思えない。垂直方向で見たときに、欄干はアーチの外面からわずかに出っ張っている。

プロスペル・メリメ『南仏紀行ノート』1835年

▲ ヴィエンヌ市街に架かる橋のうちの一つ。往来と活気がある様子が見てとれる。

刻んでそれらを不朽のものとすることに特に励んだ。こうして刻まれることになったであろう、ブール＝サン＝モーリス（サヴォワ県）で発見された碑文によれば、163年にタランテーズ地方を壊滅的な洪水が襲い、皇帝ルキウス・ウェルスは「堤防を数カ所に築いて流水の向きを変え元の河床に戻す一方で、激流によって滅茶苦茶となった街道を修復させた」。

マイル標石は特に重要な街道沿いに設置されたものであり、属州ガリアとゲルマニアの二つ合わせて、およそ600基が知られている。天然石でできた柱状で、高さは1.8～4m、ときには柱身と一体化した方形の台座に載せられていた。石の上部には、複数行にわたって大文字で碑文が刻まれており、例えばプレジルベール（ヨンヌ県）付近で見つかった標石には、「大神祇官長であり、ゲルマニアの大征服者、護民官職権を保持し、執政官を二度務め、前執政官である最高指揮官カエサル・マルクス・カッシアニウス・ラティニウス・ポストゥムス・ピウス・フェリクス・インウィクトゥス・アウグストゥスに。ハエドゥイ族の領内、アウグストドゥヌムから72,000ペース、ウォサグス山において」と記されているのが読める。旅行者は、1ローマ・マイル（1,481m）毎に、あるいは他の一部の街道では2,222m（1ガリア・リーグ）毎にマイル標石を目にしていた。ガリア最古のマイル標石は、前118年にドミティア街道沿いに設置された。まさにこのドミティア街道のニームとボーケール間の区間で「カエサルの柱*¹」と、現存する二つの本物の標

*¹ アウグストゥス、ティベリウス、アントニヌス・ピウスの三皇帝によって設置された3基のマイル標石で、現在も同じ場所に隣り合わせに立っている。

▲ 四輪荷車に積まれた大型樽の輸送

Thésée テゼ：〈タスキアカ〉レ・マゼルにて、建設中の建物

▲ ロワール＝エ＝シェール県のテゼ（ポイティンガー図*では〈タスキアカ〉）という小村には、現在のフランスで目にすることができる建築遺構の中で、最も見栄えのするものの一つがひっそりと眠っている。驚くほど保存状態の良いこの遺構は、複数の建物から構成されており、それらを取り囲むように囲い壁が巡らされている。北側にあるのが最も印象的な建物で、長方形プラン*（40×14.7m）の広い部屋と、その手前側にある歩廊から成る。歩廊は、角の部分に、外に張り出す小さな部屋を伴っている。この建物の東側には小さな部屋が付属しており、その壁は現在でもなんと高さ5.5mの部分まで残っている。一方、南東側には、同じく囲い壁に接する形で正方形の二つの部屋から成る建物が立っている。そして南西側には、小さな建物が独立して建っていた。これら三つの建物には、いずれも入口や窓といった多くの開口部が設けられていた。ここに描かれている建築風景が示すように、

石によって区切られた1ローマ・マイルの区間を見ることができる。

こうしたマイル標石が古代の作品中で言及されることは稀だが、5世紀にシドニウス・アポッリナリスがある街道について触れている。「（その街道沿いでは）皇帝の名前がすでに古びたマイル標石の上で葉に覆われている」。同様にきわめて稀なのが、描写された作品中におけるマイル標石の表現である。アルロン（ベルギー）で発見された浮彫には、荷車がマイル標石の前を通過していく様が見て取れる。一方、トリーア近郊イゲルにあるセクンディニウス家の墓廟の二つの側面には、2人用の座席を備えた荷車が、碑文の刻まれたマイル標石の前を通過している様子が描かれている。最後に、デオル（アンドル県）で発見された大理石製石棺の蓋の部分には、狩りに出かける男たちの一団がマイル標石の前を通り過ぎる光景が表されているが、この標石には「Ⅲ（ローマ数字の3）」が読み取れる。現代において、高速道路と二つの小集落を結ぶガタガタの舗装の道とを分かつ明瞭な違いというものは、古代ローマにおいてもまったく同様で、属州の州都を結ぶ街道と田園地帯のウィッラに通じる道に顕著な違いがあることは確かである。さらに、ローマの街道の格付けは、現代の道路網の格付けを想起させる。ローマ人測量技師シクルス・フラックス（1世紀）の記述を参照すると、道路は法的には三種類に区分されていたことが分かる。一つ目は公道で、国費によって建設され、ドミティア街道やアウレリア街道のように建設者の名前に因んで名づけられており、道路網の中でも主要幹線に当たる。この公道を直接監理下に置いていたのが街道管理官であり、関係するすべての工事を専ら監督していた。次は地方道で、公道から分岐してある地方の中の複数の集落を結んでいた道であり、当然ながら道路全体の中で大多数を占めた。最後の区分は、ウィッラとウィッラの間を結ぶ私道である。

陸上交通、諸設備、諸業務

商品の輸送に関して言えば、おそらく街道の重要性は過大視されてきたと言えよう。というのも、今日一般的に考えられているよりもはるかに重要な役割を、河川水運が果たしていたからである。きわめて小規模な河川でも水運に利用されており、それに対し陸路は航行可能な二つの河川を結ぶ単なる連結路にしか過ぎないということが往々にしてあった。しかしながら、ローマ期ガリアの主要街道の交通量が多かったことは否定できない。騒乱の時代にはローマ軍が、おそらく最優先で主要街道を利用した。例えばポンペイウス指揮下の兵士たちは、アッロブロゲス族（ドーフィネ地方やサヴォワ地方を領域としたガリアの部族）を

建築には形の整った石灰岩の小型石材が用いられる一方で、ところどころにレンガによる均石（ならいし）の列が挟み込まれている。角部分の補強積みや、アーチ*部分、そして足場用の腕木を差し込むための壁穴の部分にもやはりレンガが使用されていた。また、魚の骨の形に切石が並べられている箇所が単発的に存在しているため、別の石積み方法も用いられていたことがわかっている。

これらの建築物の役割は何であったのだろうか？ 研究者によって、ときにはウィッラ、ときには要塞、またあるときには宿駅と見方が分かれている。しかし、最後の宿駅という仮説が最有力であるように思われる。レ・マゼルの地には、トゥールとブールジュを結ぶ街道沿いに、シェール川の水運とも結びついた宿泊所があったのではないだろうか。

撃破した後、セルトリウスの反乱に終止符を打つべく、ドミティア街道を使って強行軍でヒスパニアへと至った。

主要幹線は、帝国行政のための公的な駅伝業務であるクルスス・ププリクスの活躍する舞台でもあった。駅伝制度は皇帝アウグストゥスによって創設され、後に兵站も所管する、運輸長官の管轄となった。2世紀末時点では、各宿舎や各駅伝所には、ラバ引きや事務官、兵士たちの給与や、駄獣と車両の維持管理に充てるために予算が割り振られていた。任務の令状を携行した帝国官吏は無料で駅伝用車両を利用できた。この特権は時には他の利用者にも拡大付与された。例えば、314年、皇帝コンスタンティヌスは、重要な教会会議をアルルに招集する決定を下したが、司教たちは希望すればアルルに赴くためにクルスス・ププリクスの車両を利用することが許された。

首都ローマの食糧供給は、皇帝たちにとって常に心配の種であったが、そうした中でガリアは穀物や食料品の主要な供給元の一つだった。そして、帝国政府による特別な業務として、集荷、貯蔵、輸送を通じて食糧供給を行うアンノナという業務があった。こうして、重荷を積んだ荷車からなる輸送隊が兵士に護衛されながらガリア南部に集まってきて、目的地である二大輸出港、ナルボンヌとアルルに向かった。

こうした公的性格を帯びた通行者に加えて、大規模卸売商にせよ、小売商にせよ、はたまた行商人にせよ、とにかく商人たちも公道（ローマの街道）を通行した。非常に多種多様な生産物も街道に沿って流通し、市場や定期市に集まった。大プリニウスは、ガチョウの群れがモリニ族の領域（現在のパ＝ド＝カレー県）からローマまで歩いて移動した（！）ということまで伝えている。

こうした道のりを旅行者や巡礼者も行き来した。「よく世に知れた豪華絢爛さを、そして人々が大金を使って建てた神殿を見るために、また、古代の美術品について語ることができるように

なるために、我々は陸も海も貫いて世界を駆け巡り、間近に迫る死を物ともせず、熱っぽく古の伝説の作り話を掘り返す。我々は己の幻想のためにありとあらゆる国々を駆け巡るのだ」。この記述を残した無名のラテン語作家のように、多くのガロ＝ローマン*人が観光旅行に没頭した。道中には湯治客や巡礼者も多かった。なぜなら、ガリアの湯治場は帝国全土で実態以上の名声を獲得していたからである。皇帝アウグストゥス自身も、ピレネー山中の施設に湯治に来たことがある。その娘のユリアは、伝説によれば、ダクスで湯治を行ったという。

田園地帯にある多くの聖域は、信者の群れを引き寄せた。一部の巡礼者は、危険を冒して遠方の目的地を目指すことも厭わなかった。その中の1人が、ボルドーのあるキリスト教徒であり、彼は333年にイェルサレムに赴き、その際ガリアにおいて377マイル（およそ560km）を踏破したのである。

このように街道を往来する人たちは皆、神々からの恵みを自らに呼び寄せるべく、浅瀬を渡るときには小銭を投げ入れるのを怠らなかったし、都市周縁部にある墓地に沿って歩くときは死者たちに挨拶をした。またケルンの退役兵のように、四ツ辻や三ツ辻の女神や、道、小道に生贄の獣を捧げることも怠らなかった。

当時の人々は、こうした道のりを徒歩、輿、馬やロバ、または車両で移動した。ガリア人は車両の製造に非常に長けており、使用目的に応じてきわめて多種多様な車両があった。例えば、キスム（二輪の軽量馬車）から、ベンナ（フランス語でトロッコやバケットを意味するbenneの語源）やプラウストルム（一種のタンク車）、そしてレダ（四輪の重量馬車）まで、さまざまである。大プリニウスの記述を信じれば、ガリアの青銅鋳造師は装具を熱して銀メッキを施したり、小像を模ったモチーフで車体に装飾を施す技術をもっていたため、これらの車両は堂々とした様であった。旅行者や街道利用者は、食糧や宿所、雨露をしのぐ場所を求め、

船頭と曳舟労働者

再び僕は、荷包みやアンフォラ、樽を積んだ大型の舟を目にした。小さめのマストにはロープが結び付けられ、そのロープを、体を二つ折りにしながら歩を進める男たちの一団が河岸側から引っ張っていた。

僕が乗っている舟の船長が説明した。

「荷の積み替えの問題がお分かりになるでしょう。私の船荷については、たくさんの艀が必要になるでしょう。おそらく100艘以上でしょうな。私がウィエンナ*1かルグドゥヌムの港に接岸する頃には、最大でも1日6、7マイルしか進まない艀どもがいったいどの辺をうろついていると思いますか？」

すると何かの歌声が聞こえてきた。

"船頭の奴らときたら、俺が知ってる中でも最悪の連中の部類だぜ、本当に！ 奴らは、船上でアンフォラの酒を飲み干しながら、背中をひどく痛めながら舟を曳き、しかもはした金を稼ぐためにそうしているあの哀れな連中のことを馬鹿にすることで時間をつぶしてやがる。"

この文句に満ちた歌詞に僕は驚いた。こんなことを歌うのを許しておくなんて、あの舟の船長は、哀れな者たちの味方だと

いうのか？ 父が絶えず僕に断言していたのは、畑でも他所でも懲罰を用いなければ、彼等からは何も引き出すことは出来ないということだ。いったいこの男はどこから来たのか？

僕は、さらにあの船の船長が喋っていたこともいくつか聞き取ったつもりだ。

「お前はいつも文句をぶうぶう言っていてもよい、お前は舟を曳くために育てられたのだ、もし金が欲しけりゃ、さっさと…」

そして、嘲笑と脅しの文句が付け加わる。

「その一、サボったら、お前をお払い箱にする…そんで、その四、お前は食い過ぎで、消化不良を起こしているのか？」

僕は尋ねた。「僕にはよく見えないのですが、彼らはロープに繋がれているのですか？」

船長が答える。「奴らは、その手で握りしめているロープを引っ張るか、あるいは、その上半身に巻き付けられた装具にロープを固定するかです。二番目の方法のほうが効率的ですな。」

クリスチャン・グディノー『マルクスの旅』2000年

*1 ヴィエンヌの古代における通称。

▲ ボルドー市内を流れるドゥヴェーズ川のほとりの活気ある様子

道沿いに散らばる休憩所や宿駅に立ち寄った。10kmから15km毎に立つ駅伝所では、涼んだり休んだりすることができた。もっと間隔をおいて、道のりの厳しさに応じて平均で30kmから50km間隔で立っていたのが宿舎である。設備が充実している宿舎は、場合によっては夜間の宿泊所となった。

宿舎で巡礼者や旅行者は、食事をしたり、馬に飼葉をやって休ませたり、鍛冶場で蹄鉄を打ち直したり、さらに必要ならば車大工の世話になるのも自由だった。公道沿いでは、こうした宿駅はクルスス・ププリクスにとっての宿泊地の役割を果たした。

ローヌ川からペルテュス峠までのドミティア街道沿いでは、25kmから30kmの間隔で主要な宿舎が並んでいた。これには、ウゲルヌム(現ボーケール)、ネマウスス(現ニーム)、アンブルッスム(現ヴィルテル)、セクスタンティオ(現カステルノ＝ル＝レ)、フォルム・ドミティイ(現モンバザン)、ケッセロ(現サン＝ティベリ)、バエテッラエ(現ベジエ)、ナルボ(現ナルボンヌ)、アド・サルスラエ(現サルス)、ルスキノ(現シャトー＝ルシヨン)、アド・ケンテナリウム(現モレイヤ＝ラ＝イラ)、クラウスラエ(現レ・クリューズ)、スンムム・ピュレナエウム(現ペルテュス峠とパニサール峠)が挙げられる。

しかし、考古学による発掘調査の結果、大多数の街道沿いで建物や住居の跡が発見されたとはいえ、それぞれの遺構に「宿舎」や「駅伝所」という呼称を割り当てることは困難である。それゆえ、より慎重に「街道休憩所」、「宿駅」、あるいは「宿泊所」という言葉を使用しているのである。

テゼ(ロワール＝エ＝シェール県)の町マゼルにある堂々とした建物群(p.156)は、「宿舎」と認識されている珍しい建築物である。この施設は、複数の建物とそれを取り巻く囲い壁で構成されている。大きな建物は長方形プラン*で、正面には回廊があり、その両脇の角部分にはそれぞれ張り出した小部屋がある。また、正方形プランの部屋が複数あり、入口近くに小部屋も備えている。現存の壁の高さは驚くべきものがあり、最も高いものでは5.5mに達し、一部の窓もまだ目にすることができる。

トゥールからブールジュに向かう街道沿いの宿駅であるテゼは、ポイティンガー図*ではタスキアカとして言及されているが、シェール川のほとりのトゥロネス、カルヌテス、ビトゥリゲスの3部族の領域が接する箇所に立地していた。一部の研究者は、テゼに厩舎や付属建物、そして倉庫が存在していたことを指摘している。

山岳地域では、谷間に宿泊所があった。そのため、大サン＝ベルナール峠ではブール＝サン＝ピエール(スイス)に宿舎があり、登坂にとりかかる前に体力を回復させるために、あるいは吹きさらしの坂に立ち向かった後に宿を求めてそこに立ち寄った。安全上や便宜上の理由から、宿屋は公的な宿舎の近くに建てられたが、こうした民間の施設はガリアではほとんど知られていない。いくつかの宿屋は、風変わりな看板を掲げていた。例えばナルボンヌでは「鶏小屋の雄鶏に」、リヨンでは「ここではメルク

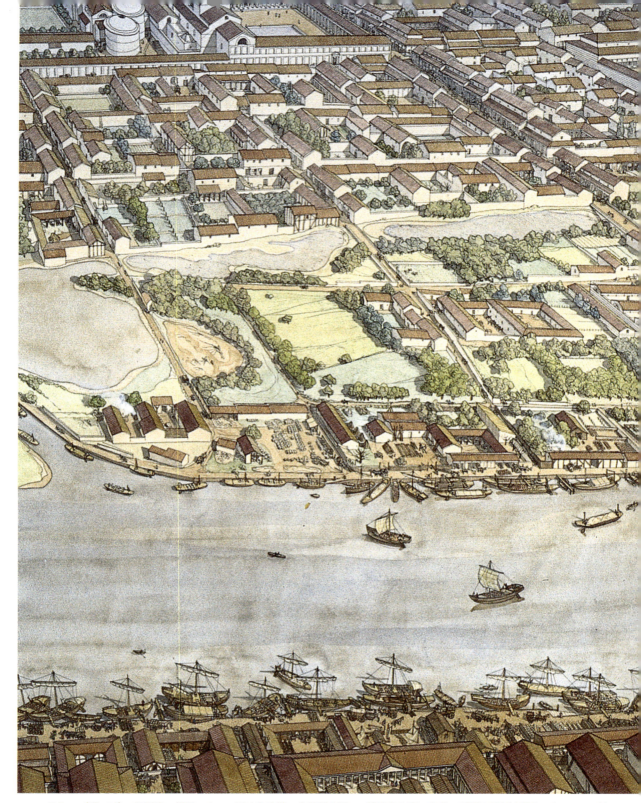

▲ ルテティア（現パリ）の河川港の様子。セーヌ川は帝政期の全期間を通じて経済的な面で非常に重要な役割を果たした。セーヌ川の河川交通は、パリシ族の領域で活動するナウタ（河川水運業者）たちが結成した、有力な組合によって管理されていた。パリシ族は、埠頭や、船に乗り込むための傾斜付き出入路、そして浮き桟橋も備えた正真正銘の港湾施設を有していたのである。ティベリウス帝の治世下（14〜37年）には、ナウタエ・パリシアキ（パリシ族の河川水運業者たち）が、神々の浮彫で装飾された石柱を「彼らの共同資金からの支出で」奉納している。

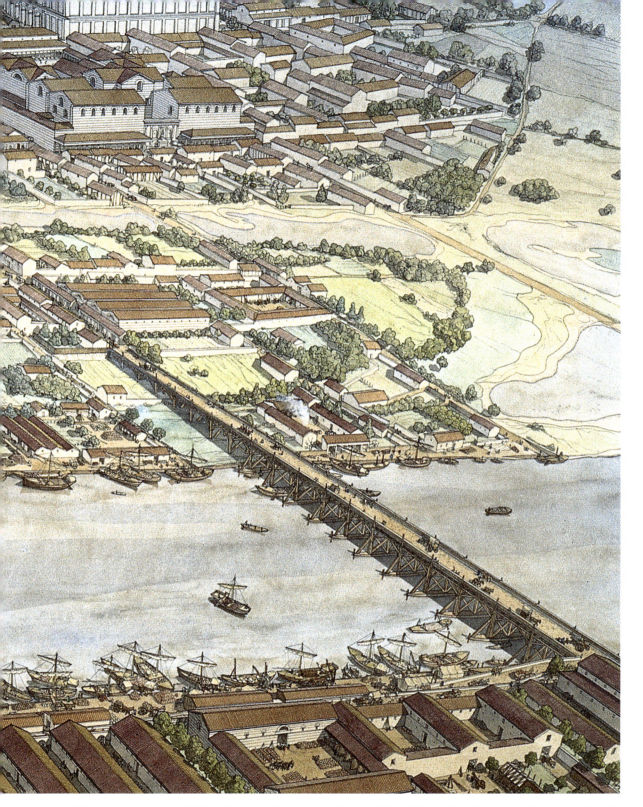

リウスが利益を、そしてアポロンが安寧を約束する」と掲げている宿屋があった。アンブルッスム（現ヴィルテル、エロー県）の低地地区において考古学者が発見したのも、おそらく宿屋であろう。この建物は大きな中庭を備えており、中庭は荷馬車用の入口を通じてのみ表通りに通じていた。その中庭を取り囲むように二種類の建物が並んでおり、一つはおそらく宿泊者用の部屋で、もう一つは厩舎か係員の住居に相当すると考えられる。施設全体は前1世紀に建設され、パン焼き用の大窯と、中庭にはおそらく臼の台座と思われるものと鍛冶場の跡も見つかっている。宿屋ではないかという仮説は、馬の蹄鉄や、荷車や馬具の部品、そして雄ラバの蹄の跡が発見されていることからも信憑性が高まっている。

161

▲ アルルのローヌ川にかかる舟橋。ボルドーの詩人アウソニウスが言及しているこの舟橋は常設のもので、2世紀に設置また修復されている。ローヌ川の渡河と船の河川航行を可能にするという、二つの役割を担っていた。アルルは、ローヌ川の河岸に広がる重要な河川港だったのである。技師は、互いにしっかりと繋ぎとめた大型の平底船の上に木製の敷桁を渡し、さらにその上に路面を設置した。激しい川の流れに耐えられるよう、この舟形の橋脚はそれぞれがロープによって巨大な石材でできた石積構造物に繋がれていた。橋の両端部分にはそれぞれ石造りの塔が建てられた。この塔は一種の跳ね橋を備えていて、ウィンチを使っていつでもその部分を跳ね上げることができた。舟が来ると、この操作によって橋の可動部分が持ち上がり、舟はすんなりと通過することができたのである。

アオスタからリヨンに至る街道上の小サン＝ベルナール峠の最高地点にもまた宿屋が立っていた。宿屋は、街道のまさに縁に建てられており、長さは67.5mで、内部は二つの部分に分かれていた。一方は、厳密な意味での宿屋で、通りに直接面しており、六つほどの部屋が中庭を囲んで整然と並んでいた。おそらく2階も存在していたと思われる。もう一方は、厩舎や鍛冶場、工房を備えた車両・馬用のスペースだったとみられる。

こうした宿泊施設には活気がみなぎっていたに違いなく、その様子は想像に難くない。ただ、施設の多くには悪評がつきまとった。主人はケチで狡猾なことで有名で、その女将は呪術師、さらには魔女であるという噂がたつほどだった。しかし、旅行者が宿に着くと、もてなしは丁重なものだったことをアルルの碑文が証言している。「旅人よ、聞いてくれ！さあどうぞ中に入って。あなたの目には青銅板が飛び込んでくるだろう、そこにはどんな情報でも載っているさ」。一旦中に入ると、（ポリュビオスが属州ガリア・キサルピナの話として伝えているように）、1人あたりの料金を取り決めるか、または出発時に各自の代金を清算するという流れになる。後者の方法は、とある宿屋では日常的に行われていたもので、出発時における次の会話がこれを裏付けている。「ご主人、会計をしよう。ワイン1瓶とパン、1アス。食事、2アス。いいだろう、了解。遊女の手配、8アス。これもいいだろう。雄ラバ用の干し草、2アス。これで用事先にラバで行けるだろう」（イセルニア〈アエセルニア〉の碑文、『ラテン碑文集成』IX, 2689）。

街道上では、盗賊やその他の犯罪に遭遇するのはごくありふれたことだった。とりわけ、250年代以降バガウダエと呼ばれる集団が現れてからは尚のことで、この集団はまさに武装グループと呼べるものだった。そのため、小規模な要塞や監視所が必要とされた。ジュブランでは、街道が交差する地点に防護施設を備えた宿駅があり、二重の防壁のうちの一方には塔も備わっていた。ロワール県のレでは、リヨンとロアンヌを結ぶ街道のそばに街道警備の詰め所があったと考えられている。とはいえ、それは発掘調査を行った考古学者が解釈した機能であり、補助軍の分遣隊の詰所であった可能性もある。

しかし、街道監視のために建てられた中で最も本格的で最も見事な防衛施設は、スペインとの国境のすぐ近く、ピレネー山脈を越える区間のドミティア街道沿いにある、クリューズの施設であるのは間違いない。そこでは、街道が税関の小さな建物を貫くように走っているが、その建物を両側から挟んで見下ろすよう

にローマの二つの要塞（クリューズ＝オトゥ要塞とモール城）がそびえている。税関では、運搬している商品の価値の40分の1に相当する通行税を旅行者は支払わなければならなかった。

橋梁

街道はしばしば浅瀬を利用して河川を渡っていた。そのような場所には、浅瀬に単純に石を敷き詰めたり、あるいは玉砂利で覆った路面を石灰で固めたりして整備した。河川の水の底に溜まった土砂を取り除く作業（浚渫）を行うと、時折大型の梁や、杭、横梁といった部材が見つかることがあるが、これらは水没した木製橋床の残骸の一部だと考えられる。空撮写真を見ると、浅瀬の付近が三叉路のような形をした明るいしみのように浮かび上がって見えることがよくあるが、これは川を渡る際に複数のルートがあり、どれで渡るか旅行者の判断が分かれていたことを表している。

ソミエールから南東に10kmほど行ったところにあるアンブルッスム（現ヴィルテル、エロー県）では、オッピドゥム*の麓で、ドミティア街道がアンブロワ橋によってヴィドゥル川を渡っていた。現在は川の中央部分にアーチ*が一つだけぽつんと立っているだけだが、元々の橋は11のアーチを備え、長さ100m以上に及んでいたはずである。各橋脚の上流側には水切りの張り出しが突き出ており、橋脚の上部にある長方形の穴によって洪水の際は水流をスムーズに通すことができるようになっていた。化石の貝殻を多く含むモラッセという石材が4km離れた場所から切り出され、接着剤等を何も付けない状態で置かれた後、ほぞ接ぎによって固定された。

ジュリアン橋は、アプトの近く、ボニュー（ヴォークリューズ県）の町でカラヴォン川をまたいでいる橋である。長さは78mで、三つのアーチから成っている。アンブロワ橋と同様、橋脚上部には長方形の穴が開いており、洪水時に水の流れを妨げない仕組みとなっている。ヴェゾン＝ラ＝ロメーヌの橋は、ウヴェーズ川を高さ17.2m、幅9mのアーチ*一つで跨いでおり、アーチは両岸の岩盤に支えられている。表面は穴だらけだが、それは金属製のかすがいが引き抜かれたことを物語っている。アルゲントマグスの近く、現在のアルジャントン＝シュル＝クルーズでクルーズ川に架かるローマ時代の橋は、橋脚は5本で、それぞれの上流側には張り出しが付いている。橋の長さは110m、幅は5mで、細長い石材を用いて建設された。ジュネーヴの橋は、カエサルによって前58年に破壊されたガリア時代の橋に代わるものとして建設されたが、19のアーチで支えられたその長さはアルジャントンの橋の2倍に達した。最後に、最もよく知られた橋梁の一つである、モーゼル川に架かるトリーアの橋を取り上げよう。この橋の橋脚は七つあり、先端部分が鉄製のカバーで保護された基礎杭の上に築かれていた。また、橋の上部構造は木材で造られていた。

河川航行

ローマ帝国において、ガリアほど河川航行が一般的だった属州は他にはない。ローマ期ガリアの川船の船頭たちは、今日我々からすれば航行にはまったく不向きだと思うような、とても小規模な河川ですらも活用したのである。たしかに、河川交通はカエサルによる征服の後に飛躍的な発展を見せたが、独立時代にもすでに重要な役割を果たしていた。ガリアの職人たちは木材の組み立てや加工技術を完璧と言えるほどに習得しており、造船分野において彼らの右に出る者はいなかった。また、ガリアの河川網は濃密でなおかつ丁度よい具合に配置されていたので、船頭たちには経路の選択肢が非常に多く与えられていた。このような理由が合わさって、ますます造船が行われるようになった。

さまざまなタイプの川船が、河川網を縦横に往来していた。小規模河川では、ラテスと呼ばれる、平底でオールまたは陸上からの牽引によって進む舟が用いられた。同様に広く普及していたのがリントレスと呼ばれる荷役用の舟で、船体や船底は丸みを帯びており、船首や船尾は高く反り返っていた。また、小さなマストを備えていて、マストには陸上から牽引するための引綱が結び付けられたが、オールを兼ねた舵を船の後方で操作することによっても操船が行われた。最後に挙げるのは、ポントネスという、より大型の船で、デッキを備えていてオールの漕ぎ手を乗せることもできたため、主要河川を行き交っていた。

河川港も複数確認されており、例えばパリ、アミアン、ラズネ、ブールジュ、そしてベルギーのポムロウルがそうである。多種多様で活力に漲った人夫たちが仕事に勤しんでいたのは、河川沿いに点々と並ぶ港湾施設においてだった。荷揚労働者、木材運搬用の筏の船頭、そして曳舟の労働者が最下層に属した。ウトリクラリウスに関しては、その正確な職務内容はやや曖昧なままであるが、おそらく革袋を製造していたとみられる。彼らが作った革袋は、ワインやオリーブ油を輸送するためだけではなく、筏を浮揚させるためにも使用された。彼らの一部は、シミエのウトリクラリウス組合にメルクリウスの像を贈った組合保護者のように、地方名士の仲間入りを果たした。

もう一つの別な専門集団が、ラティアリという人々である。彼らは、筏やラテスを用いた輸送業者であり、渡し守や操船を担う船頭たちをも統合していた。

ナウタ（河川水運業者）は、ガリア内陸部の商業ネットワークにおいて主導的な役割を果たした。船頭、船主、そして水運業者でもあるこの人々は、水運がもつ低コストという強みを生かしていた。積荷の性格にもよるが、水運による輸送は、陸送と比べ5倍から10倍も安上がりだったのである！ナウタたちは進んで宗教的な役職（主に皇帝礼拝六人委員*）を受けもったが、商取引を土台にしてその富を築いたのである。ティベリウス帝の治世下（14〜37年）のパリ〈ルテティア〉では、神々の浮彫で飾られた柱状記念碑をナウタたちが「自分たちの団体からの出費で」捧げた。ナウタに言及した碑文はとりわけリヨンで多く見つかっており、この街が全ガリアの主要河川港であったことを裏付けている。その他の地域のナウタは、パリのナウタ以外、自分たちがある特定の河川で活動する船頭たちだということをはっきり示している。そのため、デュランス川のナウタ、そしてアルデシュ川、ロワール川、モーゼル川、アール川、ローヌ川、そしてソーヌ川にそれぞれのナウタたちがいたことが知られている。■

海港

沿岸地帯が発展しており、多様な海岸線を有するため、ガリアはどの時代でも港の建設に適した地域であった。アルルを除けば、ローマ期ガリアのこうした港は、ローマが支配する前の時代を継承したものとも言える。しかし、新たに整備が行われたことで、それらの港は新たに与えられた役割を最大限果たしうるものとなった。

1世紀初め、海上輸送に君臨したのはマルセイユとナルボンヌの2港だった。しかし、古から続くポカイア人の都市であるマルセイユは、すでにヘレニズム時代に海上交易によってその全盛期を迎えており、今やその経済的な凋落は明らかだった。この長期にわたる衰退の裏には、後背地との交通が不便だったこともあるが、前49年の都市攻囲（当時マルセイユ〈マッサリア〉はポンペイウスの側に付き、カエサルに歯向かった）に代表される政治的要因が特に大きかった。それに対しナルボンヌは、前118年に植民市（コロニア）として創設された後、前45年には退役兵の新たな入植が行われさらに確固たる都市となり、まさに伸び盛りにあった。ナルボンヌが属州の州都になったとき、すでに属州もナルボンヌにちなんでナルボネンシスと呼ばれていたのだろう。

ライン川流域での経済的、軍事的な飛躍に対応するため、新たな港としてアルルの港が建設された。その場所は、整備を必要とはするものの、河川水路網における天然の終着点と言えるところだった。大西洋側では、外洋船が到達可能な港としてボルドーがあった。また、タルモン（シャラント＝マリティム県）近くのバルザンで行われた発掘調査によって、ノウィオレグムという港湾都市の実像が少しずつ明らかになってきた。

マルセイユとナルボンヌ

1967年に始まった商工会議所地区での発掘調査以降、マッサリアの港湾施設は、ローマ期ガリアの中では最も解明が進んでいる事例である。現在旧港と呼ばれる湾は、古代においては湾の奥にラグーン（潟湖）と沼地が存在したことから、湾東部と北東部は今よりも陸地に食い込んでいた。これらのラグーンと沼地は、土砂やアンフォラを持ち込んで形成した層によって徐々に埋め立てられ、その結果一帯は衛生的な環境となった。湾の北東部の角状に伸びた部分は、整備の結果、大型の切り石を積んだ壁体によって区切られることとなる。この壁体の上には、海面低下の痕跡を今でも確認できる。このように明確に区切られた湾は、現在の旧港よりも広く、幅125mの狭い湾口を経て外洋に通じていた。船荷の積み下ろしは木製の桟橋によって可能だった。桟橋は岸に対して直角に建設され、安定性を高めるために、あらかじめ石を詰め込んだ船体を意図的に海中に沈めて桟橋の基礎としていた。

湾の北部には、400m以上にわたって倉庫群が立ち並んでいた。これらの倉庫は、おそらく1世紀前半に建設されたが、その内部には床に下半分が埋まった状態のドリウム（貯蔵瓶）が並んでいた。底部から上端までの高さが2m近く、そして直径は時に1.75mに達することもあるドリウムは、オリーブ油やワイン、穀物の貯蔵や保管のために使われた。2世紀になると、この従来の倉庫は、新しいものに建て替えられることとなる。その近くでは、粘土層とシルト層を掘削し切石を積み上げた巨大な水槽が建設され、そこに近隣の泉で湧き出た真水を蓄えて、船舶への補給用の水とした。そして、こうした港湾設備に欠かせないものとして、造船所と船体補修のための工房が存在した。

やがて、ポカイア人の作ったこの古の港に、ナルボンヌが取って代わることとなる。一部の史料によれば、マルセイユは重要な商業ルートから外れた位置にあったために、もはや沿岸航行のための単なる中継地にすぎない存在となっていた。ただ、状況をそこまで悲観的に見る必要はあるのだろうか？　答えを出すのは難しいが、古代の著述家はナルボンヌ港の重要性を好んで強調する傾向にある、ということは明らかだ。そうした著述家の1人としてまず挙げられるのが、帝政初期に活動したギリシア人地理学者ストラボンである。彼は、ウォルカエ・アレコミキ族という

港の建設方法

しかし、港の適不適についても省略されるのでなくて、どんな方法でこの中の船が暴風雨から保護されるかが説明さるべきである。もし自然に合合よく位置していて、岬または半島が突出し、そこから奥の方へ曲線あるいは矩（かぎ）の手の線が地勢上形成されているならば、その港は最もすぐれた利用価値をもっていると思われる。なぜなら、まわりには柱廊や造船所が、柱廊からエムポリウム*¹へは出入り口が、つくらるべきであり、また両側にはそこから器械によって鎖を引き渡すことができる塔が設置さるべきであるから。

しかし、もしわれわれが自然に恵まれた場所も暴風雨から船をまもるに適する場所ももたないならば、次のようになさるべきであると思われる。この場所にじゃまになる川が一つもなく一方に船溜りがあるならば、その時は他方にコンクリートまたは堆石で突堤が用意される。こうして、囲まれた港が形成さるべきである。この水中につくられるコンクリートは次のように造らるべきであると思われる。すなわちクーマエからミネルウァ半島まで続いている地方*²から粉末*³が運ばれ、それが二対一の割合いで混合槽の中で混成される。

次いで、この限らるべき場所に樫の丸太と鎖で囲んだ（潜）函が水中に降ろされ、しっかりと固定され、次いで函の内部で水面下にある底の部分が捨て算盤*⁴を用いて均され、清掃さるべきである。そしてモルタルが、上記のように混合槽で割り石と混合されて、函の内部の空間が壁体で満たされるまでそこに打ち込まるべきである。

ウィトルウィウス『建築書』V, XII, 1-3（森田慶一訳、文献3）

*¹ 港で商品をやり取りする所。／*² ナポリ湾を囲む地方。／*³ ポッツォラーナと呼ばれる水硬性火山灰。／*⁴ 格子状に木材を組んだ枠。

ガリア部族に言及する際、こう明言している。「ナルボンヌは彼らの港であるとされるが、ケルト全体の港と言うのがより適切かもしれない。なぜなら、ナルボンヌを交易場とする商人の数は、他の港を圧倒的に凌駕しているからである」。それからかなり時代が下った4世紀、アウソニウスはナルボンヌを活気もあり国際性に富む街としてやはり称揚している。「東海からも、イベリアの大海（イベリア半島とアフリカ北岸に挟まれた地中海西端海域）からも、富が汝［ナルボンヌ］のもとにもたらされる。リビア海やシチリアの船団が、そして荷を積んで海川を行き交うすべての船舶が、いや世界中の船という船が汝の波止場にやって来るのだ」。（『著名都市番付』XIII）

ローマ時代におけるナルボンヌの複雑なラグーンの状況を思い描くのには労力が必要である。というのも、海面レベルの変動とオード川の河道の移動に合わせてラグーンの範囲が定められたからである。1世紀、かつての湾はもはや巨大な湖沼と化し、沿岸の砂州を貫く狭い水路（レ・グロ。ラングドック地方において湖が海に注ぐ水路を指す）によって海と接続していた。この湖沼が、ラクス・ルブレスス（「赤い湖」を意味する。現在のシゴアン沼）であり、強風時にローム質の湖底が攪拌されて湖水が染まることにちなんで名付けられた。こうした環境を考慮すると、外洋船は外海から約15kmの距離にあるナルボンヌの街には到達できなかったのである。外洋船が接岸したのは複数あった外港（グリュイサンとポール＝ラ＝ノティク）であり、そこで船荷は積み換えられ、筏や喫水の浅い小舟でナルボンヌの倉庫へと運ばれた。ロビヌ川（オード川の旧河道）沿いには河川港が広がっていたはずであり、この一連の港湾施設を補完していた。そのため、ナルボンヌの港湾施設は、伝統的なタイプの港湾というよりはむしろ大規模商業センターに近い存在であった。

ナルボンヌには、ありとあらゆる種類の船舶が集った。最もよく見られたのが、アクトゥアリアやコルビタであり、この地域で発見された浮彫がそれらの姿を現代に伝えている。前者は、沿岸航行用の船で、帆とオールで航行した。後者は、外洋航行に適した大型貨物船で、丸みを帯びた船体で、断面から見ると左右対称であり、船首と船尾はそり上がった形状だった。第三の船舶タイプは、より軽快な、横帆を備えた漁業用のものである。ナルボンヌ港の交通量はかなり多かった。ポンペイでの発掘調査の最中、考古学者によってまだ開梱されていない箱が見つかったが、その中にはミヨー（アヴェロン県）近くのラ・グロフザンクの工房群で製作された90個のテッラ・シギラタ（p.122）と30個のオイルランプが収められていた。この地域一帯の独占的な供給元であった有力な工房群は、直線距離で約100km離れたナルボンヌを経由して製品の大部分を輸出しており、この箱がカンパニア地方に到達する前にナルボンヌを経由したことはほぼ間違いない。ナルボンヌの船主や運送業者は、イタリアとだけではなく、ヒスパニア、アフリカ、シチリア、そして帝国内の他の諸地域との間にも継続的な関係を結んでいたのである。彼らは、ローマの外港オスティアで、劇場の隣にある組合広場に支店さえも出していた。この広場には、ローマ世界の主要交易拠点およそ70カ所の代理店があり、モザイク画によって寄港船の出航地が示され

ていた。Navi Narbonnenses（Navi culariiの略と考えられ、全体で「ナルボンヌの船主たち」の意）という文字の下方には、オスティア港の灯台の前で荷の積載または陸揚げをしている最中の一隻の船が描かれている。

ナルボンヌの商業の活発さをさらに示そう。ナルボンヌ港は、イタリアへの小麦、オリーブ油、そしてワインの供給にも携わっていた。ローマで見つかったアンフォラの表面には、ベジエの白ワインといった筆書きの銘文と、セクストゥス・ファディウス・ムサとプブリウス・オリティウス・アポッロニウスの刻印が残されており、この刻印は二つともナルボンヌの著名な船主の身元を明かしている。

また、ナルボンヌ港は他の帝国属州から来た物品を受け入れる役目も果たしており、それらを後背地に向けて再振り分けする機能も担っていた。主な物品には1世紀のイタリア産ワインや、ポール＝ラ＝ノティクで発見されたクレタ産ワイン用のアンフォラ、そしてオリエントからもたらされたワインなどが挙げられる。

アルルとボルドー

アルルの街は海から比較的離れていたが、アウグストゥス帝の時代から、地中海で最も活発な港の一つとして際立った存在となった。なぜなら、アルルは、海路と陸路（イタリアとヒスパニアを結ぶ幹線）、そしてソーヌ川、セーヌ川、ムーズ川、モーゼル川、ライン川へと至る河川ルートが交差する地点という立地を最大限利用できたからである。航行を妨げる主要な障害の一つとして、潮汐がないため、ローヌ川によって運ばれた沖積土が河口デルタの先端部に堆積して砂州を形成し、その砂州が喫水の深い船舶の航行を阻害するという事案があったが、かなり早い時期に取り除かれた。前103年から前102年にかけての冬に、当時執政官だったマリウスが、指揮下の兵士たちに運河「マリウスの溝」を掘削させ、この運河によって河口域を避けつつローヌ川とフォス湾は直接結ばれることとなったのである。

円形闘技場の北およそ500mの地点に、一方の岸から他方へと渡れるよう設置された、かの有名なアルルの舟橋（p.162）を挟んで上・下流両側の河岸に港は広がっていた。この常設の舟橋は、川中に錨でしっかりと固定された舟の上に作られているが、小型船舶が通航できるように、両端部には跳ね橋が設置されていた。アルルもまた、オスティアの組合広場に支店を構えていたが、街を象徴的に表すモザイク画には、この舟橋が描かれていた。

河川港でも海港でもあったアルルでは、ナルボンヌ同様、非常に活発に経済活動が行われた。このことは主に碑文、金属の鋳塊、錨、アンフォラの存在によって裏付けられている。また、港に到着した商品が、域内に輸入されるどの商品に対しても価格の2.5％の割合で徴収された間接税「ガリア40分の1税」を納入済みであることを示すために捺された鉛印も、アルルの活発さを表している。そして、五つの有力組合に結集したアルルの船主たちが、レバノンのベイルートに支店を開設した事実を目の当たりにすれば、4世紀にアウソニウスが以下の賛辞を以て褒めたたえたアルル港の経済的な活力が、より正しく評価できるだろう。「アルル、二重の街よ、かくも手厚く旅人をもてなす汝　［⇒ p.173］

Barzan　バルザン：2世紀の古代集落

▲ ジロンド川の三角江（エスチュアリー）に面した港湾都市であるバルザン（シャラント＝マリティム県）の古代遺跡は、およそ140haの敷地に広がっている。アントニヌス旅程表*に〈ノウィオレグム〉と記されている宿駅は、おそらくバルザンだと考えられる。バルザンの近くにあるムーラン＝デュ＝ファと呼ばれる場所のローマ期ガリアの遺構は、古代の巨大な円形の神殿の基礎の上に、17世紀に建てられた風車の塔があることで長い間知られていた。しかし、1975年以降、ジャック・ダシエが撮影した航空写真によって、ムーラン＝デュ＝ファ以外にも、その近辺には遺構が並外れた規模で広がっていることが明らかにされた。近年行われた発掘調査の対象は主要な公共建築物であり、最初の調査対象となったのが大規模な聖域であった。この聖域の円形の神室は直径が20.85mで、その厚い壁は12本のピラスター*によって補強されていた。この建物全体は、柱廊に囲まれた長方形の境内（106×92m）の中に位置していた。広大な倉庫と、おそらく行列行進の通路だったと考えられている、「大通り」と呼ばれる通りも発掘調査が行われた。この通りは幅が20mほどもあり、野心的な都市計画の一端を垣間見ることができる。浴場は、敷地面積が3,000m²以上で、ほぼ左右対称の平面プラン*であり、給水は強力な木製揚水機によって行われていた。この浴場の西側では、住宅地区が発見されている。街の周縁部に位置する、丘の中腹に建てられた劇場の発掘は2007年に開始された。バルザンの誇りであった神殿は、少なくとも三つあった。そのうちの一つは古典様式の神殿、もう一つは正方形のファヌム（p.176）、そして最後の一つは六角形プランの神室をもつ神殿である。大西洋に広く開いた港が外洋船にとって好都合な荷揚げ地点であったおかげで、街は繁栄を享受していた。

現在も目にすることができる建造物：1. 円形の神殿がある大規模な聖域　2. 浴場
現在は目にすることができない建造物：3. 倉庫　4. フォルム？　5. 港　6. 古典様式の神殿？　7. 東の聖域（正方形のファヌムと、六角形プランの神室をもつ神殿が位置する）　8. 劇場　9. 大通り

▲ ボルドー〈ブルディガラ〉の復元図。左上に見える円形闘技場の遺構は、「パレ・ガリアン」の名で知られる(p.81のコラムでも言及されている)。

Bordeaux　　ボルドー：帝政前期の〈ブルディガラ〉

▲ 1999年から2005年にかけて行われた非常に大規模な都市整備工事のおかげで、ボルドーにおいて20世紀の全期間を通じて発掘できた古代遺構の数よりも多い遺構を、考古学者は発見し、調査することができた。これらの発見は、ブルディガラの街と港に新たな光を当てることにつながった。市街地は、ジロンド川の三角江(エスチュアリー)より少し上流の、ガロンヌ川が大きく湾曲している地点の左岸の窪地を占めていた。5～10年頃、アウグストゥス帝によって行われたガリアの再編成の一環で、既存の先史時代の市街地には、120m四方の街区(インスラ)*で構成される大規模な碁盤の目状の都市プラン*が適用されることとなった。この碁盤の目状の中心部から市街地は拡大していき、その結果、1世紀中頃には約50haだった面積が、2世紀末には150haになった。ラテン市民権を持つ都市となったブルディガラは、大々的に壮麗な装いを充実させていく。すなわち、円形闘技場(通称パレ=ガリアン)、浴場、市場の建設である。フォルムには、街で最も有名な建造物の一つである通称「トゥテラの柱」が立っていた可能性が高いが、この遺構は1671年にルイ14世に仕えていた要塞設計士であるヴォーバンによって破壊されてしまった。このトゥテラの神殿の基礎部分と境内が存在することは2003年に確認されている。ガリアで確認されているものの中でも最大級の一つであるミトラエウム(p.185)、水道、そして帝政末期の市壁についても、同様に発掘調査や位置の確認が行われた。港は、主要な港湾施設がドゥヴェーズ川がガロンヌ川に流れ込む河口付近に整備されており、水底から約4mの高さの埠頭を備えていた。これらの施設は80年頃に整備されている。商業が栄え国際色豊かなこの都市は、おそらくセプティミウス・セウェルス帝の治世(193～211年)以降に、属州アクイタニアの州都となっている。

ボルドー港の人混み

　当時の雰囲気を一番良く再現し得るのは、時としてフィクションの物語—ここでは小説—を通じてである。今、我々は2世紀にいる。ガリアを旅行中の12歳のある少年が、ボルドーの港の様子を明らかにしてくれる…。

　実際、なんてすごい街なんだろう、ブルディガラは！ それは、街がとりわけきれいだからというわけじゃなくて、広々とした川（あっ、いや、海の入江だね、だって上げ潮がここまで上ってくるからね）が、僕がこれまで見てきたもののどれとも似ていないからさ。［…］ここには、逆波が立つし、海の香り（僕、それが分かるようになったんだよ、ほら！）がするし、そして何百もの船がいて、それはすごいちっちゃなボートから、すごく立派な船まで何百艘もね。そして、何と言っても人々。僕らの街は静かに見えるから、まるで眠っているみたいでしょ！ でも、ブルディガラじゃね、そう、特に川や港（むしろ「いくつかの」港と言うべきかも。だって、船はあっちこっちに繋がれてるから）に近い場所じゃ、人が群れてるんだよ。その中をガイウスと僕じゃほとんど前に進めなくて、でも僕らの奴隷たちが道をあけてくれて、そのためにゲンコツや鞭まで使ったんだけど、それくらい人の群れが混み合ってたんだ。すごい服（むしろ、へんてこりんな衣装）も見たし、ラテン語にもギリシャ語にも全然似ていない言葉（そもそも本当に言葉なのかな？）も聞こえたよ。屋台も出ていて、お互い縛り付けあって立っているんだけど、そこじゃ食べ物や、布、あと僕にはへんてこりんにしか見えないんだけどいろんな道具類とかを売ってるんだ。船には荷包とか樽とかをどっさり積み込んでいて、みんながみんな怒鳴ってるんだ。船長も、港の人夫も水夫長も。ピロドロスが僕に教えてくれたんだけど、外洋に立ち向かえるようにかなりしっかりと作られている船は、そのおかげでたぶんブリテン島まで航海するんだとか。他にも、イベリア半島からワインや魚醤が入ったアンフォラを運んできた船もいるよ。それに、小さな舟の集団がいて、まだピチピチ跳ねてる魚がいっぱい入ったカゴを埠頭に荷揚げしていたんだ！

　こんなにいろんな光景を目の当たりにしたもんだから、僕はすっかりたまげちゃったよ！ それに、またしても僕の馬鹿さ加減がよく出てるんだけど、誰だかよく知らない水夫同士で喧嘩が起こって、群衆が僕らを揉みくちゃにしたんだ。僕はすっかり不意を突かれたから、ついカッとなっちゃって、それで…。気付いたら、港の水の中であっぷあっぷしてたんだ。ネプトゥヌス神に感謝しなきゃ。船員たちが僕を水から引き上げてくれたんだ。でも、その時の僕ときたら、息が詰まりかけて水をポタポタ垂らしたずぶ濡れの格好だったよ。

クリスチャン・グディノー『マルクスの旅』2000年

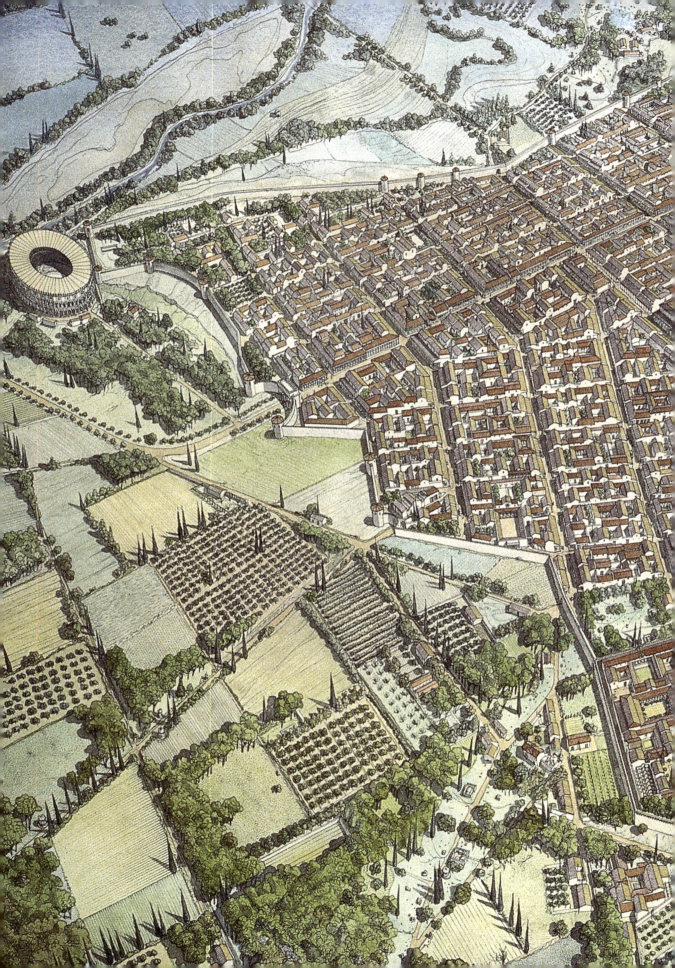

FRÉJUS　　フレジュス：〈フォルム・ユリイ〉2世紀の市街地と港の復元図

◀◀ フレジュスの街は、東に目を向ければイタリアから来るアウレリア街道が通じ、西に目を向ければスペイン方面に続くドミティア街道へと合流するという、重要な交通幹線路の上に築かれた。立地場所は特に良く選び抜かれていて、アルジャン河谷の河口付近、モールとエステレルという二つの岩山（結晶質岩体）に挟まれた砂岩地帯に位置していた。街は、おそらく前49年にカエサルによって創設され、当初から港を有していた。そして前31年、アクティウムの戦いの後、オクタウィアヌス（後のアウグストゥス帝）が鹵獲した軍艦がフレジュスに送られ、艦隊が駐留することとなった。1977年から1981年にかけてヴィルヌーヴ地区で行われた発掘調査では、市街地から南西に1km離れた地点にこの軍営地があったことが判明した。一方、司教座関連の施設群がある地区で行われた発掘調査（1979〜1989年）では、市街地とフォルムに関する貴重な知見を得ることができた。しかし、ローマ期の市街地の地形とその拡張について肝心な問題は、都市創設期における地中海岸の位置である。近年の発掘調査（2005〜2007年）によって、従来のローマ期港湾の復元図が、考古学と地球物理学による最新の調査結果と矛盾することが明らかになったのである。この新たな知見によれば、艦隊の駐屯地は広大な停泊地の奥の海沿いに置かれており、当時の海岸線はローマ期市街地のところまで伸びていたようだ。この停泊地は沖積土によって徐々に埋まっていき、結果として、軍事的役割は弱まる一方で民間の市街地は発展していった。発展の起爆剤となったのが、前29〜前27年以降にアウグストゥス帝によって行われた第8軍団の退役兵の入植（植民市創設）である。アウグストゥス期の市壁に囲まれた市街地は面積が約40haで、都市計画による街路*の形成が、前1世紀末と後1世紀に1回ずつ、計2回実行されたことが確認されている。この街路プラン*は、ガリア門からローマ門に至るデクマヌス*と、北側でアガション門に至るカルド*によって方向軸を規定していた。劇場、円形闘技場、そして浴場がそろうフレジュスは壮麗な装いとなっている。街の給水は、長さ42.5kmの水道によってまかなわれていた。

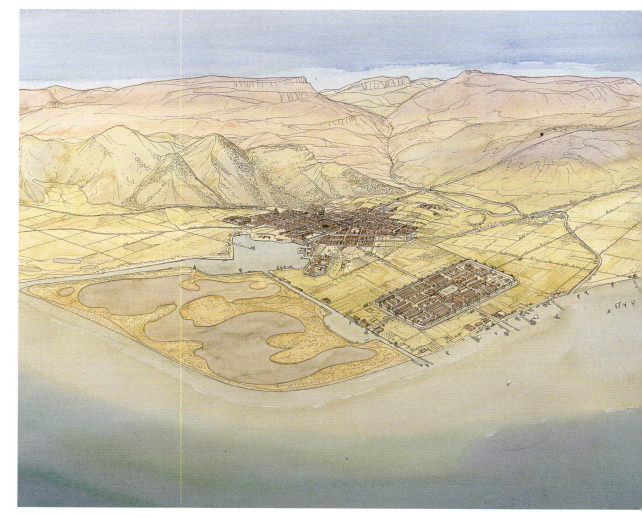

▲ フレジュスの最新の復元図

▲ 港に停泊中の船からの荷降ろし風景

の港をひろく開け放て。アルル、ガリアのローマ、それは一方にはナルボンヌを、他方ではアルプスの豊かな植民市ヴィエンヌを隣人にもつ。ローヌ川の激流がそなたを二つに分かつとも、そなたは舟橋によって一方の岸から他方へと至る広い街道を成す。そのローヌを通じてそなたは全ローマ世界から荷を受け取る。だが、そなたは己のためにはそれらの荷を持たず、他の民族、他の街々を豊かにし、その広大な胸元でガリアとアクイタニアにその荷から利益を得させているのだ」(『著名都市番付』VIII)。

ボルドー〈ブルディガラ〉には、ドゥヴェーズ川がガロンヌ川に流れ込む河口部に設けられた河川港が存在した。地中に打ち込まれた多くの杭の上に築かれた埠頭の一部が確認されている。長さは250m、幅は少なくとも50mの船溜まりには、満潮時には大型船も入ることができた。このことは、詩人アウソニウスが詩情豊かに指摘している通りである。「いずれ分かることだが、町の中心にて、尊き大海が、その激しき潮のうねりにて泉で潤う川の床を満たすとき、船団とともに訪れる海全体のごとく、近寄り給え」(『著名都市番付』XIV)。ボルドー港は、ジロンド川の川底に堆積した砂山(バンク)や三角江(エスチュアリー)から外洋に出るのが困難で、発展が妨げられてしまった。しかし、それでもボルドーはヒスパニアやブリテン諸島との間で交易を行っていたのである。交易を示す事例の一つとして、ある碑文には、属州ブリタンニアの二つの植民市エボラクム(ヨーク)とリンドゥム(リンカン)の皇帝礼拝六人委員*が、おそらく出発時に立てたであろう誓願に従って、ボルドーの守護神である女神に祭壇を奉納したことが記されている。　■

▶▶　ローヌ川の両岸に広がるアルル。この様子を、アウソニウスはアレラテ=ドゥプレクス「二重のアレラテ」と称した。奥の方には、トランクタイユ地区が見える。この地区は、果たして住宅地や手工業が盛んな単なる下町だったのか、それとも壮麗な公共建築物や組合の本部、宗教関連施設、大型の墳墓が立地する地区だったのか、詳細は判明していない。

神殿と聖域

ユリウス・カエサルは、『ガリア戦記』の中で「ガリア人は、非常に信心深い」と記している。ローマ期ガリアの建築において、宗教建造物は、非常に重視されていた。ガリアの人々が参拝に訪れていた建築には、ガリア伝統の神殿であるファヌム、そしてその後に登場するミトラエウムが主に挙げられる。

古典的な神殿

都市ローマのパンテオンとともに、ニームのメゾン・カレ（p.183）は、ローマ帝国の宗教建造物において最も保存状態が良いものの一つである。ギリシア・ローマの神殿建築を継承したメゾン・カレは、ガリアにおける古典的建築の完成形と言える。神殿は長さ25.22m、幅12.34mの長方形で、高さ2.8mのポディウム*（基壇）の上に建ち、正面には15段の重厚な階段がある。デザインはシンプルで無駄がなく、すべての要素が調和している。柱はコリント式*の柱頭付きで、縦に彫った溝で装飾されており、優雅な雰囲気を醸し出している。この神殿は、かつてはフォルムの南側に位置する列柱廊に囲まれたポディウムの上に建っていた。

メゾン・カレは、プロナオスと呼ばれる前室と、ケッラと呼ばれる神室の2室から成る神殿である。正面に6本の柱が並ぶ柱廊のある前室は、三柱式（正面の柱が3本）のギリシア神殿と比較すると、面積が広い。前室の後ろに位置する神室は、ポディウムの幅いっぱいに空間をとって壁で囲んだ部屋で、側面はそれぞれ8本のピラスター*で装飾されていた。

この神殿は、ローマ時代の初期に、皇帝アウグストゥスの養子となった「若き皇子たち」、つまり皇帝権力の血縁上の後継者であるガイウスとルキウスに捧げられた。この2人は養子だが、血筋としては実際はアウグストゥスの直系の孫である。

神殿の奉献は二度にわたって行われたと考えられる。一度目は2～3年に早逝したルキウスに、二度目は4～5年に同じく早逝したガイウスに捧げられたようだ。形状から分析すれば、メゾン・カレは、都市ローマのマルケッルス劇場の近くにあった広大なアポロ・ソシアヌス神殿のプラン*を縮小したものだと言える。研究者によっては、メゾン・カレの建築家はローマ式建築技法を習得したローマ人だと主張しているが、一方で、ロジェ・アミや、ピエール・グロは、切石の不完全さや装飾の特徴など、説得力のある指摘でこの主張を否定している。「ガリアの属州ナルボネンシスの出身のこの建築家は、おそらく都市ローマの建築現場で技術を習得したはずだ。しかし、過剰な装飾性を好むところは、彼の故郷の属州における伝統を深く反映している」（参考文献4）。

同じ形式の神殿の大半は、女神ローマとアウグストゥスの崇拝、あるいは皇帝一族の崇拝に関わる建築で、前121年以降ローマの属州となったナルボネンシスでは、前1世紀末か後1世紀初頭に建設された。まず、ナルボンヌのカピトリウム*につ

いて記そう。伝統的に、ユピテル、ユノ、ミネルヴァの三神を祀るこの神殿は、ポディウムの上に建てられ、コリント式の柱頭が付いた円柱が配されていたが、現在はほとんど何も残っていない。この神殿も、皇帝崇拝のための神殿であった。

ヴィエンヌのアウグストゥスとリウィアの神殿は、非常に良い状態で保存されている。この神殿では、神室は背面のみが壁面となっており、その他の面は、神室の壁に接していない独立した円柱に囲まれている。壁に打ち込まれていた文字盤を固定していた穴の位置から奉献銘文を復元したところ、神殿は当初は女神ローマとアウグストゥス帝へ奉献され、その数年後の41年に、アウグストゥスの妻で、死後に神格化されたリウィアへ奉献されたことがわかった。続けてもう少しナルボネンシスに留まり、サン＝トゥートロップの丘の斜面に遺構がまだ残っている、オランジュの聖域を見てみよう。

古典的な様式の神殿は、ナルボネンシス以外の同時代の属州にも伝播した。特に、アクイタニアでは、ドミニク・タルディによるサントの神殿に関する厳密な研究によって、柱頭、浮彫が施されたフリーズ*などの建築部材は、前20年から10年の間に建設された古典形式の神殿のものだったことがわかった。これらの建築部材は、今日ではほぼすべてが失われてしまい、出土したのはわずかに残った断片だけだが、古代都市の景観を再現する際に重要な参照元となっている。

その後、1世紀末には、同様の古典的形式の神殿がスイスのアヴァンシュにも建てられた。このル・シゴニエの聖域には、印象的な円柱が一本残存している。この神殿は106×76mと広大で、周囲は列柱廊に囲まれた広場にそびえていた。神殿もまたこの列柱廊に一辺が組み込まれており、そこから前室に入ることができる。復元作業からは、入り口以外には開口部がない神室があったと推測されている。

ファヌム、あるいはケルト伝統の神殿

ニームのメゾン・カレや、ヴィエンヌのアウグストゥスとリウィアの神殿に代表される、古典的なギリシア・ローマ建築とは異なった様式であるローマ期ガリアの神殿はすべて、便宜的にファヌムという名前で呼ぶことが考古学者の慣習となっている。しかし、ファヌムとは、実際には何を示すのだろうか。まず初めに、この言葉の語源を追ってみよう。

ラテン語で、ファヌム（fanum）とは、聖域あるいは神殿を意味する。ほとんど馴染みのない用語であるが、今日でも実は合成語の一部として使われている。フランス語で「世俗の」を意味する「プロファヌ（profane）」は、「前」という意味の接頭辞proをファヌムの語幹に加えて作った言葉である。プロファヌは、文字通り考えれば「神殿の前」ということになる。そこから、「聖なる空間ではない」、よって「聖性のない、あるいはもはや聖性をもたない」ことを意味するようになった。

▶ ヴィエンヌのアウグストゥスとリウィアの神殿

▲ 都市ペリグー(p.28-29)の中心部。右手には、ヴェゾンヌの塔の聖域があり、左手のフォルム内の神殿には、皇帝が祀られていたと考えられる。

それでは、考古学者たちは、ラテン語でファヌムの類義語であるテンプルム(templum)、アエデス(aedes)、デルブルム(delubrum)、あるいはサケルム(sacellum)ではなく、ファヌムをなぜあえて用いるのだろうか? ラテン著述家ウァッロとキケロは、多少ニュアンスに違いはあるものの、テンプルムとファヌムを厳密に使い分けてはいない。スエトニウスは『ローマ皇帝伝』において、ユリウス・カエサルがガリアに略奪侵攻するくだり(I, 54, 2)でこの二つの言葉を使い分けて描写している。これを典拠として、考古学者たちは、小さな聖域建築をファヌム、神殿をテンプルムと名付け始めた。古代ローマの作家マルクス・コルネリウス・フロントの文献でも、これらの用語は同じように区別されており、マルクス・アウレリウス帝が書いた手紙では、テンプルム、デルブルム、ファヌムのうち、ファヌムは「小さな神殿、祠」と定義づけている。神殿の規模による名称の区分化と、ファヌムの意味の定義は、レオン・ドゥ・ヴェズリーが1909年に出版した研究書『ノルマンディー地方におけるローマ期ガリアのファヌムあるいは小さな神殿』(参考文献89)において提唱された。そして数年後、ガリア史の碩学カミーユ・ジュリアンは、この定義を採用し、正当なものとした。

ローマ期ガリアにおけるファヌムは、集中式*のプラン*で、二つの空間(部屋)によって構成されるのが特徴である。二つの空間は多くの場合方形で、片方がもう片方を包むような二重の配置になっていて、開口部は東向きである。中央の方形の空間は神室とされ、1体か複数の神像が置かれていた。神像は、台座の上に載せられていることもある。神室は、歩廊で囲まれており、歩廊は信者たちが神室の周囲を行列をなして巡回するために作られたと考えられる。建築の構造については、ギリシアの地理学者ストラボンの「ガリア人は、円状に廻りながら、彼らの神々へ敬意を示す(巡回の儀式)」という記述との関連が示されることが多い。

遺構の壁はほとんど残っておらず、復元の試みが何度も行われてきた。その成果によって、今日ではファヌムの外観についてはかなりのことがわかっている。神室の周囲には、低い壁の上に木柱あるいは石柱が並ぶ歩廊が巡らされ、中央部の神室は、塔のように上階を備えていたようだ。上階部には窓がつけられ、わずかながらも光を取り入れることができた。建物の全体は、平瓦と丸瓦による屋根で覆われた。床面は、モルタルを流し入れて表面を丁寧にならした頑丈な舗装、敷石での舗装、簡単に砂利を敷いたものや、地面を踏み固めただけのものもあった。ファヌムの大きさはさまざまだったが、およそ10m四方のものが多かった。

神室の形状が、円形(シャラント＝マリティム県のムーラン＝デュ＝ファにあるタルモン)、多角形(ニエーヴル県のシャンパルマン)、十字形(ヴィエンヌ県のサンクセ)の例もあり、ほとんどの場合、歩廊は神室の形体に合わせて設けられた。神室がどのような形であっても、ファヌムは、世俗の空間と区別するために、壁で囲まれた境内に配された。そして、境内には、神殿の他に、付属施設も備わっていた。また、複数のファヌムが隣接してつながるよう建てられていたり、並置していくつか建てられること

▲ ペリグーのヴェゾンヌの塔の復元図
▶▶ ナルボンヌのカピトリウム*

もあった。

近年、イザベル・フォデュエは著書『ローマ期ガリアにおけるケルト伝統の神殿』(参考文献39)において、フランスにある800以上のファヌムの目録を作成し、地域ごとの総括的な研究を発表した。分布図では、ファヌムが密集する地域(ブルゴーニュ地方、ピカルディ地方、ベリー地方、ラインラント地方)と、点在する地域(属州ナルボネンシス、現代のオーヴェルニュ地方とアキテーヌ地方)が確認できる。ファヌムは完全に独立した空間が確保できる郊外に多く、現代の教会とは異なり、居住エリアから離れたところに建てられている。ファヌムはまた、「セーヌ川の水源」(p.190)のように、源泉の聖域にも建てられた。また、サンクセ(ヴィエンヌ県)のように、田園地帯の真ん中に、公共浴場と劇場といった他の施設と共に造られることもあった。都市のファヌムがこのように複数の施設とまとめて建てられるようになると、トリーア〈コロニア・アウグスタ・トレウェロルム〉(p.38-39)の南東部に位置する、6haにも及ぶラルトバシュタルの聖域のように、広大な宗教地区が生まれた。

今日、ガリアの中で最も目を見張る建造物の一つは、オータン〈アウグストドゥヌム〉(p.12-13)のヤヌス神殿だろう。16.35

×16.8mの厳密な正方形のプラン*の神室は半分しか現存しないものの、壁は24mの高さまで残っている。壁には13mの高さのところに三つの窓があり、その下にある穴は、勾配のある屋根を取り付けるために開けられたようだ。この屋根は神室を囲む巡回歩廊を覆うもので、幅は5.3mあった。

これまで見たファヌムの建築プランが、ケルトの伝統[*1]を受け継いだ神殿であるならば、これから取り上げる例は、ケルトと、古典的な様式(p.176)の複合タイプの建築と言えるだろう。オビニェ＝ラカン(サルト県)の神殿は、方形の神室と、正面に6本、側面に3本の柱が並ぶ前室で構成されている。ポディウム*と同じ幅の正面階段は、前室へと繋がる。方形のプランで、壁の高さが15m以上であることから、外観としては、古典的な建築と言える。

ペリグー(ドルドーニュ県)の「ヴェゾンヌの塔」は、より独創的である(p.178, 179)。聖域は、ペリグーの中心部、フォルムのすぐ横にある。長方形の境内の中央には、高さ26m、内部の直径が17mの円筒形の建造物がある。高さのある神室が

[*1] ガリアの多くの地域には、ケルト系のガリア人が住んでいた。

ニームのメゾン・カレ：熱狂から非難へ

16世紀末、バーゼル出身の医学生トマス・プラッターは、モンペリエ大学で学問を修めた。1596年、彼は、ニームの古代遺跡を訪れるが、メゾン・カレの円柱を数え間違えている！

私たちは、次に、マドレーヌ門の近く、市壁から遠くない場所にある古代の遺構メゾン・カレを訪れた。ローマ時代、カピトリウム*だったこの建造物は、今日、市庁舎として使用されており、この地ではむしろ「カピトゥイユ」と呼ばれている。このカピトリウムは、ハドリアヌス帝が、戴冠する予定であった妻プロティナ[*2]のために建てた神殿だと言う人もいる。長方形プランの神殿は、長辺に10本、短辺に6本、合計32本の美しい石の円柱に囲まれている。

モンペリエのフェリックスとトマス・プラッター
『バーゼル出身の2人の学生の旅行ノート』

それから1世紀後の1783年、ラ・ロック卿は、「芸術旅行」としてフランス国内を巡った。彼の記述は、メゾン・カレを描写するために、あらゆる賞賛の言葉を用いている。

建造物の均整美の優雅さ、技術の豊かさ、驚くべき正確さは、最も気難しい目利きの賛同も、芸術の知識のない素人の感嘆も受けるだろう。この建造物は、古代の遺構の中で最も美しいだけでなく、最も保存状態が良い。当初(ローマの建国から754年目に建造)、この神殿は、ニームの人々によって建てられ、アグリッパの息子であるガイウスとルキウスに捧げられた。プランは長方形で、長さが13トワズ4ピエ[*3]、幅が5トワズ5ピエある。12ピエの高さのポディウムに建てられ、30本のコリント式*の円柱が並んでいる。そのうちの20本は壁に嵌めこまれ、残る10本

はそれぞれ独立していて、そのうちの6本が北正面に配されている。また、この10本の円柱は、前室を形成している。円柱は、縦に溝彫りが施されている。柱頭やアーキトレーヴ*、フリーズ*、コーニス*の装飾は、非常に優雅で洗練されている。ファサード*には、荘重な印象を与えるためにペディメント*がある。他の三面にはコーニスの上に簡素な装飾帯が巡っている。屋根は、正面のペディメントに沿うように、勾配がついている。前室に入るためには、9段の階段を登る。神殿の扉口は、良くも悪くもない。この素晴らしい建造物は、現在、アウグスティヌス会の教会と聖職者のために使われている。

ドゥ・ラ・ロック『ある芸術愛好家の旅』1783年

フェミニストで社会主義者のフロラ・トリスタンは、1844年にフランス一周の巡回を行った。

「私は人間について勉強しなければならないのだから、古い石のことなどどうでもいい！」と叫ぶ彼女は、ニームの古代遺跡を嫌悪した。メゾン・カレの保存を糾弾する彼女のばかげた言説を記しておこう。

メゾン・カレ。この小さなギリシア式神殿は、パリの証券取引所やマドレーヌ寺院、そしてパリ、ロンドン、リヨン、あらゆる都市で造られるギリシア式神殿の原型となっている。世界の知識人たちは、自身が馬鹿だと認めなければならない！では、誰が私たちをそんな知識人たちから開放してくれるのか！

フロラ・トリスタン『フランス一周遊説記、未公開日記』

[*2] 本来の妻はサビナだが、おそらくトマスが間違えて書いている。

[*3] フランスで用いられていた単位。1トワズは約1.95mで、6ピエにあたる。

▲ ニームのアウグステウム。皇帝とその家族を崇拝するための泉の聖域である。

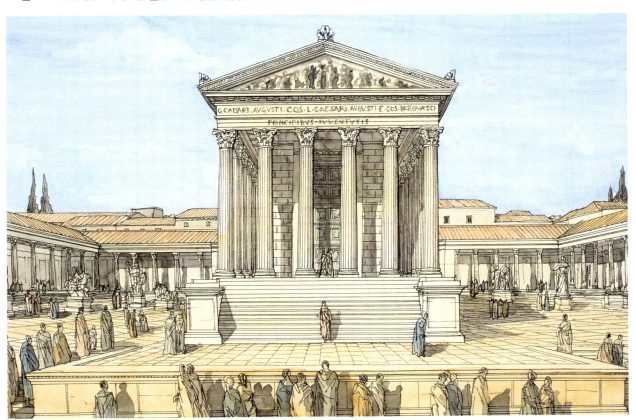

▲ ニームのメゾン・カレ

Corseul　コルスル：ル・オ＝ベシャレルの聖域

▲ この復元図は、神殿の神室のわずかに現存している部分だけではなく、1995〜1998年の発掘調査の結果にも基づいている。この聖域は、コルオソリテス族の首邑ファスム・マルティスから東に1.7kmのところに位置する。境内の広さは長さ108m、幅98mである。境内の中で最も高さのある建造物は八角形の神室で、古典的なタイプの前室は、神室から境内へ突き出るように設けられている。境内は列柱廊に囲まれており、四つの角には、境内に入るための通路と玄関廊がある。そのため、信者は、四つの入口から境内に入ることができた。マルスに捧げられたと考えられているこの聖域は1世紀後半に建てられたが、3世紀末に起きた火事によって崩壊した。

神殿全体から突き出しているため、この神殿はファヌムに類似していると言える。しかし、ピエール・グロの言葉を借りるならば「壮大な外観」は、建築の軸にあたる位置に階段を備えた円形のプラン*の神殿という形式に沿って作られており、都市ローマにある皇帝の記念碑的建造物、ハドリアヌス帝のパンテオンの影響を強く受けていることがわかる。

ミトラエウム

ジャクリーヌ・シャンポーが著書『ローマ人の宗教』(参考文献24)で断言するように、「古代人の信仰心は、近代における信仰と共通するところはほとんどなかった。古代の信仰は、感情を律する節制や慈悲の心でもなかったし、感情の吐露や情動などは関係なかった。古代の信仰心とは、神々に対する人間の務めを尊重し、その務めを果たす振る舞いを意味していた。そして、

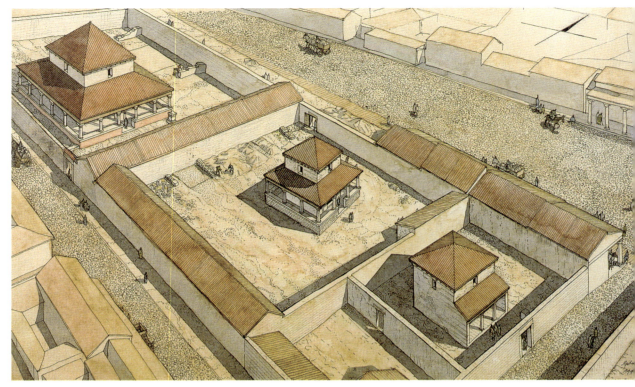

▲ アルゲントマグス(アルジャントン=シュル=クルーズ—サン=マルセル)の聖域。二つのファヌムの他に、前景には、前室を備えた古典的な様式の小神殿がある。

▲ ピティヴィエ=ル=ヴィエイユ(ロワレ県)の聖域

この信仰は、祭儀によって尊守された」。

2世紀の半ば、ローマの伝統的な宗教は衰退し始める。あまりにも形式的になってしまい、信者たちの宗教的な欲求を受け入れなくなってしまったローマ宗教は、信者たちの要望にもはや応えることができなかった。そのため、東方から流入した新しい宗教であるミトラ教が人気を博したのである。ミトラ教は、人々の苦悩を和らげ、最も貧しい層の人々にさえ永遠の生という希望を示したことで、徐々に信者を増やしていった。

ミトラ教は、主に兵士たちによってガリアに流入してきたのだが、ミトラ教の神殿内の構造を理解するためには、ペルシアが起源であるミトラの神話を知る必要があるだろう。

神話ではまず、原初の混沌から、サトゥルヌス、大地と天空が次々と生まれた。しかし、悪の力は旱魃と渇きを創造し、美しい調和を乱した。そこへ、ミトラが到来する。ミトラは、岩から生まれるとすぐに、救世主となった。そして、弓矢によって、水を湧出させ、豊かな自然を蘇らせた。それでも、悪の力はなくならず、牡牛へと姿を変えた。ミトラは、この牡牛を後ずさりさせながら、洞窟の中へ入るよう導いて、ついには捕らえることができた。そして、カラスを通じて神々の命令を受け、牡牛を屠る。この牡牛の血は、自然を再生し、世を救済した。太陽神はミトラの行為に協働し、洞窟内で牡牛の死骸の上で会食することによって、盟約を結んだ。

ミトラ信仰が小さな共同体によって支持されていたことは、聖域の大きさから推察できる。ミトラエウムと呼ばれる神殿は、ミトラが牡牛を屠った聖なる洞窟を模して作られた。どの神殿も内部構造は同じで、入口の階段を上がると身廊（中央廊）があり、通路の両脇にそなえられた長い腰掛に、信者たちは階級順に座った。突き当たりの空間には、牡牛を屠るミトラ（ミトラの牡牛供儀）像が配された。ブール＝サン＝タンデオル（アルデシュ県）のミトラエウムのように、岩壁に直接彫られることもあったが、その多くは祭壇を伴い、ミトラ神話の主要場面を描いた浮彫と共に、牡牛を屠るミトラ像が描かれた。浮彫の中央には、ミトラの牡牛供儀の場面が表される。「若い男（ミトラ）は、左膝を牡牛の臀部の上につき、右足は牡牛の踵の上に載せ、右の後足の上からのしかかるように抑え込む。左手は牡牛の角あるいは鼻面を掴んで頭部を起こし、右手で短剣を脇腹に力一杯突き刺す」と、宗教史家のフランツ・キュモンは記している。

細かな差異はあるものの、この図像の基本は上述の通りである。また、この供儀場面には四つの動物が伴われることも多い。牡牛の睾丸を攻撃する蠍、牡牛の傷口から溢れる血をなめる犬と蛇、そして太陽神の使いとして供儀を命じる烏である。ミトラの両脇には、人物が伴われることもある。フリギュア帽を被り、松明を持つこの2人は、光と闇を象徴する神である。片方のカウテスは火の灯った松明を掲げ、もう片方のカウパテスは松明を下ろし、火を下に向けている。

ガリアにおいて、ミトラ神殿はローヌ渓谷、南フランス、ライン川地方に集中していたが、近年は、それ以外の地域からも神殿内部の詳細が分かる遺構が多く発見されている。とりわけニュイ＝サン＝ジョルジュにあるレ・ボラールのウィクス*、セプテイユ（イヴリン県）、マルティニー（スイス）、そしてボルドーが挙げられる。セプテイユの例は、帝政初期に造られたニンファエウム（泉の神ニンフを祀る神殿）の半分を、4世紀にミトラ神殿に転用したものである。聖域内の泉の存在が、この再利用計画で重要な役割を果たしたことは言うまでもない。なぜなら、泉は、矢を岩に刺して水を湧出させたミトラの神性を想起させるからである。再利用された区画には、長さ8.2m、幅5.2mの空間が設けられ、内部は、身廊と側廊に仕切られていた。

ボルドーのカルム修道院の地下で発見されたミトラ神殿は、長さ18.5m、幅10mの長方形のプラン*である。身廊の両側には、一段高く作られた腰掛が備わっている。身廊は神殿の奥まで延ばされており、その奥は長さ4.5m、幅3.6mの小さな部屋となっていた。セプテイユでもボルドーでも、出土した彫像や浮彫の断片が、いずれもミトラ信仰に関連する図像を示しており、神殿がミトラに捧げられた空間であったことを決定づけている。 ■

Sanxay　サンクセ：郊外の大聖域

▶▶ サンクセの聖域は、ヴォンヌ川左岸を中心に、16haにわたって広がっている。右岸に位置する唯一の建造物は、劇場である。ガロ＝ローマン*式（劇場と円形闘技場の混成様式。p.105も参照）のこの劇場は、アリーナがほぼ完璧な円形で、ポディウム*の高い壁によって観客席と区切られている。方形の舞台は、非常に狭い。左岸には、まず110×60mの公共浴場が、そしてその後に二つの神室をもつ神殿が建造されたことが、近年の調査で分かった。

壁と列柱廊（二辺のみ）で囲まれた広大な広場の中央には、内部の直径が7.4mの小さな円形建造物、トロス（建物の使用目的はわかっていない）が建てられた。復元図の手前には、四方を列柱廊で囲まれた神殿がある。神殿の正面側の列柱廊には階段付きの出入口が三つあり、広場へと繋がっている。境内の中央には、八角形の神室と、それを中心とした十字形の柱廊がある。

「ローマ期ガリアのヴィシー*1」と形容されるように、ピクト族の地域サンクセは湧き水の名産地として有名で、泉の聖域には多くの巡礼者が訪れた。

*1 温泉が湧き出ることで有名なフランス中部の街。

187

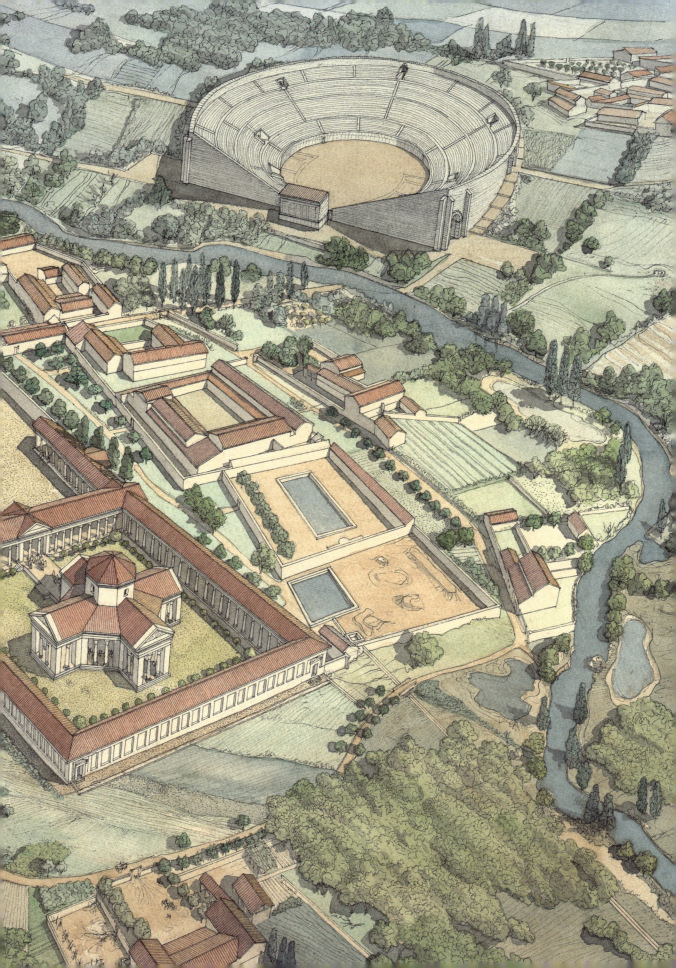

▲ セーヌ川水源の聖域は、セーヌ川の女神セクアナに捧げられている。巡礼者は、セーヌ川の水源から引いた水を溜めた人工の池で沐浴し、治癒を願う身体部分を象った奉納像を置いた。

スタンダールとメリメの見た二つの神殿

- **オータンのヤヌス神殿**

　ヤヌス神殿は個人が所有するじゃがいも畑の真ん中にあるが、この畑の所有者はおそらく、この土地が古代と関係ないほうが良いし、遺構の石がごろついていなければ良いのにと思っているだろう。幸いなことに、今のところ、彼にはこの遺構を勝手に破壊したりする権利はないと言ってある。オータンの町が、権利を獲得してくれるに越したことはない。なぜなら、彼が自分のもつ権利に気づいて、建築材料に使いたいとでも考えたなら、アッティラやロロのようにためらいなく破壊するだろうから。ヤヌス神殿から程遠くない道路の反対側には、数年前までは、プルトの神殿の壁体が見られたが、今日では、もはや何も残されていない。

プロスペル・メリメ『南仏紀行ノート』1835年

　二つのみごとな凱旋門を見た後、小さなアルー川を渡り、郊外にあるヤヌスの神殿を見物に行く。末期ローマ帝国時代の四角い建物であるが、現在では、南と西のずいぶん高い二つの外壁しか残っていない。神殿には東から出入りしていた。このあばら屋が見物人を引き寄せるので、畑が荒されて困ると、その辺の土地を所有する農民が文句をつけているから、まもなく当局より取り壊しの許可を得るだろうと思う。

スタンダール『ある旅行者の手記』1838年（山辺雅彦訳、文献7）

- **ヴィエンヌ（イゼール県）のアウグストゥスとリウィアの神殿**

　この神殿はコリント様式*で、縦六〇ピエ、横四〇ピエある。昔はどの方角からでも内部を見通せた。円柱は数層の土台からなり、柱頭、および台石に支えられた基部を含めた長さは二十五ピエになる。円柱には縦溝がつけられていたが、神殿を教会に変えた野蛮な手が情けないことに縦溝をつぶし、胸の悪くなるような囲い壁に塗りこめてしまった。一〇八九年頃、異教の神殿を破壊するという栄誉を担ったお方は、ヴィエンヌの司教にして福者の列に加えられたビュルカール猊下[*1]である。十一世紀にはまだ何と多くの美しいものが残っていたことか！［…］

　ポンティウス・ピラトゥスがこの裁判所で裁きを行なったと民衆に信じられている。ところが具合いの悪いことに、最近美術館に変えられた。五〇年たてば、ヴィエンヌの当局はさらに一歩前進し、命令を下して福者ビュルカール猊下の壁を取り除き、この神殿をできる限りもとの姿を蘇らせることだろう。

スタンダール『ある旅行者の手記』1838年（山辺雅彦訳、文献7）

[*1] 猊下（げいか）。高僧の敬称。

死

埋葬の習慣

2世紀まで、ガリアで主流の埋葬形式は火葬であった。土葬は非常に稀であったが、3世紀半ばから墓地に頻繁に見られるようになる。しかし、火葬から土葬への明確な移行期は、実際のところわかっていない。例えば、1世紀のブリオー（アン県）では、死者は土葬されたが、同じ墓の中に区切った場所が設けられ、土器、衣服、宝飾品などの副葬品は、そこで燃やされた。

土葬がどのような形で徐々に主流となっていったか、過程を説明するのは難しい。3世紀に最盛期を迎えるイシス信仰やキュベレ信仰といった東方宗教は、死者の肉体が土壌に戻ることを説いているため、その影響を指摘することはできよう。しかし、ガリアの原始宗教や、キリスト教を無視してはならない。キリストも、使徒も、そして教父でさえも明白に非難したことがなかったにもかかわらず、火葬は、肉体の復活への願いに反する行為だとされていた。

葬礼の行列は、ゆっくりと墓地へ向かう。遺体は、木の担架に寝かせられ、近親者によって運ばれる。ローマの非常に古い慣習法である十二表法に記されるように、墓地は都市の城壁外の街道沿いにおかれたため、道のりは長い。一行は墓地に到着すると、山積みされた薪へと近づく。担架は、この高く積み上げられた薪の上へ置かれ、その上には、さまざまな奉納品、衣服、宝飾品、そして時には、食肉の塊も添えられた。寡婦は、亡夫の目を一旦開け、そして再び目を閉じさせる。薪に松明の火をくべる前に、近親者たちは最後にもう一度故人の名を口にする。火葬の間、参列者は、花やバルサヌムと呼ばれる香油の入ったガラスの小瓶を火の中に絶えず投げ込む。薪が燃え尽きて冷たくなった時、焼かれた骨は集められ、ワインか牛乳で丁寧に洗われた。そして、遺骨は骨壺に納められ、食べ物を載せたガラス製の器や土器とともに、土の中に埋められた。

墓地は、常設の火葬場を一箇所以上所有していた。ウストリヌムとも呼ばれる火葬場は、長方形に掘削された穴で、内側は石積みの壁になっていた。この穴には、集められた薪がよく燃えるように排気孔が付けられていることもあった。

遺骨の埋葬方式は、故人の好みや、家族の社会的地位によって、多様であった。火葬の後丁寧に洗われた遺骨（つまり、そこには決して木炭などは混じっていない）は、ほとんどの場合、骨壺や骨箱に納められ、土中に埋められて保存された。長い間、骨壺は、もともと骨壺として作られたものではなく、家庭で使うためのなんらかの日用品の容器を使っていた。大抵は、青色か青緑色のガラス製かテラコッタ製であったが、石製（砂岩、花崗岩や石灰岩）、鉛製、ブロンズ製のものもあった。こうした骨壺の中には、ニーム博物館に所蔵されているアラバスター製のものや、バヴェ（ノール県）出土の大理石製の骨壺、またはメス出土のエジプト産オニキスでつくられた非常に高価な骨壺など、きわめて珍しい作例もある。

骨壺の最も一般的な保管法は、内部を割り貫いた円錐形あるいは立方体の石箱の中に入れる方法であった。そこには同じく石で作られた蓋が、鉄や鉛のかすがいによって固定されていた。多くの石箱は内部が二つに分かれており、おそらくは夫婦で骨壺を納めるためだと考えられている。リヨンのある埋葬箱は、36年と3ヶ月10日仲良く連れ添った妻の死を嘆く、寡夫の悲しみを反映しているようだ。「私たちの長きに渡った愛は、死が砕いてしまった。2人一緒に、墓の中で、同時に眠ることができたらどんなによかったか」。

墓地の発掘では、木箱に保管された骨壺や、周囲を粗石で囲った骨壺、瓦製の箱も発見されており、質素な墓からは、あり合わせで繕ったものも見つかっている。例えば、骨壺にしては大きすぎる壺や、アミアンで出土した、壊れた石臼の上下部分を再利用している例が挙げられる。もっと簡素な埋葬方法は、骨壺を直接土の中に埋めるものである。さらに、貧困層出身の故人の火葬された骨は、そのまま乱雑に穴へ投げ込まれた。とはいえ、家族の社会的地位や、薪を準備する資金の有無に関わらず、火葬はかなり普及していた。そして、長く強すぎる炎によって、骨がわずかな小片しか残らないこともあったようだ。

「私は、鳥の狩猟のために私自身が集めた用具一式を、私の遺体と一緒に燃やしてもらいたいと願う。槍、剣、短剣、網、罠、紐、矢、テント、案山子、水浴び具、輿や椅子輿とその付属品、そして狩猟のための用具一式と柳製の小舟、すべてのものが没収されることなく、私と共に燃やされるように。刺繍の施されたダマスク織の衣服［…］そして、すべての鹿の角も共に。」これは、自分の葬儀に関して、リンゴネス族（現在のオート＝マルヌ県ラングル地方に住んでいた部族）の人物の遺言である。

火葬墓地で出土した遺物の多くは、火葬の間に薪の中へ投げ込まれた奉納物だが、上記の碑文に延々と記された狩猟用具一式のようなものも見つかっている。その他にも、骨壺と同時に土の中に埋められた副葬品が発見されることもある。

骨壺の近くには、時に数十個の壺が発見される。このように土器が多く出土するのは、墓地付近に土器の製作所があったからだと考えられる。ベルギーのブリッキーでは、葬礼用の土器のほとんどが、墓地から100mも離れていない場所で生産されていたことを裏付ける工房が見つかっている。土器の多くは、皿、小瓶や卵型の壺で、香油やワインが入れられ、生ものの食事が置かれて、親や友人たちがお供えしたのであった。近親者の中には、皿や壺のミニチュアを供える者もいた。例えば、ベルギーのブリッキーとマッフルでは、いくつかの墓から4cmほどの小さな皿などが見つかっている。

死者への奉納品として最も頻繁に用いられたガラスの容器は、前述したバルサヌムで、ときに骨壺の中にお骨と共に納められた。この小さな香油瓶は、前世紀の考古学者たちは、泣き女（葬式の際に雇われて泣く女性）や近親者たちの涙を入れる容器だったと考えたため、フランス語の「ラクリマトワール（ラクリマ：lacrymaがラテン語で涙を意味する）」という名称が使われてい

ガリアの墓碑にみる死生観

「ここが、お前を待つ家である。私は意に反してここにいる。だから、お前もここに来い!」

ナルボンヌ出土の墓

「私は幸せな生涯を送った。だから、この墓で眠り、そしてこれからここに住むのだ!」

ナルボンヌ出土の墓

「人間とレモンは同じだ。熟しすぎると落ち、若すぎると摘み取られるのである」

エクス=アン=プロヴァンス出土、19歳6ヶ月の青年の墓

「故人を愛し偲んで泣く人は、その魂を慰めることができよう。死は、生を奪うが、名声は死後も残る。彼の身体は朽ちるが、その名は人々によって語り継がれるだろう。彼は、生き、賞賛され、祝福され、愛された。この皇帝の使者は、駿足の持ち主で、風のように走った。ラテンの血を継ぎ、祖国を思った。彼の名は、サビヌスである。なんという運命か! 罪なき彼は、罠にはまり、悪党の手によって、突然の死を迎えた。犯罪よ、お前は虚しい。彼の栄光はここにあり、それが色褪せることはない」

トリーア出土、皇帝使者の墓

「テレフォリュスとマリトゥス、両親から愛らしい娘へ。私たちは、この愛らしい娘のために泣くことしかできない。なぜ運命は、お前が私たちのもとに来てから、わずかな日々しか過ごさせてくれなかったのか。お前は、美しく育ち、両親を喪に服させるために生まれてきたのか? 彼女は、1年6ヶ月と8日生きた。バラは花開き、そして朽ちた。」

マインツ出土の墓

「ここを通るあなた方は、私を思い出してくれるだろうか。あなた方も私と同じ運命を辿るのだ」

ノイヴァイター(ボン近郊)出土の墓

ることもあるが、現在ではこの説は否定されている。このガラスの小瓶は、溶けていたり、膨れている状態で出土することから、参列者は炎の中へ投げ込んでいたと考えられるためである。

　「死者の霊魂が存在することや、地底に冥界があること、冥界の川の渡し守カロンの竿や、ステュクス川に生息する黒い蛙がいること、何千もの死者がたった一艘の渡し舟で向こう岸へ渡ることなど、子供だって信じていないだろう。まだ公共浴場に一文も払わずに入る幼児は別として。」と、ユウェナリスが『諷刺詩』で記している(II, 150)と同時に、都市ローマにおいても、1世紀以後、冥界へ渡し舟で渡るという迷信はもはや信じられていなかった。しかし、この迷信が影響して、死者に対する義務感から、1枚の貨幣が冥界での渡し賃として死者に与えられた。火葬墓地におけるこの慣習は、地方によってまったく異なる。ニュイ=サン=ジョルジュのレ・ボラールでは、半数の墓から貨幣が出土しているのに対して、リムーザン地方では、現存する墓の10分の1だけがこの慣習に則っていたし、アルゲントマグスのシャン・ドゥ・リマージュ墓地では、貨幣が出土することはほぼなかった。

　テラコッタ製のランプは、奉納品として、南フランスやガリア北部で頻繁に用いられた。カバッス(ヴァール県)のラ・カラドゥ墓地では、副葬品が発見された28基の火葬墓のうち、20基には、冥界へ死者を導く光を象徴するオイルランプが含まれていた。オイルランプは、ガリア中部ではほとんど発見されていない。また、墓には、テラコッタ製の小さな人形や、ブロンズ製の小像、鍵や宝飾品も奉納されている。リムーザン地方では女性の墓から鍵

が出土するという特徴がある。これはおそらく、鍵が家や家庭を象徴するからだろう。もし、鉄板や金属製の容器のような台所用具が骨壺の近くに置かれていたら、そこには、武器や、斧、鍬、鉈などの農具のミニチュアは見つからないだろう。

　食べ物の奉納に関しては、慣習化していたことがわかってはいるものの、腐敗してしまうため、考古学の分野ではその実態を掴むのが難しい。骨壺には、故人の骨のほかに、焼かれた鳥、牛、豚の骨が入っていることがある。また、炭素化した平たいパンやお菓子、ヤシの実の種なども含まれている。これらの食べ物の奉納物は、故人の持ち物とともに、炎の中に投げ込まれたのだろう。こうした食べ物を入れていたと考えられる小箱を固定していた、骨製の蝶番の断片のみが、今日残されている。この蝶番は、中が空洞の円筒形で、複数の穴が穿たれている。最近までは用途が不明だったため、その形態から「死者の笛」と呼ばれていた。

土葬

　これまで述べた火葬に比べるならば、土葬の埋葬形態はあまり多様ではない。死者は、基本的には仰向けに寝かされたが、うつ伏せや、横向けに埋葬されることもあった。遺体は、木棺か、「肉体を食し、破壊する」と考えられた石棺(石棺はラテン語でサルコファグス:sarcophagusだが、「肉体を食す」という意味の同じ単語に由来している)、鉛の棺や、切妻型の屋根をもつ小さな家の形をした長方形の瓦製の棺に収められた。また、土中に

直接、あるいはくり抜かれた木の幹に納められて埋葬された遺体もある。また、土葬の墓には石灰の層が見つかることが多い。石灰は、遺体の腐敗を遅らせると考えられていたため、安価に入手できる防腐処置剤として頻繁に用いられていたのである。

土葬の墓で出土した副葬品を改めて羅列する必要はないだろう。土葬の墓においても、火葬の墓と同様の副葬品が見つかっているが、とりわけ、カロンへの渡し賃としての貨幣が多く見つかっている。この渡し賃は、死者の手の中に入れられたが、足元をはじめ、口や目の上に置かれることもあり、両目に1枚ずつ配されることもあった。トリーアでは、口の上に1枚、両手に1枚ずつ、合わせて三枚の貨幣が置かれた墓も見つかっている。

レ・マルトル＝ドゥ＝ヴェール（ピュイ＝ドゥ＝ドーム県）で、1851年と1893年に発見された2世紀の土葬の墓6基は、非常に珍しい、貴重な例である。ここは、炭酸鉱水の豊富な地域であったため、墓は完璧な保存状態で出土したのである。モミ材の木棺の一つには、20歳前後の金髪の女性の遺体があった。女性はゆったりとした羊毛の栗色ドレスを身に着け、腰を細いベルトで締め、靴下を履いており、皮靴の靴底は釘打ちしてあった。髪と同色の編み紐が、巻かれた状態で柳製の籠とともに肩の位置に置かれていた。この籠もほぼ無傷で、中に果物が入れられていた。しかし、最も特異で驚くべき発見は、5歳から6歳と思しき女児の墓である。実見した人物は以下のように語っている。「十数世紀の間眠るこの女児は、豊かな髪をもち、額を見せるように髪を上げ、頭頂部にツゲでできた二重歯の櫛をさしている。髪は、鮮やかな金髪である。顔にも、わずかに皮膚が残っている。［…］身体は、骨の周りに肉と皮のみが残っているが、それでも、非常に長い年月をかけてゆっくりと肉体が乾燥し、腐敗していったことがわかる」。この女児の遺体の近くには、家族が奉納したテラコッタ製の壺12個、皿数枚、バルサヌム二つ、ろくろ細工の円筒形の箱三つ、果物（ヘーゼルナッツ、クルミ、ブドウ、リンゴ）で一杯になった柳の籠、羊毛を巻きつけた糸巻棒、重しのついた錘、さまざまな果物、穀粒や食料品が置かれていた。紀元後最初の2世紀の間、土葬はほとんど行われなかったが、赤子のための埋葬形式としては重要なものだった。大プリニウスは、「まだ歯も生えていない赤子は火葬しない。それは、家の名誉を汚す不敬虔な行為である。［…］赤子は、夜に、松明の光のもとで土葬する」と述べている。またユウェナリスの意見も赤子の土葬を立証している。彼は、同時代の人々の葬列での悲痛を記す。「薪で焼かれるには幼すぎる赤子の遺体を土の中に埋めるとき、私たちは嘆き悲しむのである」（『諷刺詩』XV, 136-140）。

▼ 壮麗な墓が並ぶ墓地の入口。墓地は、都市の市壁の外に位置する街道沿いに作られた。非常に古い時代に制定された十二表法に従い、墓地は、都市の中心部と周辺部の境界に建設された。図の前景には、円形の墓廟（マウソレウム）があり、街道の反対側には、神殿型の墓や、その奥には、円柱で囲まれた小さな円形の祠をもつマウソレウムがあり、その中には故人の彫像が配置された。

葬礼会食と献酒

人々は、墓や墓地に恐れと敬意をもって訪れた。しかし、墓の所有者の中には、不誠実にも財産を隠すために墓を利用した人々もいた。特にブルターニュ地方の墓に、そのような例が残っている。そして、葬礼の場所を聖なる空間として保つために、定期的に死者を祀る祭式が行われた。p.110でも取り上げた「リンゴネス族のある男性の遺言」には、その例が雄弁に語られている。「私の生前、あるいは遺言によって奴隷身分から解放された男女には、各自に毎年1セステルスの配当を与える。私の孫アクィリアとその後継者たちには、私の墓前に備える食事や飲み物を買い、それらを食べ、墓の前で過ごすために、各自に毎年[…（欠損している）]の額を与える。彼らの中で、毎年この任務を果たすための管理者を決定し、任務を与えた者には、一年の間、財産を運営する権利をもたせるように。私はこの任務を、プリスキュスとフィラデルフス・ウェルスにも託す。私が任命したこの2人の管理者は、毎年、4月、5月、6月、8月、10月には祭壇の前で〔犠牲獣を捧げる〕式を行うように」。

葬礼会食や献酒のように、飲み物（その多くはワイン）を捧げる行為などの祭式の多くは、両親や近親者によって決められた月日に執り行われた。カバッスにあるラ・カラッド墓地内の土葬の墓からは、こうした祭式の痕跡が考古学で明らかにされている。故人の遺体は、平瓦を組み合わせた箱の中に置かれていた。蓋の中央部分の瓦の上には、半円筒形の丸瓦が筒状になるように二つ組み合わせて載せられ、最上部は地上へ出ていた。この瓦は導管の役目を果たしたが、蓋には穴が開けられていないため、導管は墓の内部には通じていなかった。

現存するガリアの墓地で、当時の状態が残っているものは一つもない。そのうえ、墓の略奪や再利用を考えると、墓の復元は困難である。祭礼用の遺物の発見は、墓の存在を証明することができるが、そうした物的証拠は非常に壊れやすいものが多い。アルゲントマグスでは、白土製の6体の小像（ウェヌス、馬、地母神）が、土葬の墓の存在を示している。古代の墓地の一画で発見されたこれらの小像は、火葬の際の薪の燃えかすに覆われていたため、無傷のまま発掘されたのであった。

墓碑

多くの墓には墓碑が立てられていた。墓碑には銘文が刻まれ、浮彫が施されていた。銘文の冒頭は、墓をマネスの神々に捧げる文言（「Dis manibus」）あるいは故人の思い出に捧げる（「Memoriae」）という決まり文句から始まり、それは、DMやMEMという略記で記された。その後、故人の名前、続いて出自、年齢、職業、名誉を伴う役職（皇帝礼拝六人委員＊など）が示されることが多い。そして、非常に稀ではあるが、個人の人生や死について語り、墓の前を通る人々に呼びかける文言もある。

ある墓碑では、1人の男性が、妻の死を嘆いている。また、ある碑文には、リヨン出身のルキウス・セクンドゥス・オクタウィウスの悲劇的な死について、記されている（p.22でも引用した）。「彼は、［…］この上なく悲惨な死を迎えてこの世を去った。彼は半裸で火災から逃れたが、自らの命を無視して炎から何かを守ろうと努めその場に残り、倒れてきた壁に押しつぶされた。そして、彼に結び付けられていた魂を自然へと返し、その肉体を始原に返した」『ラテン碑文集成』XIII, 2027）。

墓碑に施された浮彫の多くは故人の肖像で、故人1人か、あるいは妻か息子を伴って描かれる。そして、ローマ期ガリアの葬礼彫刻の多くは、故人の職業を示す仕事の場面を表しており、生前の日常的な労働風景を彫刻することが好まれた。

リンゴネス族の裕福な地主は、自身の墓の建設費を生前に支払い、墓碑の肖像彫刻の発注も行っていた。肖像彫刻は、本人に似た顔貌にするために、何度か彫り師の前でポーズをとって制作させていたと考えられる。

死者が出ると、慎ましい家族は既製の墓碑を購入し、そこに故人の名前を彫るか、書くだけで十分に満足した。しかし、富裕層の人々は、生前に墓碑のデザインを選び、碑銘彫り師が、本人の名前だけでなく、死に際の顔貌も肖像彫刻に再現するように注文していた。注文によって、職人は、肖像に個人の顔の特徴を加えたり、職業を象徴するモチーフを1点か2点追加したりした。また、家族によっては、一つの墓碑を共有することもあった。「この墓は、彼の生前に、彼と彼の家族のために建てられた」という銘文は、現在の家族墓所と同様に、家族の中で最初に亡くなった人物が、家族のための墓を購入したことを示している。

古代の人々の大半がそうであったように、ガリアの人々にも、死者が霊魂となって舞い戻り、平穏を乱すというひそかな恐れがあったことが葬礼の様子からは窺える。墓に打ち込まれた釘や、金属製の蝶番によって封印された骨箱は、魂の復活が起こりうることに対する懸念を表しているのかもしれない。

幸いにも、一生を仕事に捧げた人々や、珍しいことではあるが天寿を全うした人々は、来世で褒美が与えられると考えられていた。長生きをして天寿を全うした例としては、コルスル（コート＝ダルモール県）のセドゥルス・スマラグスが110年の生涯を終えたという記録が残されている！

ローマ期ガリアの墓碑には、故人の職業に関する図像が非常に多いのは、来世で得る褒美のためだろう。また、墓碑には時折葬礼会食の場面が共に彫られていることもあった。とは言え、職業をモチーフとする図像自体はガリア発祥ではない。起源と思われる作例は、イタリア半島で多く見つかっている。しかし、ガリアの葬礼品において最も独創的なのは、このような墓碑に表された、日々の労働への賛美である。

1世紀の大プリニウスが、「ああ、悲しきかな。なんという狂気の沙汰であろうか。死によって新たな生を受けたいとは」と嘲ったように、霊魂の存続を信じない人々もいたであろう。とはいえ、ガリアの墓碑には、人は死後もなんらかの形で存在するという、来世への信仰が表されている。そして、こうした葬礼が特定の教義に基づいていたのではなく、ただ慣習に従って行われていたにせよ、墓と葬祭は、ローマ期ガリアの人々にとって常に大きな関心事の一つだったに違いない。　■

▲ 葬列の様子

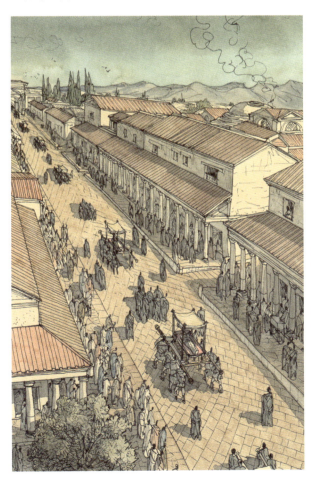

◀ 遺体を乗せた台を馬車が引いている。

▼ 遺体は輿(こし)に乗せられている。遺体は薪の上で火葬され、茶毘に付された。

用語集

アーキトレーヴ：柱(頭)の上に位置する水平材。エンタブラチュアでは最も下の層を構成する(下図参照)。

アーケード：柱で支えられた連続するアーチによって構成される通路。

アーチ(半円アーチ)：開口部の上部に石や煉瓦を半円形に積み上げた梁。

アントニヌス旅程表：3世紀末または4世紀初めに軍事的用途のために編纂されたもので、いくつかの地域の既存の旅程表を統合して帝国全土を対象とした。街道沿いの宿駅の名称や宿駅間の距離が示され、また陸路のみならず海路についても記されていた。

インスラ：街区。街路と街路によって区切られた、碁盤の目状のブロック一つを指す。集合住宅を指すこともある。

ウィクス：キウィタス内に存在していた地方共同体であり行政区分。キウィタスやパグスとの上下関係があったかどうかは、意見が分かれている。

ヴォールト：「穹窿(きゅうりゅう)」と訳される。アーチで天井を支える構造。半円形あるいは尖頭アーチを連続させたトンネル形のトンネル・ヴォールトや、トンネル・ヴォールトが直角に交わる交差ヴォールトなどがある。

エヴェルジェティスム：古代ギリシア・ローマ世界で広く見られた支配者や都市有力者による恩恵施与行為の現象を表す学術用語。ローマ世界では、現金支給、私費での見世物開催や公共建築物の建造といった形を取った。その目的は慈善よりも、「気前の良さ」という支配者の徳目に適っている姿を従属民に対しアピールすることにあった。

エクセドラ：平面プランが半円形か方形で、建物の外側に張り出すように作られた部屋、あるいは内側に窪んだ空間で、座席が設置された。後に、キリスト教聖堂のアプス(内陣の端に位置する、至聖所の一部)へと発展した。

エンタブラチュア：柱の上の水平材。ギリシアやローマの古典建築では、下からアーキトレーヴ、フリーズ、コーニスの三層で構成される。

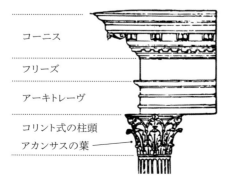

オッピドゥム：本来は「町」、「中心市」を意味するラテン語であったが、本書では、北西ヨーロッパの鉄器時代(ローマ征服以前)に特徴的な城塞集落を表す、考古学の学術用語として使用されている。

カストゥルム：本来は「防御された所」、「砦」、「軍隊の夜営地」という意味のラテン語だが、本書では帝政末期にガリアでよく見られた市壁、またはその市壁で囲まれた都市そのものを表す意味で用いられている。

カピトリウム：本来は、首都ローマのカピトリヌス丘に立つ、ユピテル、ユノ、ミネルウァの三神に捧げられた神殿。もしくは、その神殿を含む丘そのものを指した言葉。後に、帝国西部の地方都市(特に植民市(コロニア))に建てられた三神の神殿やその一帯に対しても用いられるようになった。The Capitol(アメリカの国会議事堂)の語源。

ガリア・コマタ：「長髪のガリア」と訳される。ガリア人には長髪の習慣があったため、ローマ人からこのように呼ばれた。ガリア三属州に相当する地域を指す。

ガリア三属州：ガリアに置かれたルグドネンシス、アクイタニア、ベルギカの三属州のこと。いずれも、カエサルが征服した地域にアウグストゥス帝が設置した属州である。

カルドとデクマヌス：都市の基軸となる二つの大通りで、カルド(・マクシムス)は南北方向の基幹道路、デクマヌス(・マクシムス)は東西方向の基幹道路を指す。

ガロ＝ローマン：Gallo-romaine(仏)、Gallo-roman(英)。「ローマ期ガリア」と同じ意味だが、本書では、建築の様式名や人種名として使用される場合はこちらの名称で訳した。

キウィタス：本来は「市民権」、「市民団」を意味するラテン語だが、ガリアでは、ローマ征服以前の各部族の領域を基にして作られた行政区分のことを指す。属州の下位区分にあたる。キウィタスの中心的な都市を首邑と呼ぶ。

月暦画(げつれきが)：一年(十二ヵ月)をテーマに、月ごとに各月の労働や行事を表した絵画。ローマ時代には、舗床モザイクにも多く見られ、カレンダー・モザイクとも呼ばれる。本文に登場するサン＝ロマン＝アン＝ガルのモザイクは、正確には月暦ではなく、四季の各季節ごとに七つの労働場面が描かれている。

皇帝礼拝六人委員：アウグスタレスと呼ばれた、都市毎に組織された皇帝礼拝祭司団。主に富裕な解放奴隷が就任した。

コーニス：壁に帯状に付ける装飾。エンタブラチュアでは最も上の層にあたる(左図参照)。ギリシア・ローマ建築では、屋根と外壁を区切る部分に用いられるため、軒蛇腹とも呼ばれる。

コリント式：古典建築における柱の装飾の一種。アカンサスの葉をモチーフとする点が特徴的で、華やかな印象を有する。

集中式:建築のプランの一種で、円形や八角形、十字形など点対称のプラン指す。建築の中心を最も重要な場所とする。

ストゥッコ:化粧漆喰。消石灰に大理石粉などを混ぜたもの。壁や柱の表面の仕上げや、浮彫などの装飾に用いる。

デクマヌス:→「カルドとデクマヌス」の項参照。

トゥニカ:短衣。丈の短い貫頭衣を指す。ローマ人が男女ともに日常的に着用していた衣服で、平民から元老院まで幅広い階級で着られていた。p.115やp.156-157の作業中の人物が着ているのがトゥニカである。

トリア・ノミナ(「三つの名前」)とドゥオ・ノミナ(「二つの名前」):共和政期には、すべての男性ローマ市民が少なくともドゥオ・ノミナ、すなわち「個人名」と「氏族名」を持っていた。氏族名の方は、数千ほどあったことが知られているが、個人名の方は一般的に使用されたのが15ほどと少なかった。そのため、領土の拡張と共に市民の数が増えると、新たに「姓」を加えてトリア・ノミナとすることで個人を区別するようになった。一方、女性市民は、父親の氏族名の女性形で呼ばれ、また多くの場合は姓も持っていた。こうしたローマ市民とは異なり、奴隷は一つの名前しか持てなかった。

パグス:ウィクス同様、キウィタス内に存在していた地方共同体であり行政区分。

バシリカ:ローマ帝国西部の都市に建てられた長方形プランの多目的公共ホール。通常はフォルムの一画を占めており、商取引や裁判、集会などが行われた。内部は、二列の列柱によって身廊と二つの側廊に分かれる構造が一般的であった。その形式は、後に初期キリスト教の教会にも採用された。

ピラスター:付け柱とも言う。壁面に取り付けられた、あるいは埋め込まれた装飾用の柱。

ファサード:建物の正面部分。正面でなくても、外観として主要な壁を指すこともある。

プラン(平面プラン):平面図で見た際の形状を指す。「円形プラン」であれば、その建築を上から見たときの形状が円形である。

フリーズ:エンタブラチュアの構造の一部でアーキトレーヴとコーニスに挟まれた部分(前ページの図参照)。浮彫などによって装飾されることが多い。

ペディメント:破風に相当する部分。古典建築において、切妻屋根の下部に位置する三角形の部分で、通常は浮彫などの装飾が施される。独立した装飾として、窓や扉の上など、屋根の下部以外に用いられることもある。

ポイティンガー図:原本は帝政後期に制作された巻物状の図画だが、現存するのは1200年頃にドイツで作成された写本であり、その名称は16世紀当時の所有者の名前に因む。ローマ帝国の版図のみならずインド等も含んだ広大な地域の街道網や、海、川、森といった自然地形、そして都市や宿駅等の人工物が地図状に描かれている。しかし、イベリア半島やブリテン島等が描かれていた西端部分は現存しない。

舗床モザイク:床面に施されたモザイク画。

ポディウム:基壇。建築の土台となる壇のこと。

持ち送り:建築において、壁から突き出してその上に張り出したものの重量を支える構造物。

日本語版参考文献

1. グレゴリウス『トゥールのグレゴリウス 歴史十巻 1—フランク史』兼岩正夫・臺幸夫訳註、東海大学出版会、1975年
2. アエリウス・スパルティアヌス他『ローマ皇帝群像4』井上文則訳、京都大学学術出版会、2014年
3. ウィトルーウィウス『ウィトルーウィウス建築書』森田慶一訳註、東海大学出版会、1979年
4. オウィディウス『恋愛指南—アルス・アマトリア』沓掛良彦訳、岩波書店、2008年
5. 今井宏『古代のローマ水道—フロンティヌスの『水道書』とその世界』原書房、1987年
6. ジャン=ジャック・ルソー『告白 上』桑原武夫訳、岩波書店、1965年
7. スタンダール『ある旅行者の手記1』1983年、『ある旅行者の手記2』2000年、どちらも山辺雅彦訳、新評論社 *p.148とp.190において、漢数字の表記を横書きに合わせ一部改めた。
8. ヘンリー・ジェイムズ『フランスの田舎町めぐり』千葉雄一郎訳、図書出版社、1992年
9. タキトゥス『ゲルマニア アグリコラ』國原吉之助訳、筑摩書房、1996年
10. セネカ『セネカ哲学全集5 倫理書簡集 I』髙橋宏幸訳、岩波書店、2005年
11. プリニウス『プリニウス書簡集—ローマ帝国—貴紳の生活と信条』國原吉之助訳、講談社、1999年
12. カエサル『カエサル戦記集 内乱記』髙橋宏幸訳、岩波書店、2015年
13. アープレーイユス『黄金の驢馬』呉茂一・国原吉之助訳、岩波書店、2013年
14. エウジェニア・S・P・リコッティ『古代ローマの饗宴』武谷なおみ訳、講談社、2011年

参考文献

1 ◆ADAM (Jean-Pierre), *La construction romaine — Matériaux et techniques*, Paris, Picard, 1984 (2ᵉ édition, 1989).

2 ◆AGACHE (Roger), *La Somme pré-romaine et romaine*, Mémoires de la Société des Antiquaires de Picardie, tome 24, 1978.

3 ◆ALLAIN (Jacques), FAUDUET (Isabelle) et TUFFREAU-LIBRE (Marie), *La nécropole gallo-romaine du Champ de l'Image (Saint-Marcel, Indre)*, 3ᵉ supplément à la Revue Archéologique du Centre de la France, 1992.

4 ◆AMY (Roger) et GROS (Pierre), *La maison carrée de Nîmes*, XXXVIIIe supplément à *Gallia*, Paris, CNRS, 1979 (2 volumes).

5 ◆BARAT (Yvan), La villa gallo-romaine de Richebourg (Yvelines), *Revue Archéologique du Centre de la France*, tome 38, 1999, p. 117-167.

6 ◆BARBET (Alix), *La peinture murale romaine*, Paris, Picard, 1985.

7 ◆BARBIER (Guy), BLANC (Nicole), COULON (Gérard), GURY (Françoise) et PICHONNET (Michèle), *La vannerie à l'époque gallo-romaine*, Musée d'Argentomagus, Saint-Marcel, 1999.

8 ◆BAYARD (Didier) et MASSY (Jean-Luc), *Amiens romain, Samarobriva Ambianorum*, Revue Archéologique de Picardie, 1983.

9 ◆BECK (Françoise) et CHEW (Hélène), *Quand les Gaulois étaient romains*, Découvertes Gallimard, 63, Paris, 1989.

10 ◆BEDON (Robert), *Atlas des villes, bourgs, villages de France au passé romain*, Paris, Picard, 2001.

11 ◆BEDON (Robert), *Les carrières et les carriers de la Gaule romaine*, Paris, Picard, 1984.

12 ◆BELLET (Michel-Edouard), CRIBELLIER (Christian), FERDIERE (Alain) et KRAUSZ (Sophie) direction, *Agglomérations secondaires en Région Centre*, 17ᵉ supplément à la Revue Archéologique Centre de la France, 1999.

13 ◆BENARD (Jacky), MENIEL (Martine) et PETIT (Christophe), *Gaulois et Gallo-Romains à Vertillum. 160 ans de découvertes archéologiques*, Gollion, Infolio Editions, 2010.

14 ◆BERTHAULT (Frédéric), *Aux origines du vignoble bordelais, il y a 2000 ans, le vin à Bordeaux*, Bordeaux, Editions Féret, 2000.

15 ◆BERTHOLET (Florence) et REBER (Karl) direction, *Jardins antiques. Grèce, Gaule, Rome,* Gollion, Infolio Editions, 2010.

16 ◆BESSAC (Jean-Claude) et SABLAYROLLES (Robert) éditeurs scientifiques, Carrières antiques de la Gaule, *Gallia*, 59, 2002, p. 3-204.

17 ◆BLAIZOT (Frédérique) direction, *Archéologie d'un espace suburbain de Lyon à l'époque romaine*, Gallia, 67, 1, 2010.

18 ◆BOUET (Alain) direction, *Thermae Gallicae. Les thermes de Barzan (Charente-Maritime) et les thermes des provinces gauloises*, Ausonius, Aquitania, Bordeaux, 2003.

19 ◆BOURGEOIS (Luc) direction, *Le sanctuaire rural de Bennecourt (Yvelines) — Du temple celtique au temple gallo-romain*. Documents d'Archéologie française, 77, Paris, 1999.

20 ◆BRUN (Jean-Pierre) et LAUBENHEIMER (Fanette) éditeurs scientifiques, La viticulture en Gaule, *Gallia*, 58, 2001, p. 1-260.

21 ◆BRUN (Jean-Pierre), *Archéologie du vin et de l'huile en Gaule romaine*, Paris, Errance, 2005.

22 ◆BURNAND (Yves), *Les Gallo-Romains*, Que sais-je? Paris, PUF, 1996.

23 ◆CASTELLA (Daniel), *Le moulin hydraulique gallo-romain d'Avenches "en Chaplix"*, Cahiers d'Archéologie romande 62, Aventicum VI, Lausanne, 1994.

24 ◆CHAMPEAUX (Jacqueline), *La religion romaine*, Paris, Librairie générale française, 1998.

25 ◆CHARDRON-PICAULT (Pascale) direction, *Aspects de l'artisanat en milieu urbain : Gaule et Occident romain*, Actes du colloque international d'Autun, Revue Archéologique de l'Est, 2010.

26 ◆CHEVALLIER (Raymond), *Voyages et déplacements dans l'Empire romain*, Paris, Armand Colin, 1968.

27 ◆CHEVALLIER (Raymond), *Les voies romaines*, Paris, Picard, 1997.

Collectif, *De Vesontio à Besançon*, Chaman éditions et Musée des Beaux-arts et d'Archéologie de Besançon, 2006.

28 ◆COULON (Gérard) direction, *Argentomagus, du site gaulois à la ville gallo-romaine*, Paris, Errance, 1996.

29 ◆COULON (Gérard), *Les Gallo-Romains. Vivre, travailler, croire, se distraire*, Paris, Errance, 2006.

30 ◆COULON (Gérard), *Les voies romaines en Gaule*, Paris, Errance, 2007 (2e édition 2009).

31 ◆CULLIN-MINGAUD (Magali), *La Vannerie dans l'Antiquité romaine. Les ateliers de vanniers de Pompéi, Herculanum et Oplontis*, Naples, Centre Jean-Bérard, 2010.

32 ◆DARDE (Dominique) et CHRISTOL (Michel), *L'expression du pouvoir au début de l'Empire romain : autour de la Maison Carrée à Nîmes*, Paris, Errance, 2009.

33 ◆DECHEZLEPRETRE (Thierry) direction, *Sur les traces d'Apollon. Grand la Gallo-Romaine*, Somogy éditions d'art et Conseil général des Vosges, 2010

34 ◆DELETANG (Henri) direction, *L'archéologie aérienne. Le passé vu du ciel*, Paris, Errance, 1999.

35 ◆DUMASY (Françoise), *Le théâtre d'Argentomagus (Saint-Marcel, Indre)*, Documents d'Archéologie française, 79, Paris, 2000.

36 ◆DUVAL (Paul-Marie), *La vie quotidienne en Gaule pendant la paix romaine*, Paris, Hachette, 1952.

37 ◆ESPERANDIEU (Emile), *Recueil général des bas-reliefs, statues et bustes de la Gaule romaine*, Paris, 1907-1966 (14 volumes).

38 ◆FABRE (Guilhem), FICHES (Jean-Luc) et PAILLET (Jean-Louis), *L'aqueduc de Nîmes et le Pont du Gard : Archéologie, géosystème et histoire*, Nîmes, CRA-Monographies et CNRS, 1991 (2ᵉ édition 2000).

39 ◆FAUDUET (Isabelle), *Les temples de tradition celtique en Gaule romaine*, Paris, Errance, 1993 (2ᵉ édition 2010).

40 ◆FERDIERE (Alain), *Les campagnes en Gaule romaine*, Paris, Errance, 1988 (2 tomes).

41 ◆FERDIERE (Alain) et VILLARD (Anne) direction, *La tombe augustéenne de Fléré-la-Rivière (Indre) et les tombes aristocratiques de la cité des Bituriges*, 7ᵉ supplément à la Revue Archéologique du Centre de la France, 1993.

42 ◆FOUET (Georges), *La villa gallo-romaine de Montmaurin*, 20ᵉ supplément à Gallia, Paris, CNRS, 1969 (réédition 1984).

43 ◆GALINIE (Henri) direction, *Tours antique et médiéval. Lieux de vie, temps de la ville. 40 ans d'archéologie urbaine*, 30ᵉ supplément à la Revue Archéologique du Centre de la France, 2007.

44 ◆GEBARA (Chédine), MICHEL (Jean-Marie) et GUENDON (Jean-Louis) direction, *L'aqueduc romain de Fréjus*, 33ᵉ supplément à la Revue Archéologique de Narbonnaise, 2002.

45 ◆GUICHARD (Vincent) et VALETTE (Paul), *Feurs antique. Un bilan de dix années d'archéologie. Guide d'exposition*. Roanne: Edition de la Fédération archéologique de la Loire, 1990.

46 ♦ GOLVIN (Jean-Claude) et LANDES (Christian), *Amphithéâtres et gladiateurs*, Paris, 1990.

47 ♦ GOUDINEAU (Christian), *Les fouilles de la maison du Dauphin. Recherches sur la romanisation de Vaison-la-Romaine*, XXXVIIe supplément à *Gallia*, Paris, CNRS, 1979 (2 volumes).

48 ♦ GOUDINEAU (Christian), *Les villes de la paix romaine,* dans *Histoire de la France urbaine* sous la direction de G. Duby, tome 1, Paris, Seuil, 1980, p. 233-391.

49 ♦ GOUDINEAU (Christian) et KISCH (Yves de), *Vaison-la-Romaine*, Paris, Errance, 1991.

50 ♦ GOUDINEAU (Christian), FAUDUET (Isabelle) et COULON (Gérard) direction, *Les sanctuaires de tradition indigène en Gaule romaine*, Actes du colloque d'Argentomagus, Paris, Errance, 1994.

51 ♦ GOUDINEAU (Christian) et BRENTCHALOFF (Daniel) direction, *Le camp de la flotte d'Agrippa à Fréjus*, Paris, Errance, 2009.

52 ♦ GOUDINEAU (Christian) et LASFARGUES (Jacques) direction, *Rites funéraires à Lugdunum*, Paris, Errance, 2009.

53 ♦ GRENIER (Albert), *Manuel d'archéologie gallo-romaine*, Paris, Picard, 1931-1960 (7 volumes).

54 ♦ GROS (Pierre), *La France gallo-romaine*, Paris, Nathan, 1991.

55 ♦ GROS (Pierre), *L'architecture romaine*. Tome 1 : *Les monuments publics*, tome 2 : *Maisons, palais, villas et tombeaux*, Paris, Picard, 1996 et 2001.

56 ♦ GROS (Pierre), *La Gaule Narbonnaise. De la conquête romaine au iiie siècle apr. J.-C.*, Paris, Picard, 2008.

57 ♦ Guides archéologiques de la France : *Alba, Alésia, Argentomagus, Arles, Autun, Bavay, Besançon, Bliesbrück-Reinheim, les Bolards, Corse, Fréjus, Glanum, Limoges, Narbonne, Nîmes, Orange, Périgueux, Saint-Bertrand-de-Comminges, saint-Romain-en-Gal, Saintes, Sanxay, Vaison-la-Romaine*, Editions de l'Imprimerie nationale, Paris.

58 ♦ LANDES (Christian) direction, *Le goût du théâtre à Rome et en Gaule romaine*, Catalogue de l'exposition du musée de Lattes, 1989.

59 ♦ LANDES (Christian) direction, *Le théâtre antique et ses spectacles*, Actes du colloque du musée de Lattes, Lattes, 1992.

60 ♦ LAUBENHEIMER (Fanette), *Le temps des amphores en Gaule. Vins, huiles, sauces*, Paris, Errance, 1990.

61 ♦ LAUBENHEIMER (Fanette) direction, *Vingt ans de recherches à Sallèles-d'Aude*, Grenoble, Presses universitaires franc-comtoises, 2001.

62 ♦ LEGUILLOUX (Martine), *Le cuir et la pelleterie à l'époque romaine*, Paris, Errance, 2004.

63 ♦ LEMAN (pierre), *A la recherche des voies romaines dans le Nord-Pas-de-Calais*, Bouvignies, Editions Nord-Avril, 2010.

64 ♦ LERAT (Lucien), *La Gaule romaine*, Paris, Errance, 1986.

65 ♦ LONG (Luc) et PICARD (Pascale) direction, *César. Le Rhône pour mémoire. Vingt ans de fouilles dans le fleuve à Arles*, Actes Sud et Musée départemental de l'Arles antique, 2009.

66 ♦ LORENZ (Jacqueline), TARDY (Dominique) et COULON (Gérard) direction, *La pierre dans la ville antique et médiévale*, 18e supplément à la Revue Archéologique du Centre de la France, 2000.

67 ♦ MALISSARD (Alain), *Les Romains et l'eau, fontaines, salles de bain, thermes, égoûts, aqueducs*, Paris, Realia-Les Belles-Lettres, 2002.

68 ♦ MANGIN (Michel), *Un quartier de commerçants et d'artisans d'Alésia. Contribution à l'histoire de l'habitat urbain en Gaule*, Paris, Les Belles-Lettres, 1981 (2 volumes).

69 ♦ MAURIN (Louis), *Saintes antique*, Publication du musée archéologique de Saintes, 1978.

70 ♦ NAVEAU (Jacques) direction, *Recherches sur Jublains (Mayenne) et sur la cité des Diablintes*, Documents archéologiques de l'Ouest, Rennes, 1997.

71 ♦ PASQUALINI (Michel), THERNOT (Robert) et GARCIA (Hélène), *L'Amphithéâtre de Fréjus. Archéologie et architecture. Relecture d'un monument*, Bordeaux, Ausonius, 22, 2010.

72 ♦ PETIT (Jean-Paul) et MANGIN (Michel) direction, *Les agglomérations secondaires*, Actes du colloque de Bliesbrück-Reinheim, Bitche, Paris, Errance, 1994.

73 ♦ PETIT (Jean-Paul) et BRUNELLA (Philippe), *Bliesbrück-Reinheim, Celtes et gallo-Romains en Moselle et en Sarre*, Paris, Errance, 2005.

74 ♦ POUILLE (Dominique) direction, *Rennes antique*, Presses Universitaires de Rennes, 2008.

75 ♦ REDDE (Michel), *Les agglomérations secondaires en Gaule*, Journal of Roman Archaeology, 8, 1995, p. 511-513.

76 ♦ REDDE (Michel), *Les scènes de métiers dans la sculpture funéraire gallo-romaine*, Gallia, 42, 1, 1984, p. 115-152.

77 ♦ REMY (Bernard) et MATHIEU (Nicolas), *Les femmes en Gaule romaine*, Paris, Errance, 2009.

78 ♦ RIFFAUD-LONGUESPE (Philippe), *Troyes gallo-romain*, Musée d'art et d'histoire de Troyes, 2004.

79 ♦ RIVET (Lucien) direction, *Recherches archéologiques au cœur de Forum Julii. Les fouilles dans le groupe épiscopal de Fréjus et ses abords (1979-1989)*, Paris, Errance, 2010.

80 ♦ SCHEID (John), *Quand faire c'est croire. Les rites sacrificiels à Rome*, Paris, Aubier, 2005.

81 ♦ SCHNITZLER (Bernadette) et KUHNLE (Gertrud) direction, *Strasbourg-Argentorate. Un camp légionnaire sur le Rhin (ier au ive siècle après J.-C.)*, Musées de la ville de Strasbourg, 2010.

82 ♦ TARDY (Dominique), *Le décor architectonique de Saintes*, tome 1 : *Les chapiteaux et bases* (5e supplément à Aquitania, Bordeaux, 1989) et tome 2 : *Les entablements* (7e supplément à Aquitania, Bordeaux, 1994).

83 ♦ TCHERNIA (André) et BRUN (Jean-Pierre), *Le vin romain antique*, Grenoble, Glénat, 1999.

84 ♦ TEYSSIER (Eric) et LOPEZ (Brice), *Gladiateurs. Des sources à l'expérimentation*, Paris, Errance, 2005.

85 ♦ TEYSSIER (Eric), *La mort en face. Le dossier gladiateurs*, Arles, Actes Sud, 2009.

86 ♦ TRANOY (Laurence) et MONTEIL (Martial), *La France gallo-romaine*, Paris, Editions La Découverte, 2008.

87 ♦ TRANOY (Laurence) et OUZOULIAS (Pierre) direction, *Comment les Gaules devinrent romaines*, Editions La Découverte, 2010.

88 ♦ VAN ANDRINGA (William), *La religion en Gaule romaine. Piété et politique*, Paris, Errance, 2002. *Villes et agglomérations urbaines antiques du Sud-Ouest de la Gaule. Histoire et archéologie*, Actes du 2e colloque d'Aquitania, 6e supplément à la Revue Aquitania, Bordeaux, 1992.

89 ♦ VESLY (Leon de), *Les fana. ou petits temples gallo-romains de la région normande*, Rouen, Imprimerie J. Lecerf Fils, 1909.

地名索引

その土地に関係する図版を掲載しているページは、太字で表記した。見開きにまたがる図版は、左側のページ数のみ記載した。

アール川 L'Aar　163

アヴァンシュ Avenches〈アウェンティクム Aventicum〉（スイス）　**9**、27、42、46、82、102、107、140、**141**、176

アウクスト Augst〈アウグスタ・ラウリカ Augusta Raurica〉（スイス）　**9**、51、56、82、86、102、112、

アオスタ Aoste〈アウグスタ Augusta〉　162

アキテーヌ地方 L'Aquitaine　115、143、182

アクイタニア Aquitania　5、9、30、31、105、143、168、173、176、196

アジャン Agen〈アギンヌム Aginnum〉　78

アゼ＝ル＝フェロン Azay-le-Ferron　129

アプト Apt〈アプタ Apta〉　104、154、163

アミアン Amiens〈サマロブリウァ Samarobriva〉　5、**9**、10、**16**、**18**、23、46、48、49、51、68、**107**、163、191

アリエ川 L'Allier　**9**、112

アルジャントン＝シュル＝クルーズ－サン＝マルセル Argenton-sur-Creuse, Saint-Marcel〈アルゲントマグス Argentomagus〉27、31、69、70、77、78、106、120、152、163、186、192、194

アルデシュ川 L'Ardèche　163

アルバ Alba　46、142

アルフイユ Arpheuilles　136

アルル Arles〈アレラテ Arelate〉　**9**、22、27、34、42、46、49、52、56、**57**、65、68、70、78、80、82、91、92、93、**94**、**97**、102、112、138、140、142、154、158、**162**、164、165、173、**174**、203、**204**

アルロン Arlon（ベルギー）　108、157

アレ Alet〈アレトゥム Aletum〉　69

アンジェ Angers　19

アンティーブ Antibes〈アンティポリス Antipolis〉　105、107

アンティニー Antigny　70

アンディリー＝アン＝バッシニー Andilly-en-Bassigny　134、135

アントラム Entrammes　70

アンブロー Ambrault　120

イヴェルドン Yverdon　152

イェーヴル川 L'Yèvre　141

イズール Yzeure　126

イゼール川 L'Isère　110、146

イゼルノール〈イサルノドゥルム Isarnodurum〉　70

ヴァランス Valence　49、105

ヴァンドゥーヴル＝ドゥ＝ポワトゥー Vendoeuvre-de-Poitou　102

ヴィエルゾン Vierzon　136、137

ヴィエンヌ Vienne〈ウィエンネンシス Viennensis〉　**9**、10、27、42、44、46、52、59、60、62、65、70、92、96、102、107、142、145、154、**155**、158、173、176、**177**、190

ヴィドゥル川 Le Vidourle　152、**153**、163

ヴィトブフ Vuiteboeuf（スイス）　152

ヴィリエ＝ヴィヌー Villiers-Vineux　126

ヴィルテル Villetelle〈アンブルッスム Ambrussum〉　152、**153**、159、161、163

ヴィンディッシュ Windisch〈ウィンドニッサ Vindonissa〉（スイス）112

ウー Eu　102

ウヴェーズ川 L'Ouvèze　154、163

ヴェゾン＝ラ＝ロメーヌ Vaison-la-Romaine　**9**、10、27、45、59、62、66、69、70、104、107、**115**、154、163、**206**

ヴェッシニー Vessigny　82

ヴェローナ Vérone（イタリア）　78、151

ヴォンヌ川 La Vonne　187

ヴュー Vieux　19、84

エヴォー＝レ＝バン Evaux-les-Bains〈イウァウヌム Ivaunum〉31、**75**

エヴルー Evreux〈メディオラヌム・アウレルコルム Mediolanum Aulercorum〉　19、46、77

エーヌ川 L'Aisne　112

エクス＝アン＝プロヴァンス Aix-en-Provence〈アクアエ・セクスティアエ Aquae Sextiae〉　30、192

エクス＝レ＝バン Aix-les-Bains　151

エジャン Haegen　41

エストレ＝シュル＝ノワイエ Estrées-sur-Noye　129、**130**

エスバール Esbarres　82

エダ湖 Lak d'Aydat　128

エタロン Etalon　134

エピエ＝リュ Épiais-Rhus　100

エヒテルナッハ Echternach（ルクセンブルク）　129

オーヴェルニュ地方 L'Auvergne　128、182

オータン Autun〈アウグストドゥヌム Augustodunum〉　**9**、10、**12**、**14**、27、42、44、45、46、78、82、90、91、100、102、106、111、112、182、190

オートリヴ Auterive　108

オーバーアーデン Oberaden（ドイツ）　86

オセール Auxerre〈アウテッシオドゥルム Autessiodurum〉14、152

オビニェ＝ラカン Aubigné-Racan　77、182

オランジュ Orange〈アラウシオ Arausio〉　2、4、**9**、10、27、42、46、90、100、**101**、102、106、142、143、**146**、148、149、176

オルレアン Orléans〈ケナブム Cenabum〉　**9**、46、102、152

カヴァイヨン Cavaillon〈カベッリオ Cabellio〉　146、147、149、154

カオール Cahors〈ディウォナ Divona〉　65、115、144

カステルノ＝ル＝レ Castelnau-le-Lez〈セクスタンティオ Sextantio〉159

カバッス Cabasse　192、194

カラヴォン川 Le Calavon　163

ガリス Garris〈カラサ Carasa〉　41

ガルドン川 Le Gardon　66、117

カルナック Carnac　134

カルパントラ Carpentras〈カルペントラテ Carpentorate〉146、147、149

ガロンヌ川 La Garonne　**9**、47、144、168、173

カンペール Quimper　70

グユニョン Gueugnon　126

グラン Grand　5、**9**、80、**87**、**88**

クリオン＝シュル＝アンドル Clion-sur-Indre〈クラウディオマグス Claudiomagus〉　100、134

クリムヒルデンシュトゥール Kriemenhildenstuhl（ドイツ）　116

グリュイサン Gruissan　165

クルーズ川 La Creuse　106、163

クルジーユ Crouzilles　122、126

グルノーブル Grenoble　**9**、46、115、152

クルフト Kruft（ドイツ）　116

ケルン Cologne〈コロニア・アグリッピネンシス Colonia Agrippinensis〉

（ドイツ）　**9**, **35**, **36**, 65, 68, 102, 110, 158

ゴルズ Gorze　34, **68**

コルスル　Corseul〈ファヌム・マルティス Fanum Martis〉　**9**, 15, 19, **184**, 194

コルトラ Cortrat　112

コントル Contres〈Corterate コルテラテ〉　41

ザールブルク Saalburg（ドイツ）　115

サルス Salses〈アド・サルスラエ Ad Salsulae〉　159

サレレス＝ドード Sallèles-d'Aude　122, **123**, **124**

サンクセ Sanxay　**9**, 31, 106, 178, 182, 187, **188**

サン＝グッソー Saint-Goussaud　100

ザンクト＝ヴォルフガンク Sankt-Wolfgang　152

サン＝クリストフ＝ル＝ショドリ Saint-Christophe-le-Chaudry　116

サン＝ジル Saint-Gilles　107

サンス Sens　**9**, 46, 65, 77, 108, 122, 152

サン＝タンブロワ Saint-Ambroix　108, 112

サン＝ティベリ Saint-Thibéry〈ケッセロ Cessero〉　159

サン＝テミリオン Saint-Émilion　**129**, 134

サン＝テュルリック Saint-Ulrich　**134**

サント Saintes〈メディオラヌム・サントヌム Mediolanum Santonum〉　**9**, 27, 31, 46, 48, 65, 70, 78, **81**, 84, 92, **149**, 176

サン＝ドゥルシャール Saint-Doulchard　141

サントンジュ地方 La Saintonge　135

サン＝ベア Saint-Béat　116, 117

サン＝ベルトラン＝ドゥ＝コマンジュ Saint-Bertrand-de-Comminges　22, 51, 56, 70

（小）サン＝ベルナール峠 Col du Petit-St-Bernard　162

（大）サン＝ベルナール峠 Col du Grand-St-Bernard　159

サン＝ボワル Saint-Boil　117, **118**

サン＝マール Saint-Mard（ベルギー）　112

サン＝マロ Saint-Malo　69

サン＝メール＝レ＝ウシヌ　75

サンリス Senlis　46, 78

サン＝レミ＝ドゥ＝プロヴァンス Saint-Rémy-de-Provence〈グラヌム Glanum〉　52, 76, 77, 117, 146, 147, 149

サン＝ロマン＝アン＝ガル Saint-Romain-en-Gal　**9**, 59, **60**, **61**, 66, 108, 138, 144, 145, 150, 196

シェール川 Le Cher　157, 159

ジェンヌ Gennes　80

シミエ Cimiez〈ケメネルム Cemenelum〉　70, **77**, 127, 163

シャスノン Chassenon〈カッシノマグス Cassinomagus〉70, **71**, 77

シャトールー Châteauroux　112

シャニョン Chagnon　66

シャペル＝デ＝フジュレ Chapelle-de-Fougeretz　126

シャポノ Chaponost　67

シャム Cham（スイス）　141

シャラヴィンヌ Charavines　108

シャルトル Chartres〈アウトリクム Autricum〉　78, 122, 152

シャロン＝シュル＝ソーヌ Chalon-sur-Saône〈カビッロヌム Cabillonum〉　46, 78, 111

シャンテル Chantelle〈カンティリア Cantilia〉　41

シャンパルマン Champallement　100, 178

ジュアール＝ポンシャルトラン Jouars-Pontchartrain　**41**, 102, **103**

シュヴァルツネッカー Schwarzenacker（ドイツ）　112

ジュネーヴ Genève（スイス）　**9**, 46, 163

ジュブラン Jublains〈ノウィオドゥヌム・ディアブリントゥム Noviodunum Diablintum〉　15, **19**, **20**, 77, 162

シラガン Chiragan　134

シルモン Chirmont　134

ストラスブール Strasbourg〈アルゲントラテ Argentorate〉**9**, **44**, 134, 152

スロンジェ Selongey　135

セーヌ川 La Seine　**9**, **24**, **26**, 27, **160**, 165, 182, **190**

セーブ Seeb（スイス）　134

セプテイユ Septeuil　187

ソーヌ川 La Saône　**9**, 14, 15, 82, 108, 163, 165

ソミエール Sommières　163

ソンム川 La Somme　**9**, 10, 129

ダクス Dax〈アクアエ・タルベッリカエ Aquae Tarbellicae〉46, 158

タルキンポル Tarquimpol　112

タルモン Talmont　31, 164, 178

ディ Die〈デア・アウグスタ Dea Augusta〉　78, 90, 149

ディジョン Dijon〈ディビオ Dibio〉　46, 108, 142

ティテルブルク Titelberg（ルクセンブルク）　128

デオル Déols　157

テゼ Thésée〈タスキアカ Tasciaca〉　**156**, 159

デュランス川 La Durance　163

ドゥー川 Le Doubs　15

ドゥヴェーズ川 La Devèze　**159**, 168, 173

トゥール Tours　**9**, 15, 18, 46, 48, 78, 90, 157, 159

トゥールーズ Toulouse〈トロサ Tolosa〉　**9**, 30, 42, 46, **47**, 65

トミエ Thaumiers　100

トリーア Trèves〈コロニア・アウグスタ・トレウェロルム Colonia Augusta Treverorum〉**9**, 10, 27, 34, **38**, **40**, 42, 46, 48, 51, 77, 92, 96, 97, 111, 112, 115, 117, 127, 128, 143, 144, 157, 163, 182, 192, 193

ドルヴァン Dolving　**134**

ドルヴァン Drevant〈デルウェントゥム Derventum〉　70, **72**, 74, 106

トレイユ Treilles　154

トロワ Troyes　**9**, 111

トングル Tongres　42, 46

ナルボネンシス Narbonensis　5, 9, 10, 52, 76, 80, 90, 105, 122, 138, 142, 143, 145, 146, 149, 151, 154, 164, 176, 182

ナルボンヌ Narbonne〈ナルボ・マルティウス Narbo Martius〉　5, **9**, 15, 22, 23, 27, **50**, 52, 78, 82, 91, 105, 106, 108, 138, 144, 154, 158, 159, 164, 165, 176, 179, **180**, 192

ナンシー Nancy　112

ナントレ Naintré　100, 102

ニース Nice　**9**, 70, 107

ニーム Nîmes〈ネマウスス Nemausus〉　**9**, 10, **11**, **22**, 23, 27, 34, 42, **43**, 46, 50, 65, 66, 67, 68, 78, **79**, 80, 81, 82, 86, 90, 91, 92, 102, 104, 117, 118, 154, 155, 159, 176, 182, **183**, 191

ニュイ＝サン＝ジョルジュ Nuits-Saint-Georges　187, 192

ニヨン Nyon〈コロニア・ユリア・エクエストリス Colonia Julia Equestris〉（スイス）　51

ヌヴィー＝パユー Neuvy-Pailloux　142

ネニッヒ Nennig（ドイツ）　80, 82

ネリ＝レ＝バン Néris-les-Bains〈アクアエ＝ネリイ Aquae Nerii〉70, 78, 127

ノイマーゲン＝ドローン Neumagen-Dhron（ドイツ）　97, 108, 112

ノルマンディー地方 La Normandie　15, 178

ノロワ Norroy　116

バート・クロイツナハ Bad Kreuznach（ドイツ）　82

バヴェ Bavay〈バガクム Bagacum〉**9**, 51, 52, **54**, 56, 69, 127, 191

パリ Paris〈ルテティア Lutetia〉**9**, 15, **24**, **26**, 27, 30, 44, 46, 51, 52, 56, **58**, 65, **70**, 77, 80, 81, 86, 112, 117, 142, **160**, 163, 182

バリュテル Barutel　117

バルザン Barzan〈ノウィオレグム Novioregum〉**9**, 31, 164, **166**

バルブガル Barbegal　138, **139**, 140

ピカルディ地方 La Picardie　182

ピキニー Picquigny　152

ビゴール地方 La Bigorre　135

ファムション Famechon　135

フール Feurs〈フォルム・セグシアウォルム Forum Segusiarum〉49, 50, 51, 52, 56, 70, 102

ブール＝サン＝タンデオル Bourg-St-Andéol　187

ブール＝サン＝ピエール Bourg-St-Pierre（スイス）　159

ブール＝サン＝モーリス Bourg-St-Maurice　155

ブールジュ Bourges〈アウァリクム Avaricum〉**9**, 14, 46, 47, 48, 65, 78, 107, 111, 112, 157, 159, 163

ブーローニュ＝シュル＝メール Boulogne-sur-Mer〈ゲソリアクム Gesoriacum〉69

フォス＝シュル＝メール Fos-sur-Mer　145

フォンヴィエイユ Fontvieille　**139**

ブザンソン Besançon〈Vesontio〉**9**, **147**, 149, 150, 152

ブザンヌ川 La Bouzanne　120, 121

ブラム Bram　102

ブリーヴ＝ラ＝ガイヤルドゥ Brive-la-Gaillarde　126

ブリースブリュック Bliesbruck　9, **31**, 70, **111**, 134, **141**

ブリオー Briord　191

ブリタンニア（ブリテン島）Britannia 18, 74, 110, 115, 169, 173, 197

ブリュエール＝アリシャン Bruère-Allichamps　112

ブルゴーニュ地方 La Bourgogne　122, 126, 142, 182

ブルターニュ地方 La Bretagne　15, 126, 194

フレジュス Fréjus〈フォルム・ユリイ Forum Julii〉5, **9**, 27, 42, 46, 65, 70, **83**, 105, 112, 142, **170**, **172**

プレジルベール Prégilbert　155

フレレ＝ラ＝リヴィエール Fléré-la-Rivière　142

ベジエ Béziers〈バエテッラエ Baeterrae〉**9**, 27, 122, 145, 154, 159, 165

ベッテンブルク Bettembourg（ルクセンブルク）　111

ベリー地方 Le Berry　27, 49, 111, 129, 136, 142, 152, 182

ペリグー Périgueux〈ウェスンナ Vesunna〉**9**, **28**, **30**, 52, 65, 68, 78, **178**, **179**, 182

ペルテュス峠 Col du Perthus　154, 159

ペロル＝シュル＝ヴェゼル Pérols-sur-Vézère　75

ボーヴェ Beauvais　46

ボーケール Beaucaire〈ウゲルヌム Ugernum〉155, 159

ボーリュー＝シュル＝ロワール Beaulieu-sur-Loire　141

ポール＝ラ＝ノティク Port-la-Nautique　165

ポディー Paudy　129

ボニュー Bonnieux　154, 163

ポムロウル Pommeroeul（ベルギー）　112, 163

ポラン Paulhan　142

ボルドー Bordeaux〈ブルディガラ Burdigala〉**9**, 22, 27, 44, 46,

78, 81, 111, 115, 117, 127, 135, 138, 142, 143, 144, 158, **159**, 162, 164, 165, **168**, 169, 173, 187

ポワティエ Poitiers〈レモヌム Lemonum〉**9**, 30, 31, 46, 78, 81, **90**

ポワトゥー地方 Le Poitou　135

ボン Bonn（ドイツ）　192

マインツ Mayence〈モゴンティアクム Mogontiacum〉（ドイツ）**9**, 46, 102, 108, 112, 192

マルセイユ Marseille〈マッサリア Massalia〉**9**, 59, 105, 107, 112, 142, 145, 148, 164

マルティゼ Martizay　135

マルティニー Martigny〈フォルム・クラウディイ・ウァッレンシウム Forum Claudii Vallensium〉（スイス）70, 187

ミュルヴィエル＝レ＝モンペリエ Murviel-lès-Montpellier　5, **148**

ミヨー Millau　165

ムーズ川 La Meuse　165

メス Metz〈ディウォドゥルム Divodurum〉**9**, 30, **32**, **34**, 46, 65, 68, **76**, 108, 115, 116, 117, 127, 134, 191

メヘルン Mechern（ドイツ）　82

モーヴ＝シュル＝ロワール Mauves-sur-Loire　100

モーゼル川 La Moselle　**9**, 34, 40, **68**, 74, 77, 116, 117, 144, 152

モレヴリエ Maulévrier　134

モンタン Montans　31

モンレアル＝デュ＝ジェール Montréal-du-Gers　134

モンバザン Montbazin〈フォルム・ドミティイ Forum Domitii〉159

モンペリエ Montpellier　5, **9**, 65, 182

モンモラン Montmaurin　112, 134, 135

ユールの泉 Fontaine d'Eure　66, 67

ユゼス Uzès　66, 81

ヨーク York〈エボラクム Eboracum〉173

ライン川 Le Rhin　**9**, 35, 40, 46, 115, 116, 164, 165, 187

ラインハイム Reinheim（ドイツ）　**31**, **111**, **132**, 134, **141**

ラインラント地方 La Rhénanie　122, 126, 143, 182

ラ・グローフザンク La Graufesenque　31, 122, 123, 165

ラ・クロワジル＝シュル＝ブリアンス La Croisille-sur-Briance 82, 135

ラ・ケリ La Queyrie　117

ラズネ Lazenay　163

ラパリュ Lapalud　143

ラングル Langres〈アンデマトゥッヌム Andematunnun〉14, 152, 110, 191

ランス Reims〈ドゥロコルトルム Durocortorum〉5, **9**, 27, 46, 52, 69, 110, **150**, 151

リッシュブール Richebourg　135, **136**, 137

リベルシー Liberchies（ベルギー）　110

リムーザン地方 Le Limousin　192

リモージュ Limoges〈アウグストリトゥム Augustoritum〉**9**, 10, 22, 30, **71**, 78, 108, 127

リュネル＝ヴィエル Lunel-Viel　69

リヨン Lyon〈ルグドゥヌム Lugdunum〉5, **9**, 14, 15, 22, 27, 35, 52, **53**, 65, 66, 67, 68, 69, 75, 82, **84**, 91, 92, 96, 102, **104**, **127**, 146, 148, 149, 154, 159, 161, 162, 163, 182, 191, 194

リルボンヌ Lillebonne〈ユリアボナ Juliabona〉82, 102, **103**

リンカン Lincoln〈リンドゥム Lindum〉（イギリス）173

ルーアン Rouen〈ロトマグス Rotomagus〉**9**, 22, 46, 59, 62, 112

ル・ヴィエイユ＝エヴルー Le Vieil-Évreux　106

ルグドネンシス Lugdunensis　5, 9, 105

ルズー Lezoux　31	ロアンヌ Roanne　162
ルゼ Rezé〈ラティアトゥム Ratiatum〉　31, **63**	ローザンヌ Lausanne〈ロウソンナ Lousonna〉〈スイス〉　9, 51, 70
ル・ベルナール Le Bernard　108	ローヌ川 Le Rhône　9, 14, 15, 60, 82, 92, 93, **94**, 110, 146,
ル・マン Le Mans　9, 19, 42, 46, 102	154, 159, **162**, 163, 165, 173, **174**, **203**, **204**
レ Lay　162	ローヌ渓谷 Vallée du Rhône　107, 118, 187
レ・カール Les Cars　75	ロクマリアケ Locmariaquer　100
レスカール Lescar〈ラスクッリス Lascurris〉　134	ロタレ峠 Col du Lautaret　152
レ・マルトル=ドゥ=ヴェール Les Martres-de-Veyre　108, 141, 193	ロデーズ Rodez〈セゴドゥヌム Segodunum〉　78
レ・メニュル Les Mesnuls　134	ロム Rom〈ラウラヌム Rauranum〉　31
レンヌ Rennes〈コンダテ Condate〉　46, 77, 126	ロワール川 La Loire　9, 14, 46, 112, 163

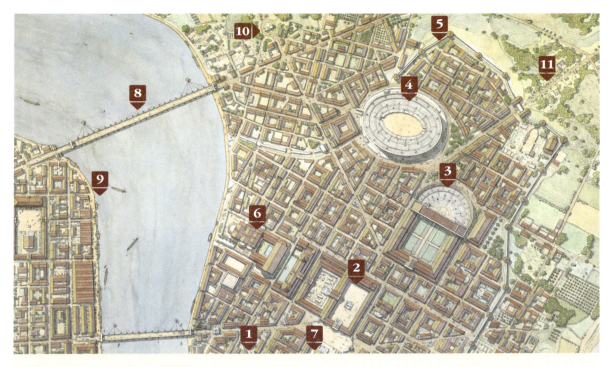

現在も目にすることができる建造物：
1. 戦車競技場（スピナのオベリスクは今日レピュブリック広場に建っている）　2. フォルムと地下回廊　3. 劇場　4. 円形闘技場　5. 城壁　6. ラ・トゥルイユの公共浴場あるいはコンスタンティヌスの宮殿
現在は目にすることができない建造物：
7. アリスカンの墓地。殉教聖人である聖ゲネシウスの墓廟を囲むように形成された。　8. 舟橋　9. ローヌ川の河川港　10. 凱旋門　11. アウレリア街道
1と7はこの復元図には入りきらなかったが、図版欄外の下方部分に位置する。

ARLES　アルル：3世紀の〈アレラテ〉

▶▶　近年のローヌ川河床の発掘調査で出土した、カエサルの肖像彫刻や、捕らわれたガリア人のブロンズ彫刻などの驚くべき作品によって、アルルの考古学は再び注目されている。特に、トランクタイユ地区の調査と、アウソニウスが「二重のアレラテ」と称した片方に相当する、ローヌ川の右岸に関して再考すべき時がきたと言えよう。イタリアとスペインを繋ぐ街道の要衝であり、ローヌ川の分岐点であるアルルは、カエサルによって前45年に建設された都市である。ローマの植民市(コロニア)として設立されたアルルは、コロニア・ユリア・パテルナ・セクタノルム・アレラテンシウムと名付けられた。都市には、まず城壁が造られた。現時点では全体の痕跡を辿ることはできないものの、おそらく城壁内は40〜45haの広さであったと考えられる。アウグストゥス帝の時代に始まった最初の都市計画の遺構は、劇場と、地下回廊を含めたフォルムしか今日では残されていない。1世紀後半になると、円形闘技場とキルクスの建設を伴う新たな都市計画が行われた。また、多くの浴場施設も建設されたが、現存するのはコンスタンティウスの浴場のみである。古代の著作家がその独創性を記す舟橋（p.162）は、ローヌ川の両岸を繋ぐために架けられている。

　河川港であり海港でもあったアレラテは、アウソニウスが「ガリアの小ローマ」と名付けたように、権力と繁栄を極めた都市だった。

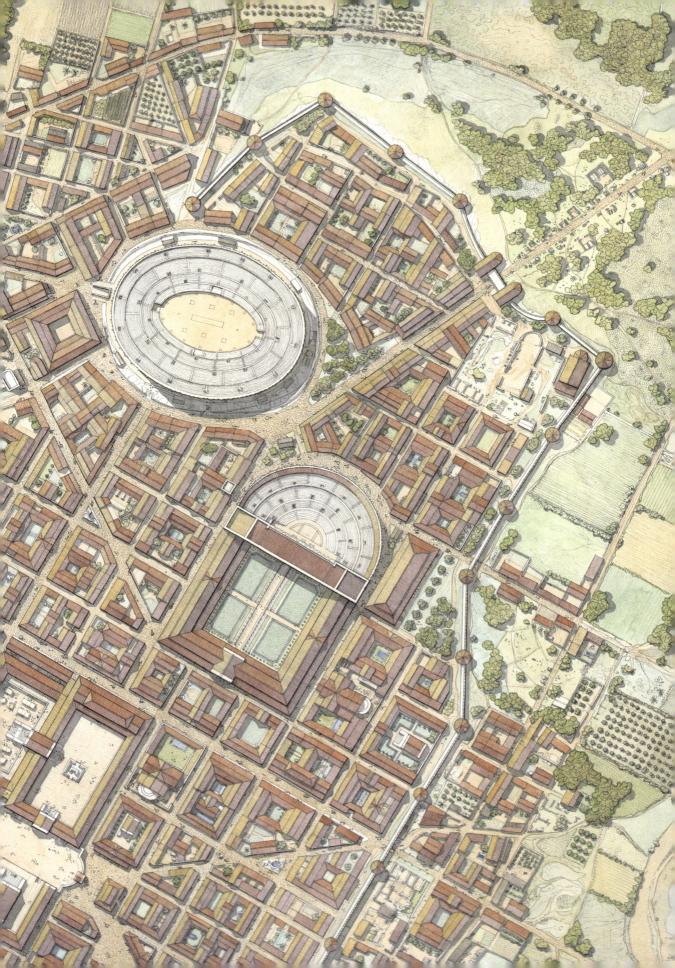

▲ ヴェゾン=ラ=ロメーヌの「官邸」と名付けられた私邸の復元図

訳者あとがき

　本書は、Gérard Coulon ; Jean-Claude Golvin, Voyage en Gaule romaine, Troisième édition entièrement revue et augmentée, Arles / Paris, Actes Sud / Errance, 2011の全訳である。原著は、初版が2002年に、そして第二版が2006年に刊行されており、今回が第三版となる。版を重ねるごとにその内容やイラストは修正・加筆されているが、その更新の頻度に読者は驚くかもしれない。それは、ひとえに近年のフランスにおける考古学研究の目覚ましい成果と、それを忠実かつ早期に一般読者に伝えようとする原著者の熱意の賜物である。

　原著者の1人、ジェラール・クーロンは、文化遺産主任学芸員であり、考古学と文化遺産保護・活用に精通した研究者として、本原著以外にもLes voies romaines en Gaule, Paris, Errance, 2007 (4ᵉ édition 2019)(『ガリアのローマ街道』邦訳未刊行)他、多くの著書を世に出している。一方、ジャン＝クロード・ゴルヴァンは、建築学が専門ながらも、カルナック神殿のフランス・エジプト共同研究所所長をはじめ、考古学者として数多くの発掘調査に従事し、さらにその非凡な水彩画の能力を生かした歴史建造物のイラスト復元の第一人者である。数多くの著作の中でも、『鳥瞰図で見る古代都市の世界：歴史・建築・文化』(吉田春美訳、原書房、2017年)がすでに邦訳されている。

　本書は、その復元イラストの多さから、一見すると入門的な図説の印象を与えるかもしれない。しかし、その内容は考古学の最新の成果を反映させながら個々のテーマを詳述するもので、一般的な概説では飽き足らない読者の知的欲求にも十分応えている。同時に、訳者は可能な限り平易な翻訳に努めており、また読者の理解を助けるべく、原著には無い用語解説も巻末に載せている。したがって、ローマ史の知識に自信のない方でも、「旅行気分」を十二分に味わって頂けるものと確信している。

　最後に、本書の刊行にあたっては、訳者の牛歩のごとき作業ペースに辛抱強く寄り添って頂いた上に、読者の視点に立って多くの貴重な助言を下さったマール社編集部の吉田みなみさんにこの場を借りて深謝申し上げる。

瀧本みわ　長谷川敬

VOYAGE EN GAULE ROMAINE
by Jean-Claude Golvin and Gérard Coulon
Copyright © Actes Sud-Errance, Arles, 2016 (1ʳᵉ édition, 2002, 2ᵉ édition, 2006, 3ᵉ édition, 2011)
Japanese translation published by arrangement with Editions Errance through The English Agency (Japan) Ltd.

ジェラール・クーロン　Gérard Coulon
文化遺産主任学芸員。前トゥーレーヌ州立文化財・博物館課課長。エランス社で出版された著書に、『Les Gallo-Romains（ローマ期ガリアの人々）』、『Argentomagus（アルゲントマグス）』などがある（どちらも未邦訳）。

ジャン＝クロード・ゴルヴァン　Jean-Claude Golvin
フランス政府認定（DPLG）建築家。フランス国立科学研究センター（CNRS）の研究主任。カルナック神殿のフランス・エジプト共同研究所の所長を10年間務めた。著書に『鳥瞰図で見る古代都市の世界—歴史・建築・文化』（原書房）、『Voyage en Égypte ancienne（古代エジプトへの旅）』、『Voyage chez les empereurs romains（ローマ皇帝の宮殿への旅）』（2点とも未邦訳）などがある。

［翻　　　訳］　瀧本 みわ　Takimoto Miwa
　　　　　　　　1979年東京都生まれ。東京藝術大学大学院美術研究科博士課程単位取得後退学。パリ・ソルボンヌ大学考古学・美術史研究科博士課程修了。Docteur（博士）。現在、日本学術振興会特別研究員PD。専門は古代ローマ美術史、初期キリスト教美術史。
　　　　　　　　著書：越宏一編著『ヨーロッパ中世美術論集 第5巻 中世美術の諸相』竹林舎、2018年（共著）
　　　　　　　　訳書：ベルトラン・ランソン『古代末期—ローマ世界の変容』白水社、2013年（共訳）

　　　　　　　　長谷川 敬　Hasegawa Takashi
　　　　　　　　1979年北海道生まれ。東京大学大学院人文社会系研究科博士課程単位取得後退学。ボルドー・モンテーニュ大学博士課程修了。Docteur（博士）。現在、慶應義塾大学文学部助教。専門は古代ローマ史。
　　　　　　　　著書：本村凌二編著『ローマ帝国と地中海文明を歩く』講談社、2013年（共著）

［装　　　幀］　坂根 舞　（井上則人デザイン事務所）

絵で旅する ローマ帝国時代のガリア
古代の建築・文化・暮らし

2019年12月20日　第1刷発行

［著　　　者］　ジェラール・クーロン、ジャン＝クロード・ゴルヴァン
［訳　　　者］　瀧本 みわ、長谷川敬
［発　行　者］　田上 妙子
［印　　　刷］　モリモト印刷株式会社
［製　　　本］　株式会社新寿堂
［発　行　所］　株式会社マール社

　　　　　　　　〒113-0033　東京都文京区本郷1-20-9
　　　　　　　　TEL　03-3812-5437　　FAX　03-3814-8872
　　　　　　　　https://www.maar.com/

ISBN 978-4-8373-0913-0　Printed in Japan
© Maar-sha Publishing Co., Ltd., 2019

乱丁・落丁の場合はお取り替えいたします。